Culture et émergence d’une nation

Collection « Études africaines »

dirigée par Denis Pryen et son équipe

Forte de plus de mille titres publiés à ce jour, la collection « Études africaines » fait peau neuve. Elle présentera toujours les essais généraux qui ont fait son succès, mais se déclinera désormais également par séries thématiques : droit, économie, politique, sociologie, etc.

Dernières parutions

Justelle MATSITSA KIANGATA, *Conscience historique et devenir des États africains*, 2016.

Alhousseini MOULOUL, *Les Touaregs du Niger. Chroniques des années de braises,* 2016.

Emmanuel KAMDEN, *Innovation entrepreneuriale et développement durable en Afrique : défis et opportunités,* 2016.

Albert B. KALONGA LUSE-LUA-NZAMBI, *Désarmement, démobilisation et réintégration des enfants-soldats. Échec au Sud-Kivu ?*, 2016.

Zakaria FADOUL KHIDIR, *Anthropologie des populations tchadiennes. Les Béri du Tchad*, 2016.

Célestin HITIMANA, *Rwanda : deux siècles de crimes contre l'humanité*, 2016.

Maximin Lucien DA, *La noix de cajou, levier de développement local au nord-est de la Côte d'Ivoire, Contribution au développement socialement durable, Cas du district du Zanzan : Gontougo et Bounkani*, 2016.

Ousmane KOUANGBE HOUZIBE, *L'impasse démocratique en Afrique francophone : le cas du Tchad. Les dimensions juridiques, politiques et institutionnelles de la démocratisation en Afrique subsaharienne*, 2016.

Titi PALE, *Les femmes victimes de la guerre civile ivoirienne. Récits d'atrocités et (auto) reconstruction*, 2016.

Blaise SARY NGOY, *La problématique de l'émergence des économies africaines*, 2016.

Maurice M'BRA KOUADIO, *Les religions ancestrales des Akan de Côte d'Ivoire. Ethnographie des pratiques contemporaines*, 2016.

Benoît KOUAKOU OI KOUAKOU, *La réussite paradoxale à l'école. Quand réussissent des élèves africains qui avaient peu de chance de réussir*, 2016.

Patrick DEVLIEGER, Jori DE COSTER, Lambert Nieme, Léon MBADU-KHONDE, *Handicap et technologie en contextes africains*, 2016.

Djilali BENAMRANE, *Sankara, leader africain*, 2016.

Ladji BAMBA, *La contrebande en Côte d'Ivoire. Le cas du district d'Abidjan*, 2016.

Ibou SANE, Jean-Claude ANGOULA, *Famille et politique en Afrique. Entre le meilleur et le pire*, 2016.

Richard Laurent OMGBA

Culture et émergence d'une nation

Pour une approche humaniste
du développement du Cameroun

L'Harmattan

Du même auteur

La Littérature anticolonialiste en France de 1914 à 1960 : formes d'expression et fondements théoriques, Paris, L'Harmattan, 2004.

L'Image de l'Afrique dans les littératures coloniales et post-coloniales, Paris, L'Harmattan, 2007.

Utopies littéraires et création d'un monde nouveau (en collaboration avec Désiré Atangana Kouna), Paris, L'Harmattan, 2012.

Aimé Césaire et le monde noir (en collaboration avec André Ntonfo), Paris, L'Harmattan, 2012.

Francomanie, francophilie, francophobie : atouts et enjeux de la francophonie littéraire en Afrique (en collaboration avec Raymond Mbassi Ateba et Jean-Claude Abada Medjo), Paris, Éditions des Archives Contemporaines, 2013.

5-7, rue de l'Ecole-Polytechnique, 75005 Paris

http://www.harmattan.fr
diffusion.harmattan@wanadoo.fr

ISBN : 978-2-343-10538-3
EAN : 9782343105383

À mes étudiants d'hier et d'aujourd'hui,
comme une semence d'avenir

Introduction générale : émerger autrement

Le Cameroun, comme bon nombre de pays africains, se donne pour ambition d'accéder, dans les deux prochaines décennies, au stade de pays émergent. Il s'agit là d'un objectif noble et vital, au regard de la marche générale du monde et des attentes de plus en plus pressantes des citoyens.

Cependant, quand nous regardons d'où nous partons et le chemin qu'il nous faut encore parcourir pour réaliser ce noble dessein, nous comprenons que nous sommes en face d'un grand challenge. Pour titanesque qu'il soit, ce challenge mérite néanmoins d'être relevé si nous ne voulons pas nous mettre en marge du mouvement général et demeurer dans la catégorie peu honorable des pays pauvres et très endettés. Nous avons donc du pain sur la planche et devons, chacun à son niveau, apporter notre contribution à la réalisation de ce grand projet.

Dans cet ordre d'idée, je propose, dans ce modeste ouvrage, un ensemble de réflexions qui sont autant d'idées qui agitent mon esprit depuis quelques années. Le lecteur attentif verra bien que ces cogitations se situent dans le prolongement de celles qui ont été engagées par le gouvernement et dont les résultats se trouvent condensés dans *Le Document de stratégie pour la croissance et l'emploi*, que l'on peut considérer comme le manifeste de la révolution en cours.

Elles ne sont pas seulement un prolongement, elles sont aussi une critique de l'existant, parce qu'il ne me semble pas qu'on ait déjà fait le tour de la question. Même si elles n'apportaient rien de neuf, je serais consolé qu'elles constituent néanmoins une interpellation, afin d'éviter certains dérapages.

La tendance de nos jours est à l'euphorie et à l'enthousiasme face à toutes les promesses qui nous sont faites par les économistes et les spécialistes des sciences politiques. Un tel enthousiasme est-il justifié au regard des écueils qui se dressent sur notre route et des atavismes de notre société ?

Il y a donc à comprendre que l'objectif de la réflexion que je mène ici n'est ni de magnifier aveuglément le projet gouvernemental, ni d'en montrer l'absurdité, mais de procéder à une évaluation sans complaisance de nos choix, de nos engagements et de nos ambitions, afin de conforter cette promesse d'avenir.

Au fil de la délibération, on se rendra compte que si nous voulons, à l'horizon 2035, réaliser notre rêve, il nous faudra davantage creuser nos méninges, ensemencer avec méthode, *creuser et bêcher sans cesse*, en ne laissant *nulle place où la main ne passe et repasse*, comme le recommandait le laboureur à ses enfants. La moisson ne sera qu'à la mesure des semailles.

Le temps des semailles est donc arrivé. Il est ouvert aussi bien aux semences intellectuelles qu'au labeur des hommes d'action. Le champ d'action est vaste, il couvre tous les domaines de notre société, car il n'est pas question d'en privilégier un au détriment des autres. Il nous faut rester lucides et suffisamment objectifs pour ne pas hypertrophier un aspect au détriment d'un autre parce que l'idéal que nous devons atteindre, c'est celui d'un développement intégral de l'homme.

Cet homme ne sera peut-être pas plus riche qu'il ne l'est aujourd'hui, mais il sera certainement moins pauvre et plus serein, parce que vivant dans un environnement épanouissant.

Mais, étant donné qu'il n'a été question que d'économie, d'industrie, de services marchands dans les choix actuels de notre projet d'émergence, j'ai pris le parti de m'appesantir essentiellement sur les problèmes de société et de promotion de l'humain, car, à l'inverse des tenants du matérialisme, je pense que le meilleur développement est celui qui capitalise le potentiel humain et le porte à sa meilleure expression.

En cela, je partage la critique que Georges Duhamel faisait à la civilisation matérielle de l'Occident au début du XXe siècle, lorsqu'il affirmait : *la civilisation n'est pas dans cette pacotille terrible, eh bien, si elle n'est pas dans le cœur de l'homme, elle n'est nulle part*[1].

Si je me permets une telle posture, c'est parce que je constate que, dans notre projet d'émergence, l'option qui est privilégiée est d'investir essentiellement dans l'infrastructurel et d'accorder une place congrue à l'humain, au culturel et au social. Je reviendrai abondamment sur cette question plus tard, parce que ma conviction est qu'il faut inverser la tendance si nous ne voulons pas reproduire les modèles qui ont montré leurs limites ailleurs.

Le disant, j'imagine déjà tous les quolibets et tous les sarcasmes qui me viendront des économistes et des grands planificateurs des politiques publiques, mais je n'en prends pas ombrage, parce que mon objectif avoué est de les convier au débat pour que de la confrontation de nos idées jaillissent des solutions viables.

Je suis heureusement consolé de constater que certains grands esprits, qui ne sont pas des hommes de lettres comme moi, partagent la même idée. Je pense particulièrement à l'économiste camerounais Daniel Etounga Manguellé qui, dans un excellent livre publié en 2015 sous le titre : *Peut-on guérir d'une crise de civilisation ?* soutient que la culture est l'élément structurateur de tout véritable développement. Il reprend de ce fait la pensée du père Engelbert Mveng qui affirmait dans une interview : *La culture est le fondement de tout. L'économie, la politique, les relations internationales, la*

---

[1] Georges Duhamel, *Civilisation*, Paris, Mercure de France, 1918.

conception de l'homme, de l'au-delà, des systèmes de pensée et des religions sont conditionnées par la culture[2].

Etounga Manguellé va plus loin en nous rappelant que *l'économie est par essence une science sociale*[3]. Par conséquent, elle ne doit pas obéir uniquement à la loi des chiffres, des statistiques et des équilibres macroéconomiques, elle doit également s'inspirer des traditions, des croyances, des rêves et représentations d'un peuple. Cette économie-là n'est que la projection et la matérialisation de notre imaginaire. Elle ne nous tombe pas du ciel, elle n'est pas importée d'un ailleurs dont elle traduit les fantasmes et la vision du monde.

Ainsi comprise, l'économie nous délivre de ce que Jacques Chatué appelle *le diktat institutionnel des sciences du développement*[4]. Ces sciences, pourrait-on dire, nous imposent des modèles préfabriqués, qui ne sont que des réduplications de la révolution industrielle qui s'est faite en Europe au XIXe siècle. Or, il y a eu entre-temps la révolution numérique et même la révolution intellectuelle qui permet qu'avec une idée, on soit en mesure de bouleverser le monde et d'attirer d'énormes capitaux.

C'est de cette révolution intellectuelle, c'est-à-dire celle qui nous permet de rattraper en peu de temps notre retard et d'aller aussi vite que les autres, qu'il s'agit de tirer parti. Comment le faire autrement qu'en gagnant la bataille de l'éducation et de l'innovation ?

C'est par l'éducation que s'acquiert la culture et c'est par la culture qu'on s'ouvre au monde, qu'on le modèle et qu'on le domine. L'éducation nous prépare à l'innovation en même temps qu'elle nous introduit dans l'économie du savoir.

Faut-il donc délaisser l'industrialisation de notre pays pour ne promouvoir que la culture ? Que non ! Il faudrait simplement inscrire cette industrialisation dans une culture et éviter de ce fait le mimétisme qui consiste à transposer ici des schémas appliqués là-bas. Une éducation forte portera nos enfants à innover et par cette innovation que nous soutiendrons par des politiques volontaristes, nous prendrons un avantage comparatif sur les autres et pourrons aspirer leurs capitaux.

Éducation, recherche, innovation sont donc les trois piliers sur lesquels pourrait, à mon sens, se fonder notre projet d'émergence ; d'où le grand intérêt que j'accorde ici à ces aspects.

De quelle éducation s'agit-il ? Est-ce de celle qui a cours de nos jours et qui consiste en l'accumulation et en la restitution des savoirs institués ou d'une autre ? Là est la vraie question. En fait, nous avons tous fait l'expérience de ce modèle d'éducation fondé sur le psittacisme et sans

---

[2] Engelbert Mveng, « Libérer l'Afrique de sa pauvreté anthropologique », cité par Daniel Etounga Manguellé, *Peut-on guérir d'une crise de civilisation ?* Yaoundé, Clé, 2005, p. 51.

[3] Etounga Manguellé, *Peut-on guérir d'une crise de civilisation ?*, p. 221.

[4] Jacques Chatué, « Épistémologie des sciences du développement », cité par Etounga Manguellé, *op. cit.*, p. 171.

véritable emprise sur le réel. Ce modèle, on le sait, n'a contribué qu'à produire des cohortes de diplômés dont nous ne savons plus aujourd'hui que faire.

Nous ne pouvons plus l'assumer et avons le devoir de lui substituer un autre dont l'objectif sera non pas de former pour accumuler, mais de former pour transformer. Notre système d'enseignement est donc appelé à se métamorphoser pour se destiner à la formation des transformateurs de nos sociétés. Il s'agira de former une nouvelle race d'hommes dont la mission sera de maitriser la science non pas pour elle-même, mais pour en faire un outil de transformation de nos sociétés.

Un tel modèle éducatif nécessite, bien évidemment, de grands moyens et une attention de tous les instants. Il exige que, du primaire au supérieur, nous équipions nos écoles et nos établissements pour qu'ils soient à la pointe de la technique. Il demandera que les enseignants soient motivés et ingénieux pour aiguiser la curiosité des apprenants et susciter leur créativité. Il imposera que nos universités et laboratoires soient lourdement équipés et financés pour que la recherche nous propose des solutions innovantes à nos problèmes.

C'est par la recherche et l'innovation que nous trouverons des solutions adéquates à nos problèmes. L'innovation nous engage dans le futur et nous permet d'exister face aux autres. Elle nous garantit un retour sur investissement plus fiable que certains de nos grands projets d'infrastructures.

En privilégiant l'infrastructure comme nous le faisons en ce moment, nous prenons, me semble-t-il, le problème par la fin, d'autant plus que nous n'avons pas l'expertise nécessaire pour la réaliser. Nous collectons en fait toute notre épargne pour la confier à des cabinets et à des entreprises étrangères afin qu'elles nous construisent les infrastructures dont nous avons besoin. Bien plus, nous nous endettons auprès de ces prétendus bienfaiteurs pour nous offrir des infrastructures que nous ne pouvons même pas entretenir, ni reproduire.

Alors qu'en investissant judicieusement dans la formation de nos ingénieurs et de nos intellectuels, nous nous donnons les moyens de construire nous-mêmes ces infrastructures et de les reproduire autant que nous voulons. Nous conservons par le fait même l'épargne locale et évitons de nous endetter de façon hallucinante.

Voilà pourquoi je plaide ici pour que l'éducation, la recherche et l'innovation soient repositionnées au cœur de notre projet. En investissant prioritairement sur nos enfants, nous nous constituons un capital humain qui sera le moteur d'une vraie révolution. Ce ne sont pas les grandes infrastructures qui changeront durablement notre société, ce sont les grands hommes. Telle est la base de ce que j'entends par *approche humaniste du développement*.

Cette approche sera diversement abordée dans cet ouvrage où je traite également d'autres thématiques, qui vont parfois au-delà du simple aspect culturel. Cela ne devrait point étonner parce que je me fais de la culture une idée très large qui porte jusqu'à la technique. Le modèle chinois de l'émergence me conforte dans cette option.

Au fil de la lecture, on verra que tous les textes qui constituent le présent ouvrage n'ont pas été écrits d'un trait et qu'ils dépendent de certaines circonstances. Cela s'explique par le fait qu'il s'agit principalement d'un assemblage de communications publiées depuis une dizaine d'années et dont le point commun est d'être en rapport avec la culture. J'y ajoute d'autres textes inédits ou écrits spécialement pour la présente occasion afin de voir l'évolution de ma pensée et peut-être aussi mes contradictions.

À la fin de l'ouvrage, je joins tous les hommages que j'ai prononcés, en ma qualité de Doyen de la Faculté des Arts, Lettres et Sciences Humaines de l'Université de Yaoundé I, à l'endroit des hommes de culture de ce pays et de mes maîtres qui ont quitté la scène au cours de ces dernières années.

C'est une façon, comme une autre, de les associer à cette réflexion afin que nous puissions ensemble dessiner les contours de la société camerounaise de demain et léguer à nos enfants une nation dans laquelle ils reconnaitront le génie de leurs prédécesseurs.

Première partie : réflexions sur la politique culturelle camerounaise

Les nouveaux défis de la culture camerounaise[1]

Introduction

La culture camerounaise est visiblement à la croisée des chemins : son manque de rayonnement au plan international, l'état d'indigence des artistes, la fermeture des salles de spectacles, les crises successives des sociétés des droits d'auteurs, le dédain du public pour les spectacles, révèlent à suffisance un grand malaise. Un tel constat appelle bien évidemment une réflexion tendant à diagnostiquer le mal et à proposer des solutions de sortie de crise[2]. À l'analyse, il s'avère que les causes du mal sont structurelles : elles tiennent à l'idée qu'on se fait de la culture et de la nature des expressions culturelles ; d'où l'idée d'une nouvelle politique culturelle en adéquation avec les exigences du monde moderne, mais aussi soucieuse de la préservation de l'identité nationale. Cette politique pourrait efficacement soutenir le projet d'émergence du Cameroun à l'horizon 2035 et faire du secteur culturel le principal levier de notre positionnement au plan international.

I. Qu'est-ce que la culture ?

Le préalable à notre délibération est qu'on s'entende sur ce que c'est que la culture. La culture est-elle ce qui s'oppose à la nature ? Ce qui est contre-nature ? Ce qui s'oppose à l'action ? Ce qui est purement immatériel ? Ce qui reste quand on a tout oublié ? Ce qui divertit de l'action ? Relève-t-elle de l'immatériel ou du matériel ? Est-elle un passe-temps alors que les autres activités seraient des occupations rentables et utiles ? Si la culture était cela, si elle n'était exclusivement que cela, on pourrait comprendre pourquoi l'homme de culture, l'artiste, est bien souvent regardé dans notre pays comme un pur idéaliste, un original, *un albatros*, pour emprunter une image chère à Baudelaire, *un oiseau marin, prince des nuées qui hante la tempête et se rit de l'archer, mais qui, exilé sur la terre au milieu des nuées, ne parvient plus à marcher parce que ses ailes de géant l'empêchent de bouger*[3].

---

[1] Communication présentée au Festival national des arts et de la culture (Fnac) à Maroua en 2009 et publiée dans *Les Annales de la Faculté des Arts, Lettres et Sciences Humaines* de l'Université de Yaoundé I, vol 13, nouvelle série, 2012, pp. 3-15.

[2] Nous répondons en cela au Président Paul Biya qui, dans son ouvrage, *Pour le libéralisme communautaire*, appelle à associer à « la culture pensée, la culture vécue » afin que l'une inspire l'autre et que cette autre la féconde. Paris, Pierre-Marcel Favre, 1987, p. 114.

[3] Baudelaire, Charles, *Les Fleurs du mal*, Paris, Librairie générale française, 1972, p. 180.

Cette définition négative de la culture, avec toute l'imagerie qu'elle induit, a été, on peut le dire, à l'origine de la marginalisation du secteur culturel et des hommes de culture, de sa déconnexion des autres secteurs de la vie nationale, de son improductivité et de sa déchéance.

D'où la nécessité d'une définition positive de la culture. La culture n'est rien d'autre que l'expression du savoir-faire d'un peuple, la manifestation du génie d'un peuple ou, comme le disent certains spécialistes, *la somme des expériences et des expressions concrètes liées à l'histoire des peuples*[4]. Elle est la part que le génie humain apporte au génie de la nature. De ce fait, elle est humanisation de la nature, célébration de la nature, appropriation de la nature en vue d'en tirer tout le bénéfice possible.

Ainsi comprise, la culture est au centre de l'activité humaine, elle est même la source de cette activité qu'elle inspire, innerve, féconde. Autant dire que c'est par le fait d'une méprise qu'on l'a déconnectée des autres secteurs de l'activité humaine et qu'elle ne s'est plus limitée qu'à son aspect symbolique, d'où cette culture désincarnée qu'on a connue au cours des deux siècles derniers ; siècles au cours desquels la culture fut opposée à la science, à la technique, à l'économie, à la politique, etc. Cette désincarnation de la culture, que la civilisation matérielle nous a imposée, a donné lieu à deux types d'expression culturelle auxquels il convient désormais d'ajouter une troisième, celle qui nous semble constituer la voix d'avenir.

II. Typologie des expressions culturelles

2.1. La culture folklorique

Le folklore est défini comme l'ensemble des arts, des usages et des traditions populaires. Dans l'acception la plus usuelle, il est l'ensemble des choses, des faits, des comportements que l'on juge amusants et pittoresques, que l'on ne saurait prendre au sérieux. À l'observation, il correspond le mieux à notre pratique courante de la culture.

Dans nos régions, préfectures, arrondissements et villages, la culture n'est convoquée que lorsqu'il s'agit de divertir, d'égayer, de distraire. Elle est faite pour amuser et aider à dissiper les soucis. C'est cette culture qu'affectionnent les visiteurs, les touristes, les hommes politiques à l'occasion des tournées et des grandes fêtes. C'est elle qui fait fortune. D'après une telle approche, on peut recenser assez aisément les originalités de chaque peuple du Cameroun. Ainsi, les Foulbés du nord Cameroun sont connus pour leur fantasia, les Beti-Fangs pour l'art du mvet et le bikutsi, les Mbamois pour leur danse athlétique, les Bamilékés pour leur sculpture et leur architecture, les Sawa pour leur makossa, les Bassa pour leur assiko, etc.

---

[4] Cette définition est extraite des Actes du premier festival culturel panafricain tenu à Alger du 21 juillet au 17 août 1969, publiés sous le titre : *La Culture africaine,* Alger, Sned, p. 179.

Ces formes d'expression culturelle, qui sont bien souvent figées et sporadiques, n'ont bien évidemment qu'une fonction d'exhibition, de parade, d'exaltation de la fierté du groupe. Elles ont un lieu, un territoire conquis, acquis, montrent peu de prétention à l'extraversion, à la conquête de nouveaux espaces et de nouveaux modèles. On les sent peu disposées à se transformer, à intégrer des apports nouveaux, à s'émanciper de la tradition qui les a vus maître. Elles ne sont visiblement pas destinées à la production des richesses et des biens. Si leur valeur symbolique est indéniable, leur valeur économique est bien évidemment faible, sinon nulle, du fait qu'elles ne se manifestent que de façon ponctuelle et sont par trop sédentaires. Elles n'ont pas intégré les concepts de l'économie de marché ni les apports de la science et de la technique. Dans les faits, elles se situent encore dans le champ de la culture populaire, telle qu'elle se manifestait dans les foires, les marchés, les lieux publics. Même quand il s'agit du théâtre et du cinéma, qui semblent être les formes les plus exigeantes sur le plan infrastructurel, on a encore affaire à des scènes, des décors de fortune, des thèmes très régionalisés. Du même coup, la portée de l'événement est restreinte, sa valeur vénale est réduite, son existence semble menacée par d'autres cultures plus agressives, à portée universelle. En cela, la culture folklorique n'est pas différente de celle que nous dénommons culture patrimoniale.

2.2. La culture patrimoniale

Le patrimoine, c'est le bien que l'on a hérité de son père ou de sa famille. De façon extensive, c'est ce qui constitue le bien, l'héritage commun d'un groupe. Fondamentalement, elle assure une fonction de conservation, de stockage, de préservation, de perpétuation des acquis d'un groupe. Les lieux d'élection de cette culture sont les musées, les temples, les galeries d'art, les foyers culturels, les sites et les aires protégées. Elle est le moyen par excellence de la célébration de la mémoire, de conservation et de transmission des traditions.

Cette culture-là, qui, sous d'autres cieux, génère de nombreux capitaux, est chez nous un objet de snobisme. Le taux de fréquentation de notre musée national est là pour nous montrer le peu d'intérêt qu'elle suscite de la part des nationaux. On pourrait à la limite dire que c'est le bras mort de notre culture, non seulement du fait de l'indifférence qu'elle suscite, mais aussi et surtout de l'état de délabrement de nos monuments, musées et sites. Si l'on peut reconnaitre qu'un effort a été fait pour la préservation du patrimoine matériel de notre pays, il faut bien avouer qu'en ce qui est du patrimoine immatériel, beaucoup de choses restent à faire. Pourtant, la valorisation de ce type de patrimoine par l'Unesco lui confère aujourd'hui une importance telle qu'il peut constituer un trésor culturel de grande envergure. C'est dire qu'il y a encore devant nos archéologues, anthropologues, critiques d'art et opérateurs culturels, un vaste chantier à conduire si l'on veut sauver le patrimoine national et le préserver en tant qu'il est le lien entre le passé et le présent et la marque de notre identité.

Alors que des tableaux de Picasso, de Renoir et de Rembrandt se vendent à des centaines de millions de francs, nos masques, sculptures et objets d'art sont à peine portés à la connaissance des amateurs et des consommateurs des biens culturels. Ils ne sont à la limite exhibés que lors du passage d'un hôte de marque qui veut bien s'intéresser aux marques de notre identité. Leur impact sur les esprits et leur rentabilité économique sont donc tout aussi limités que ceux de la culture dite folklorique.

2.3. La culture industrialisée

Il peut en effet paraitre curieux d'associer la culture à l'industrie du fait que nous avons appris à classer la culture dans le domaine de l'idéal, de la fantaisie et l'industrie du côté du réel et des réalisations matérielles. Pourtant, l'association de ces deux concepts permet de comprendre que la culture n'est pas qu'immatérielle, qu'elle est aussi un savoir-faire et un bien économique qu'on peut produire à la chaine et rentabiliser. Il en est ainsi de l'industrie livresque, de la presse culturelle, de l'édition, du cinéma, de la musique, du multimédia, dont la vocation est d'aller à la conquête de nouveaux espaces et de propager la culture sous tous les cieux.

Cette culture-là est l'aspect qui a le moins prospéré dans notre pays alors qu'il est crédité d'un grand potentiel économique. L'édition camerounaise, tout comme le cinéma, est encore embryonnaire alors que nos voisins nigérians et burkinabés sont déjà lancés à la conquête du monde. Notre musique, bien que très prometteuse après les indépendances, s'est remise dans les rangs.

L'ensemble du secteur est quelque peu anesthésié alors que l'entrepreneurial culturel prend de l'envol autour de nous, d'où le constat qui nous conduit à penser et à soutenir qu'il est impérieux de refonder notre politique culturelle afin de la rendre plus dynamique et en adéquation avec notre ambition d'émergence. Autrement, le secteur culturel restera à la traîne et sera le parent pauvre de la mutation sociale qui s'opère en ce moment dans notre pays.

III. Éléments pour une refondation de la culture camerounaise

La nouvelle politique culturelle qu'il s'agit pour nous de concevoir doit se fonder sur l'idée que la culture n'est plus qu'un simple agrément ; elle est devenue, avec la révolution industrielle, un bien économique dont il faut savoir tirer parti. Le monde a tellement changé que *les révolutions industrielles successives ont doté les pays dits développés des machines à fabriquer des produits culturels et de moyens de diffusion de grande puissance*[5]. Dans ce contexte, toute culture qui se replie sur elle-même et n'adopte pas une position offensive se condamne à la mort.

Aujourd'hui, grâce à l'entrepreneuriat culturel, une œuvre d'art peut produire plus d'argent qu'un tas de machines. Un film produit à Hollywood peut générer plus d'argent qu'une entreprise d'exploitation forestière, d'autant plus que sa production coutera moins cher que l'investissement qu'il faudra consentir en forêt, les ouvriers dont il faudra assurer les salaires et les transactions douanières, fiscales et de manufacture qu'il faudra engager. A-t-on été surpris d'apprendre que Michael Krayton, l'auteur de *Jurassik Park*, a vendu son livre à plus de cent millions d'exemplaires ? Si l'on y ajoutait les droits d'exploitation publicitaire et les autres produits dérivés, on réaliserait combien peut rapporter un objet culturel bien pensé, bien géré et bien sécurisé.

Un tel record, bien évidemment, n'est réalisable que s'il y a, en arrière-plan, une organisation bien huilée, une expertise avérée, une idée de la culture différente de celle qui est ancrée dans nos esprits. Notre pays, visiblement, est encore fort éloigné de telles prouesses. Il ne pourra y parvenir que s'il se donne les moyens d'une politique culturelle plus dynamique.

L'avènement d'une telle politique appelle, à notre sens, une triple révolution : une révolution idéologique, une révolution institutionnelle, et une révolution technologique[6].

3.1. La révolution idéologique

Au-delà des grandes théories, l'idéologie peut être définie comme la philosophie d'action qui est proposée à un groupe, à une société. Elle est le projet politique et social que se donne un groupe en vue de son épanouissement. En tant que telle, elle doit précéder l'action pour éviter une dispersion d'énergie ou un résultat contre-productif.

La révolution idéologique est d'autant plus nécessaire dans notre contexte africain et camerounais que les longues années de traite négrière, de colonisation, de néocolonialisme, d'exploitation capitaliste nous ont conduits à un esprit de servilisme, de fatalisme, de défaitisme, autant de tares qui nous empêchent de faire bonne figure devant le monde, de tenir un discours autonome alors qu'il est question d'aller à la conquête du monde.

---

[5] Warnier, Jean Pierre, *La Mondialisation de la culture*, Paris, La Découverte, 2007, p. 14.

[6] Nous nous inspirons ici d'Hubert Mono Ndjana qui, dans une communication présentée au Congrès international hispano-africain de culture à Bata (3-9 juin 1984), affirmait que *dans tout changement social, on distingue trois aspects différents : la révolution technique, la révolution culturelle et la révolution idéologique*, p. 25. Nous réaménageons, bien évidemment, cette critériologie en fonction de notre propre logique.

Ce défaitisme, que d'autres appellent afropessimisme, est conforté par une mondialisation qui contribue à notre marginalisation[7], comme si nous parasitons le monde, comme si nous n'avons rien à faire au monde[8]. Autant dire que si nous n'adoptons pas, au plan moral et politique, une philosophie de réaction, toutes nos énergies seront anesthésiées. Il nous faut donc penser que le génie de notre culture a quelque chose de particulier qui peut s'imposer au monde, que la mondialisation ne saurait se réduire à l'occidentalisation du monde et qu'elle peut aussi, quand elle est pensée et vécue autrement que par le fait de l'ultralibéralisme, être une opportunité d'assomption des originalités culturelles du globe terrestre[9]. C'est ce projet idéologique que Daniel Etounga Manguellé dénomme *philosophie de la libération*[10] et que reprend, d'une certaine manière, l'altermondialisme.

Penser qu'un autre monde est possible, que d'autres civilisations, d'autres cultures sont possibles, qu'une culture périphérique d'aujourd'hui peut devenir une culture centrale de demain, me semble être le défi que nous devons nous donner si nous voulons avoir notre part dans le vaste marché des biens culturels qui se constitue de nos jours.

Penser qu'un autre monde est possible c'est éviter le mimétisme culturel, c'est avoir l'audace de créer, d'innover, c'est accepter la concurrence, refuser la facilité, c'est aller à la conquête de nouveaux espaces et combattre le sédentarisme culturel, c'est évoluer de manière intelligente vers l'entrepreneuriat culturel[11] qui, lui, appelle deux autres révolutions : la révolution institutionnelle et la révolution technologique.

---

[7] Huntington, dans *Le Choc des civilisations*, exclut l'Afrique de la carte des civilisations mondiales. Il affirme à cet effet : *À l'exception de Fernand Braudel, la plupart des grands spécialistes des civilisations ne reconnaissent pas la spécificité de la civilisation africaine. Le nord du continent africain et sa côte orientale relèvent de la civilisation musulmane. Historiquement, l'Éthiopie formait une civilisation à part. Ailleurs, l'impérialisme et les peuplements européens ont apporté des éléments de la civilisation occidentale.* Paris, Odile Jacob, 2007, p. 45.

[8] Le poète Aimé Césaire, de ce point de vue, nous ouvrait déjà la voie en affirmant dans son *Cahier d'un retour au pays natal* : *Il n'est point vrai que l'œuvre de l'homme est finie, que nous n'avons rien à faire au monde, que nous parasitons le monde, qu'il suffit que nous nous mettions au pas du monde, mais l'œuvre de l'homme vient simplement de commencer [...] et il est place pour tous au rendez-vous de la conquête.* Paris, Présence africaine, 1939, p. 58.

[9] Le philosophe sénégalais Bado Ndoye le résume bien en ces termes : « *l'opportunité que constitue de ce point de vue la mondialisation, c'est qu'en mettant pour ainsi dire le monde à notre portée, non seulement elle éclaire la façon dont les identités se constituent, mais elle se donne comme une occasion inouïe pour chaque sujet de se constituer son identité* », in « cultures, traditions et identités, le différentialisme à l'épreuve de la mondialisation », *Éthiopiques* n° 71, 2003, p. 162.

[10] Etounga Manguellé, *Peut-on guérir d'une crise de civilisation ?* Yaoundé, Clé, 2005, p. 13.

[11] Évoluer de manière intelligente suppose que l'aspect commercial ne doit pas détruire l'esprit de la culture qui, seul, est garant de l'identité du groupe. Il est donc question de savoir promouvoir et vendre aux autres ce qu'on a de spécifique et de savoir s'enrichir de ce qu'ils ont d'original.

3.2. La révolution institutionnelle

La différence entre la culture folklorique et la culture industrielle est que l'une est périodique, saisonnière, artisanale, localisée, quelque peu figée, bénévole, essentiellement ludique, peu formalisée, individualisée alors que l'autre, la seconde, est entrepreneuriale, à portée universelle, lucrative, permanente, collégiale, structurée. Sans cesser d'être récréative, la culture industrielle associe l'économique, le technologique au culturel. C'est de cette combinaison que naissent les industries culturelles, qui sont des entreprises produisant selon des méthodes industrielles des biens dont l'essentiel de la valeur tient dans leur contenu symbolique.

Pour parvenir à ce stade de la production industrielle qui, seule, est en mesure, de nos jours, de garantir la visibilité de nos cultures et l'épanouissement des artistes et autres opérateurs, il faudra bien évidemment envisager un accompagnement institutionnel portant sur plusieurs volets.

3.2.1. Le volet juridique : Il sera question de se pencher sur le statut de l'artiste, du créateur, du producteur, du diffuseur des biens symboliques. Les créateurs méritent en effet d'être protégés de la précarité, du vampirisme économique que constitue la piraterie. Ils devraient également se constituer en corporations, en corps de métiers, pour défendre leurs droits et réfléchir sur l'avenir de la profession.

3.2.2. Le volet économique : Il faudra réfléchir sur le financement de la culture. Est-ce par l'État ? Est-ce par le privé ? Toujours est-il que l'artiste, le créateur ne pourra pas continuer d'être lui-même le mécène, le créateur, le réalisateur, le diffuseur de son œuvre. Sans financements appropriés et sans l'accompagnement managérial nécessaire, il ne produira que des œuvres de faible portée.

Il est déjà encourageant que l'État ait mis en place le Fonds d'affectation spéciale d'appui à la création artistique, mais il faudra songer également à l'accompagnement managérial pour que l'argent donné aux artistes soit bien rentabilisé et qu'il ne serve pas à résoudre des problèmes alimentaires.

Peut-être faudrait-il créer, à brève échéance, à l'exemple du défunt Fodic, un Fonds d'appui plus structuré, prenant en charge à la fois le volet financier et le volet managérial. Ce Fonds ne distribuerait pas de l'argent, mais le prêterait aux créateurs et les aiderait dans la gestion de leurs projets pour garantir non seulement la réalisation de ces projets, mais aussi le remboursement des sommes engagées.

3.2.3. Le volet de la formation : il consistera à garantir aux différents corps de métiers une formation adéquate permettant de maitriser les rouages des différents secteurs d'activité. Si le don et le génie sont indispensables à la création artistique et culturelle, ils ne peuvent à eux seuls assurer la survie des créateurs. Dans cette optique, la création d'un **conservatoire national des arts et métiers** est fortement souhaitée afin de donner aux opérateurs culturels la formation théorique et même pratique qui permet de maitriser les ficelles de leur métier et de s'insérer dans les grands réseaux mondiaux de création et de diffusion des biens culturels.

La mise en place de toutes ces structures incombe bien évidemment à l'État, à travers son opérateur institutionnel qu'est le ministère de la Culture. Il lui appartiendra de créer les conditions de la viabilité du secteur culturel et d'inciter les opérateurs privés à s'y engager. Il devra se doter, pour ce faire, de relais qui pourraient être soit des sociétés à capitaux privés, soit des sociétés para-étatiques. Dans cette optique, la création d'une **Agence nationale de promotion des activités culturelles** est fortement conseillée. Cette agence pourrait se charger d'acheter des spectacles sur le marché national et de les vendre sur le plan international. Elle s'occuperait également de la collecte de l'information culturelle au plan international et du positionnement de nos créateurs dans les différentes manifestations planétaires. Son rôle serait ainsi de compenser, à brève échéance, le déficit managérial de nos créateurs qui sont quelque peu marginalisés du fait d'une méconnaissance des circuits de diffusion des biens culturels.

3.3. La révolution technologique

Les biens culturels qu'il s'agit de créer et de diffuser sont appelés à entrer en concurrence avec ceux qui sont produits ailleurs, dans des conditions techniques de pointe. Cela implique de notre part un lourd investissement sur le plan infrastructurel, avec un espoir que cet investissement pourra à longue échéance apporter des bénéfices.

Si les conditions de production continuent à être précaires, si la création est laissée aux seules mains des artistes sans l'accompagnement technique des ingénieurs, des managers et des financiers, enfin s'il ne se crée autour de la culture une synergie globale, le pari de la révolution culturelle ne sera nullement gagné.

En l'absence de salles de spectacles adéquates, en l'absence de tout le matériel technique qui permet aujourd'hui de créer des effets spéciaux, de suppléer, par la technique, les limites humaines, sans l'appui de l'informatique, de la robotique, de l'électronique, du satellite, en somme de toute la technique qui crée aujourd'hui la technoculture, nous resterons à jamais river à la culture folklorique, et serons soumis à une exploitation culturelle impitoyable. Car en fait, le risque est grand de voir ceux qui ont de grands moyens piller nos cultures et les revendre sous des labels nouveaux, sans que nous puissions avoir les moyens de réagir.

Tout cela coute bien cher, nous dira-t-on, mais il faut bien se convaincre qu'il y a un gain dans l'investissement culturel. Ce gain peut être symbolique, en termes de promotion de l'image d'un pays, de rayonnement national et international, en termes de création d'une mystique, d'un rêve comme le rêve américain, qui n'a été qu'une création des cinéastes, des écrivains et autres créateurs des œuvres de l'esprit. Cette image et cette mystique sont loin d'être négligeables dans une nation en construction, en quête d'identité et d'objets de fierté.

Bien au-delà, il y a aussi le gain financier. Qu'on se demande combien nous coutent les feuilletons brésiliens, nigérians, ivoiriens, burkinabés, maliens qui inondent nos chaînes de télévision. Demandons-nous ce que nous pouvons gagner en engageant une controffensive nous permettant non seulement d'alimenter les chaînes locales, mais aussi de gagner des espaces dans les chaînes étrangères. Cela n'est pas impossible. Il suffit d'y croire et de se le donner comme objectif, de s'en donner les moyens.

Et si l'on étendait un tel programme aux secteurs de la musique, du théâtre, de l'artisanat, des arts plastiques, de la mode, de la littérature, de la danse, nous serions en train de réaliser en douce une révolution culturelle dont la nation entière serait fière.

Conclusion

À tout prendre, la culture peut mieux et plus facilement que tous les grands projets structurants qui trônent au cœur du programme d'émergence du Cameroun et de l'Afrique, donner les moyens d'une transformation en profondeur de notre société, mais aussi de son rayonnement au plan international. Une nouvelle politique culturelle, prenant en compte les exigences de l'entrepreneuriat, peut générer de nombreux emplois, attirer de nombreux capitaux et inspirer une mystique utile à la construction des identités. Cette politique se fondera sur le principe que, la mondialisation, c'est le particulier porté à l'universel et que nul au monde n'a le monopole du particulier.

Bibliographie

Bado Ndoye, « Cultures, traditions et identités : le différentialisme à l'épreuve de la mondialisation », in *Éthiopiques* n° 71, Dakar, 2003, pp. 147-163.

Baudelaire, Charles, *Les Fleurs du mal*, Paris, Librairie générale française, 1972.

Biya, Paul, *Pour le libéralisme communautaire*, Paris, Pierre-Marcel Favre/ABC, 1987.

Cahiers de l'Ucac, *La Mondialisation, quel humanisme ?*, Yaoundé, Presses de l'Université catholique d'Afrique centrale, 2002.

Actes du premier festival culturel panafricain Sned, 1969.

Césaire, Aimé, *Cahier d'un retour au pays natal*, Paris, Présence africaine, 1990.

Déclaration de l'Unesco sur la diversité culturelle.

Etounga Manguellé, Daniel, *Peut-on guérir d'une crise de civilisation ?* Yaoundé, Clé, 2005.

Huntington, Samuel P., *Le Choc des civilisations*, Paris, Odile Jacob, 2007.

Minepat, *Document de stratégie pour la croissance et l'emploi : cadre de référence de l'action gouvernementale pour la période de 2000-2020,* août 2009.

Omgba, Richard Laurent, « Identité culturelle, civilisation de l'universel et mondialisation », in Marcellin Vounda Etoa, *Le Siècle de Senghor*, Actes du colloque international des 16 et 17 avril 2003 à Yaoundé, Presses universitaires de Yaoundé, 2003, pp. 43-52.

Senghor, Léopold Sédar, *Liberté III : Négritude et civilisation de l'universel*, Paris, Éditions du Seuil, 1977.

Warnier, Jean-Pierre, *La Mondialisation de la culture*, Paris, La Découverte, 2007.

Les aspects littéraires et artistiques de la dynamique intégrative au Cameroun[1]

Introduction

Dans la longue marche entreprise par le peuple camerounais pour la conquête de son indépendance, la réalisation de son unité et l'intégration de ses peuples, les arts et les lettres ont été d'un apport déterminant. Quand ils n'ont pas inspiré, préparé ou précédé les choix et les actions politiques, ils ont prophétisé, annoncé les temps nouveaux, galvanisé les peuples, indiqué la route à suivre, célébré les victoires et les héros. Dans le même temps, il faut leur bien reconnaitre, ils ont été les lieux d'expression des frustrations, des humiliations, et des doutes de certaines catégories de citoyens ayant, à un moment ou à un autre, été pris entre les deux feux de l'anglophonie et de la francophonie. Ces deux tendances, que sont l'exaltation de la dynamique unitaire et l'expression de la complainte, peuvent être observées dans les productions orales, à travers les chansons populaires, les épopées, dans les productions écrites, à travers les romans, les nouvelles, la poésie, le théâtre, dans les arts plastiques et phoniques, à travers la peinture, la sculpture, l'architecture, la chorégraphie, la musique et le cinéma.

I. L'expression de la complainte et du désenchantement

Les attentes et les espoirs fondés sur la dynamique unitaire étaient grands. Ils étaient d'autant plus grands que cette perspective a longtemps été souhaitée par les Camerounais des deux rives du Mungo. La nostalgie du grand Cameroun allemand ainsi que la volonté de corriger les turpitudes de l'histoire coloniale ont suscité chez les populations une envie de vivre ensemble que de nombreux artistes ont su exprimer dans leurs différentes créations.

Malheureusement, la réunification et l'intégration nationale n'ont pas pu résoudre tous les problèmes du jeune État camerounais. Elles ont parfois été une source de frustration de la part de certains concitoyens qui ont eu l'impression qu'ils étaient mis en minorité ou que leur identité se désagrégeait au contact des autres.

[1] Communication présentée à l'occasion de la célébration des cinquantenaires de l'indépendance et de la réunification à Buéa en 2015.

Ce sentiment de frustration est largement exprimé par un romancier anglophone, du nom de John Nkemngong Nkengasong, dans son œuvre intitulée *Across the Mongolo*[2].

Observant le pont sur le Mungo, le personnage principal de ce roman affirme :

> *The bridge was a masterpiece of metal engineering. It looked like the giant sample of the manacles and the shackles around the necks of slaves that were pulled by the slavemasters such as I had seen in pictures in history books. The bridge seemed to chain two pieces of land, the piece on which my feet stood pulling the other into the ocean, into some eternal infernal destination one never could tell*[3].

Cette impression, d'une berge du Mungo, certainement la berge francophone, poussant l'autre, la berge anglophone, vers l'océan atlantique, traduit la rivalité qui s'est instaurée entre les deux communautés, là où l'on aurait souhaité voir régner la complémentarité. Le personnage peut alors exprimer son regret d'arriver à un tel constat. Ses propos sont amers :

> *I used the opportunity to stretch myself too and to have a closer look at the river Mongolo. I walked forward the bridge. I had heard much about the historic river -when we studied civics in wysdom college. We were taught about the plebiscite that brought the two colonies to function as federated states in one nation. Later in high school our history, teacher, M. M. Mbuntsop, always talked about the plebiscite, the functioning of the federated states and their transformation later into a united republic with at lot of disappointment*[4].

La même déception est exprimée par le personnage quand il arrive à Ngola, La capitale de l'État de Kamangola. Il y constate que l'anglophone est le souffre-douleur de la République et qu'on le traite comme un citoyen de seconde zone.

Il exprime ainsi sa révolte :

> *after all, I was a man of no consequence, an ex-convict, a pariah, a second class citizen of Kamangola. I shuffled incessantly in the chair and I sat in, waiting for the proprietors of the United Republic to end their chatting and laughter*[5].

La frustration est grande, mais elle ne conduit pas l'écrivain à dénoncer ou à renoncer à la dynamique unitaire. Il en déplore les dysfonctionnements

---

[2] John Nkemngong Nkengasong, Across *the Mongolo,* Ibadan, spectrum Books limited, 2004.
[3] *Ibid.*, p. 39.
[4] *Idem.*
[5] *Ibid.*

et rejette la responsabilité de cet état de fait sur le colon qui a établi des barrières factices entre des frères d'un même pays. On peut l'entendre dire :

> *Curse the day that the white man first came to Africa and tore our world apart, brought misery to our lives, brought anguish, pain, sorrow and despair, changed me from Nweh man to an anglophone and then subjected me into slavery in the estates of my brothers who were fortunate to be colonised by the French. And today, I was full of tears in horizons where no one wanted to see me*[6].

Dans sa complainte, John Nkemngong Nkengasong est suffisamment lucide pour reconnaître que les Camerounais des deux rives du Mungo sont des frères et que leurs sorts respectifs sont indéfectiblement liés. Il plaide par conséquent pour que la barrière linguistique imposée par les puissances coloniales ne soit pas un facteur de division ; l'étiquette d'anglophone ou de francophone n'étant qu'un habit d'emprunt. Elle doit cesser d'être le critère de différenciation des peuples du Cameroun.

En cela, John Nkemngong Nkengasong est en accord avec Bole Butake qui, dans une œuvre magistrale intitulée *Family saga*[7], met en scène deux frères, Kamalo et Kamala qui vivent ensemble dans une propriété (Estate) où ils sont continuellement en désaccord. Kamalo veut tout garder pour lui et réduire son frère Kamala en esclavage, tandis que ce dernier ne demande qu'une égale répartition des biens communs. Le conflit est rude et impitoyable au point où les deux frères ne s'entendent plus sur la nature du contrat qui les lie. On peut le percevoir dans cet échange :

> Kamala : *Where is the deed of brotherhood that we both signed? I need my share of resources.*
> Kamalo : "*You mean the deed of bondagehood ? My papa is keeping it*"
> Kamala : "*Brotherhood*"
> Kamalo : "*Bondagehood*"[8].

Indéniablement, l'image des deux frères renvoie aux composantes anglophones et francophones qui ne parviennent pas à s'entendre sur la gestion de leur pays et qui préfèrent à chaque fois recourir à l'arbitrage des puissances étrangères (papa).

Ce conflit ne conduit heureusement pas à une rupture puisque, après tout, Kamalo reconnaît son inconduite et présente ses excuses à Kamala au cours d'une réunion familiale qui scelle la réconciliation entre les deux frères. On les entend dire avec soulagement à la fin de la pièce : *We are very happy that we have become one family again*[9].

---

6 *Idem.*
7 Bole Butake, *Family saga*, Yaoundé, Clé, 2005.
8 *Ibid.*, p. 13.
9 *Ibid.*, p. 85.

La lecture de ces deux textes majeurs montre que, dans l'ensemble, la littérature dite de complainte et de désenchantement n'est pas contre la dynamique unitaire, bien au contraire, elle l'approuve, mais en dénonce les désagréments. Elle n'est donc pas, comme on l'aurait cru, aussi distante de celle qui, de manière manifeste, exalte cette dynamique.

II. L'exaltation de la dynamique unitaire

La réunification des deux *Camerouns* est souhaitée et chantée par les poètes et les masses populaires bien avant 1961. Cette topique est déjà présente dans les années cinquante, avec ce que Gilbert Doho appelle les poésies de lutte et de libération[10] et dans l'œuvre poétique de Louis Marie Pouka que Jacques Fame Ndongo, dans la préface à l'édition de 2010, appelle *le poète de l'unité, de la réconciliation, de la fraternité et de l'amour*[11]. Ainsi, en 1955, dans sa *deuxième poukaïde*, le poète revendique déjà non seulement l'indépendance, mais aussi l'union des différentes parties de son pays. On peut ainsi lire :

Ostracisme vain. C'est bien notre heure,
Ils ont eu la leur ; c'est notre tour.
Qui m'empêche d'être en ma demeure
Le seul maître, est indigne du jour.
Révolte ? Non Révolution.
Il faut renverser cette Bastille : La tutelle, pour faire l'Union entre les pays et les familles[12].

Pendant près d'une vingtaine d'années, Louis-Marie Pouka sera le chantre de l'unité nationale. On ne sera donc pas surpris de le voir gagner le prix du concours du meilleur poème de l'unité, à travers le poème intitulé : *Apologie de l'unité nationale,* où l'on peut lire ces quelques vers :

Salut, jour de gloire, jour tant rêvé
De l'unité nationale
Longtemps agités par les haines tribales
Nous avons vécu comme des frères ennemis
Dépourvus de tout esprit de nous entendre un jour.
Quarante-sept ans divisés par la volonté des Blancs
Nous avons toujours mûri une immense espérance
De pouvoir, un jour, unifier notre pays.
Salut jour de gloire, jour tant rêvé

---

[10] Gilbert Doho, *Poésie et luttes de libération au Cameroun*, Yaoundé, Ifrikiya, 2007.
[11] Jacques Fame Ndongo dans *la Préface de l'œuvre poétique de Louis Marie Pouka*, Yaoundé, Sopecam, 2010, p. XIII.
[12] Louis-Marie Pouka, p. 61.

De l'unité nationale
Le Cameroun, notre pays, sous l'égide des Blancs n'était pas un État, mais un amalgame de tribus sans âme et sans cœur
En mil neuf cent quarante huit
La bataille s'engagea
Pour l'indépendance
Et la réunification[13]

L'exaltation de la mystique unitaire va au-delà de la seule littérature, pour s'étendre à tous les arts, qu'ils soient plastiques ou phoniques. Elle est le fait de musiciens, de peintres, des sculpteurs talentueux tels que le regretté Gédéon Mpando, le réalisateur du somptueux monument de la réunification qui trône sur l'une des collines de la capitale du Cameroun. Ce monument constitue, même de nos jours, l'une des plus belles attractions du pays. Le Cameroun y est représenté sous la forme d'un patriarche accueillant des enfants venus de toutes parts et brandissant, dans sa main droite, un flambeau. En arrière-plan de cette immense statue on voit un monument à deux entrées, représentant les deux parties du Cameroun. Ces entrées finissent par se confondre pour laisser place à une seule voie qui porte au sommet du monument.

Au niveau de la musique et de la danse, la dynamique unitaire est généralement exaltée à travers un bouquet musical et chorégraphique exécuté par le Ballet national du Cameroun à l'occasion des grandes fêtes nationales. Ce bouquet condense toutes les grandes tendances musicales du pays ainsi que les danses qui s'y rattachent.

Au niveau des arts vestimentaires, culinaires et architecturaux, il est loisible de voir comment un mets issu de telle région particulière est approprié par l'ensemble de la nation (exemple du ndolè, du ndomba, de l'éru, etc.) ou comment un modèle vestimentaire migre de sa région d'origine à d'autres. Il a été de ce point de vue admirable de voir l'ensemble de l'Équipe nationale de football, les Lions indomptables, arborer, lors de la cérémonie d'ouverture de la dernière Coupe du monde, une tenue traditionnelle du Nord-Ouest camerounais.

III. L'impact des arts et des lettres dans la dynamique unitaire

On pourrait donc dire que non seulement les arts et les lettres sont présents dans le chantier de la construction nationale, mais ils jouent un rôle de choix aux plans symbolique, éthique et psychologique : c'est le lieu d'éveil de la conscience nationale, de l'éducation des masses et de l'exhortation à l'action. De façon schématique, on peut illustrer cet apport en disant que les arts et les lettres ont assumé trois fonctions principales dans cette dynamique : une fonction prophétique, une fonction didactique et une fonction apologétique.

[13] *Ibid.*, p. 360.

3.1. La fonction prophétique

De par leur vocation à la fois figurative et préfigurative, les arts et les lettres ont non seulement représenté la situation historique du Cameroun par des tableaux successifs correspondant à des tranches historiques précises, mais aussi annoncé les temps à venir. Ils nous disent d'où nous venons et où nous allons, à quel destin nous sommes voués. C'est ainsi que l'épopée d'Ondoua Engutu intitulée *Dulu bon b'Afri-kara,* écrite en 1947 et traduite en français par Marie Rose Abomo Maurin sous le titre *Les pérégrinations des descendants d'Afri-kara*[14] nous dit que nous sommes les descendants d'un même ancêtre et que nous sommes par conséquent condamnés à vivre ensemble. La lecture de cet extrait nous en dit plus :

> *Écoutez-moi tous. Il étendit sa canne et désignant le premier groupe d'enfants ; il leur demanda : qui a créé le ciel et la terre ? Ils lui répondirent tous en la même langue : Le créateur ! Il leur dit : glorifiez donc ce créateur toute votre vie ! Et ainsi de suite, tout le groupe répondit à cette question dans sa langue. Nous allons voir maintenant ce que les autres lui ont répondu. À la question : qui a créé le ciel et la terre ? Le second groupe donna la réponse suivante : c'est Allah ! Il leur dit : vous glorifierez donc toujours Allah ! Il tendit sa canne au-dessus du troisième groupe et posa la même question ; on lui répondit Nka-Eba ; Il leur recommanda de louer toute leur vie Nka-Eba. La canne toujours levée au-dessus du groupe, il posa la question au quatrième groupe qui répondit : Nsango. La même recommandation leur fut également faite. Au cinquième groupe qui répondit Mebe'e, la même recommandation de louer Mebe'e fut faite. Le sixième groupe dit Anyama ; on leur donna le même conseil. Afri-kara étendit une dernière fois sa canne ; ce fut au-dessus du septième groupe. Il s'enquit du nom de celui qui avait créé le ciel et la terre. On lui répondit Zambe (Dieu). Il leur dit : louez donc Zambe (Dieu)*[15].

L'héritage d'Afri-Kara à sa descendance fut donc, non seulement la recommandation de soumission au créateur, mais aussi l'exhortation à demeurer des frères au-delà des divergences linguistiques et des contingences géographiques.

Dans la décennie précédant l'indépendance, Gilbert Doho fait état de l'existence d'une poésie populaire dans laquelle se lisait déjà, non seulement la soif de liberté, mais aussi la volonté d'unir les différentes composantes du pays. Ces poèmes, que l'on dénommait *Kaa Kundé* dans la Sanaga maritime

---

[14] Abomo–Maurin, Marie Rose, *Les Pérégrinations des descendants d'Afri-kara*, traduit de l'œuvre d'Ondoua Engutu, *Dulu bon b'Afri-kara* (1948), Paris, L'Harmattan, 2012.
[15] *Ibid.*, pp. 22-23.

et *Kee Lapa* dans l'ouest du Cameroun, sont révélateurs de la ferveur populaire à cette époque. Dans les chants I et II du *Kaa Kundé*, on peut lire :

Debout, enfants du Cameroun
Regardez Um Nyobe et tous ses hommes
Prendre le pouvoir
A la tête
Depuis qu'il est là
La vérité a triomphé sur le mensonge.
La mission de porte-parole est accomplie.
Restez éveillés enfants du peuple
Um Nyobe va bientôt sortir
C'est la réunification qui le retient[16]

Dans les chants V et VIII, c'est la même rengaine :

Ce que nous pleurons
Est l'indépendance de notre pays
Que naguère on divisa
Plus rien ne nous intéresse
Sauf l'ascension à l'indépendance
ce que nous recherchons
est l'union de notre pays
Que jadis on disloqua
plus rien ne nous empêchera
d'accéder à l'indépendance[17].

C'est la même ferveur qui anime les délégations des étudiants des universités d'État du Cameroun, en route pour Ngaoundéré le 26 juillet 1999, à la faveur du premier forum des étudiants du Cameroun. Dans un poème resté célèbre et intitulé « le train de l'espoir », ils chantent la joie d'être ensemble et disent leur foi en l'avenir. Sous la plume de David Massoma Pandong, le compositeur de ce poème, on peut lire :

Ô Ngaoundéré, notre génie tapi dans le désespoir
est venu se ressourcer dans ton abreuvoir
secoue donc nos cœurs et nos méninges
Ô château de vie
Afin que l'éléphant n'accouche point d'une souris
et toi voyageur
n'oublie aucun détail de ce périple
car mon cœur rêveur me dit qu'une bonne cause finit par avoir des disciples.
Alors Dschang, Douala, Buéa

---

[16] Gilbert Doho, *op. cit.*, p. 25.
[17] *Ibid.*, p. 28.

Et vous Yaoundé I, Yaoundé II ou Soa chantez des chants d'espoirs sur votre chemin retour appelant de vive voix de meilleurs jours car je rêve d'un jour du troisième millénaire où cette semence verra une belle récolte[18].

La fonction prophétique montre que la littérature a été à l'avant-garde du combat, aussi bien pendant la période de lutte pour les indépendances que pendant la quête de la réunification. Elle avait pour rôle d'allumer et de maintenir la flamme de l'espoir afin d'indiquer et de rappeler chaque fois la voie à suivre. Cette fonction des premiers temps a cependant changé pour céder place à une autre, une fois les deux objectifs de l'indépendance et de la réunification atteints, c'est la fonction didactique.

3. 2. La fonction didactique

La littérature ne s'est pas contentée d'annoncer les temps nouveaux, elle, s'est également préoccupée de l'éducation des masses pour dessiner les voies du vivre ensemble, car à la difficile tâche de réaliser la réunification a succédé la non moins difficile tâche de cohabiter et plus tard de fusionner en une seule et même entité.

De ce point de vue, la littérature s'est employée à proposer des modèles et à appeler à la cohésion. Dans un poème daté de 1959 dont l'actualité va s'avérer brûlante plus tard, le poète Engelbert Mveng indiquait déjà la voie à suivre. Il désignait le plateau de l'Adamaoua comme le symbole et le lieu d'assomption de la dynamique unitaire, de par la situation géographique de cette région et de par sa vocation à fédérer les éléments épars venus de toutes les régions du pays. Ce poème, intitulé *Adamaoua*, est en effet plein de suggestions et d'enseignements :

J'appelle seulement le réveil des pasteurs
J'appelle le réveil, à l'aube, des troupeaux.
Fondamentale cette heure qui commence,
Cette heure qui monte avec le prélude des tam-tams
le bégaiement des xylophones,
et le frisson de tes flancs, Adamaoua !
Je t'ai rêvé vierge Bantou sur l'océan du sud,
l'océan de forêts vierges et de bambous,
je t'ai rêvé vierge du Soudan à la pirogue de lotus fendant les rais de l'aube et domptant les torrents, et narguant la fureur matinale des cataractes.
Mais tu es fondement de l'horizon et tout devant toi est recul[19].

[18] David Massoma Pandong, « Le train de l'espoir », in *Actes du premier forum des étudiants des Universités d'État du Cameroun, ministère de l'Enseignement supérieur*, 1999, p. 35.
[19] Engelbert Mveng, *Balafon,* Yaoundé, Clé, 2010, pp. 49-50.

À la fin du poème, Engelbert Mveng appelle plus concrètement l'Adamaoua à assumer son destin national et à rassembler tous les enfants du pays :

J'ai compté l'horizon sur mes doigts qui s'égrène,
Mais qu'est-ce tout cela, Ô ma table solaire !
Qu'est-ce pour fermer autour de toi la palissade de mes peuples
Pour nouer le pagne, autour de tes reins, de mes fils rassemblés,
Ceux-ci m'ont dit : va-t'en !
Ceux-là m'ont dit : reviens ![20]

La littérature nous dit aussi comment passer de la réunification à l'intégration, par le voyage, le dialogue culturel, l'amour. Ainsi, la romancière Évelyne Mpoudi Ngollè nous montre comment l'amour peut arriver à vaincre les résistances culturelles et créer une véritable intégration des peuples[21]. Dans son roman intitulé *Sous la cendre, le feu,* elle présente un personnage principal, Mina, originaire du Mungo, qui accepte de prendre pour époux un musulman du Nord, Djibril Mohamadou. Malgré les réticences et les intrigues de leur environnement, ils vont vivre leur idylle jusqu'au bout. Néanmoins Mina ne manque pas de reconnaître la délicatesse de leur position, d'où cette réflexion :

> *Je ne m'étais pas posé de question à ce sujet, vraiment pas. J'avais dans ma logique oublié que la société n'était pas organisée comme dans nos établissements scolaires où toutes tribus, toutes confessions confondues, nous vivions simplement notre vie communautaire. Comment avais-je pu perdre de vue les barrières que les adultes élevaient entre les ethnies, entre les religions, entre les fortunes ? Je savais pourtant que plus d'une idylle entre jeunes gens avait dû s'incliner devant l'intransigeance des parents qui ne pouvaient souffrir de voir leurs progénitures sauter par-dessus ces barrières établies. Et ce sont ces mêmes adultes qui, à coups de slogans politiques, scandaient dans la presse et au cours des réunions, à bas le tribalisme*[22].

Il apparait donc, de l'avis d'Évelyne Mpoudi Ngollè, que le tribalisme et les actions de désintégration nationale sont surtout le fait d'une certaine classe d'âge, les adultes, ceux-là qui, parfois, et de façon paradoxale, ont été les acteurs de la réunification et qui agitent les divisions régionales comme un épouvantail politique. Les jeunes, par contre, sont portés vers des valeurs intégratives parce qu'ils vivent dans un monde ouvert où les barrières linguistiques et traditionnelles sont très poreuses. Quand ils ne sont pas issus de couples mixtes, les jeunes camerounais d'aujourd'hui sont bien souvent le

---

[20] *Ibid.*, p. 50.
[21] Lire à cet effet Richard Laurent OMGBA, « Le rôle de la femme dans le processus d'intégration nationale au Cameroun... », in Jacques Fame Ndongo *et alii, La Femme camerounaise et la promotion du patrimoine culturel,* Yaoundé, Clé, 2002.
[22] Évelyne Mpoudi Ngollè, *Sous la cendre, le feu,* Paris, L'Harmattan, 1990, p. 67.

fruit de grands métissages culturels qui déstructurent les identités ataviques. Ils ont tendance, selon les termes d'Édouard Glissant, à construire des *identités rhizomes*[23] qui relèvent d'une agrégation de nombreux apports.

La jeunesse n'est pas le seul agent facilitateur de cette dynamique intégrative, il y a aussi la gent féminine, parce que dans nos coutumes, essentiellement patriarcales, la jeune fille est destinée à quitter sa famille pour aller à l'aventure du mariage dans d'autres contrées. Elle est de ce fait plus réceptive de ce qui vient d'ailleurs que le jeune garçon qui est destiné à rester au terroir, à perpétuer les valeurs familiales et à garantir l'intégrité du fief paternel. C'est ce que nous montre une fois de plus le roman d'Évelyne Mpoudi Ngollè où l'on voit les sœurs, les tantes, les amies regroupées autour du couple mixte alors que les hommes sont boudeurs, sinon hostiles à cette union[24].

C'est grâce à l'action de ces femmes que le couple sort de la tourmente et parvient à retrouver son équilibre à la fin du récit où l'on voit d'ailleurs, toutes les familles, chrétiennes, musulmanes et animistes, rassemblées pour une célébration œcuménique qui met fin à l'intrigue. Le roman apparaît ainsi comme une exhortation à l'intégration nationale, d'autant plus qu'il présente d'autres couples mixtes (Maurice-Sylvie) qui parviennent à braver les tabous et les résistances tribales et à s'accomplir. La fonction didactique est donc complémentaire d'une autre qui, tout en nous présentant des modèles et des voies à suivre, célèbre les hauts faits de ceux qui, de par l'histoire, se sont distingués comme des héros de la dynamique intégrative.

3.3. La fonction apologétique

C'est surtout dans la poésie qu'on retrouve les chansons de gestes des héros de la réunification et de l'intégration nationale. Louis Marie Pouka, une fois de plus, est le plus prolifique dans ce sens. Il célèbre à la fois Um Nyobé et Ahidjo, qu'il se garde d'opposer parce qu'ils sont tous, d'après lui, les artisans de la réunification du Cameroun. D'Ahmadou Ahidjo, il peut dire :

En mil neuf cent cinquante-huit
un vaillant fils du Pays
choisi par Dieu
acceptait comme Moïse,
la difficile mission
de libérer la patrie
du joug millénaire
de l'Occident négrier
Avec quelques braves amis
Il fonda un parti

---

23 Édouard Glissant, *Poétique de la relation : Poétique III*, Paris, Gallimard, 1991, p. 31.

24 Bole Butaké reprend la même topique dans sa pièce *Betrothal without libation,* Yaoundé, Clé, 2005.

L'union camerounaise,
Un grain de maïs au début Aujourd'hui un Baobab !
Grâce à ce parti
l'indépendance du pays
Naquit
Le premier janvier
Mil neuf cent soixante
Grâce à ce parti
la réunification souhaitée
Naquit à son tour
le premier octobre
Mil neuf cent soixante et un[25].

De Um Nyobé, qu'il considère comme le véritable artisan de l'indépendance et de la réunification du Cameroun, il peut dire :

Héros national. Ô gloire de ma race
Nous t'avons méconnu, poussé par nos vainqueurs,
Mais ton peuple, en secret, marchait bien sur tes traces
Car nous savions tous que tu avais du cœur.
Ta longue résistance a semé des martyrs
dans le pays entier pour notre indépendance
Et toi-même, sans peur, tu as dû consentir
Ô grand libérateur, ta mort sans confidence !
Tu voulais à tout prix que par ton noble sang
ton peuple délivré chante sa victoire
et te soit, dans sa joie, toujours reconnaissant
exaltant ton grand nom, célébrant ta victoire
Par la mort, Ô Mpodol, germent nos libertés,
Mais nos combats aussi pour une hégémonie ;
nos courses aux honneurs et nos folles fiertés
dans un État sanglant, râlant dans l'agonie[26].

Dans la poésie populaire de l'Ouest, *Kee Lapa*, on retrouve la même tradition de célébration des héros de notre indépendance et de notre réunification. Ils sont issus de différentes régions du pays et symbolisent l'idéal d'unité et d'intégration :

Ô Chefs de guerre, guides du peuple
Devoir vous avez
droit vous avez
de marcher à la tête du terroir
Toi Momo Paul Chef de guerre

[25] Louis Marie Pouka, pp. 364-362.
[26] *Ibid.*, pp. 121-122.

guide du peuple
il te revient de parcourir le terroir
de sillonner la nation
à la tête de son armée
Ntumazah Ô Ntumazah
tribun incomparable
cours vole dans et hors du terroir
cours dire notre volonté
Moumié Félix, toi Moumié :
l'homme du jour, l'homme de la nuit
ta langue a goûté l'eau pure
Mais aussi l'eau amère
à toi servie par la France
cours fils du terroir
cours à travers les pays
Dire notre souhait, dire notre vœu
Um Nyobé, toi Ruben Um Nyobé
Mpodol, tu es l'éternel guide du terroir
Guide du peuple, parole du peuple
Tu ne connus rien
Dans l'épais maquis de ton terroir
ce qui vint à toi
ce fut le couteau français dans le dos
Ô Chefs de guerre, guides éternels
continuez votre marche
nous vous suivrons
jusqu'à ce que libre
Notre Cameroun enfin devienne[27].

Le romancier qui s'élance le mieux dans cette littérature apologétique est Mongo Beti, dans son roman intitulé *Remember Ruben.* Um Nyobé y apparaît comme un personnage de légende qui entretient la ferveur populaire et incarne le rêve de liberté et d'union qui habite les nationalistes camerounais. Mongo Beti le présente comme un messie, voire un magicien :

> *Ruben n'avait nul besoin, pour être frénétiquement applaudi, de prononcer de longs discours. C'était un homme d'assez haute stature, plutôt maigre, la tête grosse, un peu disproportionnée, il y avait dans son regard et même sur toute sa figure une expression déjà triste comme s'il fut tourmenté par les pressentiments funestes du père miné, imperceptiblement par une maladie inexorable et qui désespère de ses enfants abandonnés bientôt au caprice du sort [...]*

[27] *Ibid.*, pp. 3, 6-37.

> *Les gens l'adoraient vraiment comme un Dieu, comme une sorte de messie noir, même ceux qui, pour des raisons d'égoïsme ou par leur nature, n'avaient pas d'inclination pour ce genre d'affaires. C'était peut-être Ruben, ce magicien dont l'enchantement avait mis la colonie à l'envers, depuis la fin de la guerre*[28].

Conclusion

À l'observation, on peut dire que les arts et les lettres ont fortement inspiré le peuple dans sa marche vers l'indépendance, la réunification et l'intégration nationale. Ils auraient pu le faire de manière plus éclatante s'ils n'avaient pas été sous le joug politique qui, quelques fois, a inhibé des initiatives. Avec la célébration de ces deux grands moments que sont l'indépendance et la réunification, il est probable que l'inspiration soit plus forte et que notre histoire soit mieux chantée et magnifiée par les créateurs des œuvres de l'esprit.

Bibliographie

Abomo Maurin, Marie Rosé, *Les Pérégrinations des descendants d'Afri-Kara,* traduit de l'œuvre d'Ondoua Engutu : *Dulu bon b'Afrikara,* (1948), Paris, L'Harmattan, 2012.

Bole Butake, *Betrothal without libation,* Yaoundé, Clé, 2005.

Bole Butake, *Family saga,* Yaoundé, Clé, 2005.

Doho, Gilbert, *Poésie et luttes de libération au Cameroun,* Yaoundé, Ifrikiya, 2007.

Glissant, Édouard, *Poétique de la relation : Poétique III,* Paris, Gallimard, 1991.

Massoma Pandong, David, « Le Train de l'espoir », in *Actes du premier forum des étudiants des universités d'État du Cameroun,* ministère de l'Enseignement supérieur, 1999.

Mongo Beti, *Remenber Ruben*, Paris L'Harmattan, « Collections Encres noires », 1982

Mpoudi Ngolè, Évelyne, *Sous la cendre, le feu,* Paris, l'Harmattan, 1990.

Mveng, Engelbert, *Balafon,* Yaoundé, Clé, 2010.

Nde Mû Fopin, « Kilomètre 30 », in *Afrique 30 ans d'indépendance*, Québec, Mondia, 1990.

Nkenmgong Nkengasong, John, *Across the Mongolo,* Ibadan, Spectrum Bocks limited, 2004.

Omgba, Richard Laurent, « Le Rôle de la femme dans le processus d'intégration nationale au Cameroun : une lecture de Sous la cendre, le

[28] Mongo Beti, *Remenber Ruben*, Paris, L'Harmattan, 1982, p. 108.

feu d'Evelyne Mpoudi Ngolè », in Jacques Fame Ndongo, Marcelline Nnomo, Richard Laurent Omgba, *La Femme camerounaise et la promotion du patrimoine culturel,* Yaoundé, Clé, 2002, pp. 126-133.
Pouka, Louis-Marie, *Œuvre poétique,* Yaoundé, Sopecam, 2010.

Regard sur le système éducatif camerounais

Le Cameroun consacre d'énormes moyens en infrastructures, en personnel et en ressources budgétaires à son système éducatif. Quand on comptabilise, du primaire au supérieur, en passant par le secondaire, les moyens mis en jeu, on peut s'étonner de la qualité des résultats obtenus au bout du compte.

Pour s'en convaincre, il suffit de se livrer à une petite opération d'addition. Dans le budget de l'année 2015, le Minedub (ministère de l'Éducation de base) bénéficie d'une enveloppe de 188 583 000 000 (cent quatre-vingt-huit milliards cinq cent quatre-vingt-trois millions de Fcfa), le Minesec (ministère des Enseignements secondaires) emporte une enveloppe de 251 478 000 000 (deux cent cinquante-un milliards quatre cent soixante-dix-huit millions de Fcfa), tandis que le Minesup (ministère de l'Enseignement supérieur) est doté d'une enveloppe de 51 944 000 000 (cinquante-un milliards neuf cent quarante-quatre millions de Fcfa). Si l'on y ajoute le budget du ministère de l'Emploi et de la formation professionnelle, qui est de 19 185 000 000 (dix-neuf milliards cent quatre-vingt-cinq millions de Fcfa), cela fait une enveloppe globale de 511 190 000 000 (cinq cent onze milliards cent quatre-vingt-dix millions de Fcfa), sur un budget estimé à 3 746 600 000 000 (trois mille sept cent quarante-six milliards six cents millions de Fcfa), soit un pourcentage de 13,64 %.

Sur le plan des ressources humaines, on constate que le corps des enseignants est le plus important au sein de notre fonction publique et qu'il est aussi celui où les qualifications sont les plus élevées. Ce corps compte tellement de ressources qu'il ravitaille sans cesse d'autres administrations telles que : la culture, la promotion de la femme et de la famille, la jeunesse et le tourisme, qui n'ont pas bien souvent des cadres spécifiques.

À tout ce déploiement, il faut ajouter les structures de l'enseignement privé, dont le boom est manifeste. Au plan infrastructurel, des investissements et du personnel, ce secteur tend même à supplanter le secteur public, tellement les initiatives abondent. Pour ne prendre que l'exemple de l'enseignement supérieur, on peut constater que les instituts privés d'enseignement supérieur sont au nombre de deux cents alors qu'on ne dénombre que soixante-trois établissements d'enseignement supérieur public.

Pour autant, peut-on dire que le rendement de notre système d'éducation est à la dimension des investissements et des efforts consentis par les différents partenaires ? Que non ! Bien au contraire, on est souvent ahuri par les taux d'échec aux examens officiels, malgré toutes les modulations que les délibérations des jurys permettent de faire. Le taux de réussite au baccalauréat au cours de la session 2013 a été de 54 %. Au niveau du supérieur, on atteint rarement des taux de réussite de 50 %, surtout dans les grandes Facultés. De plus, les destinataires des produits de notre système éducatif se plaignent de la qualité de nos diplômés, qui seraient d'un niveau inférieur à ceux que l'on formait au lendemain des indépendances où il n'y avait que quelques établissements pilotes et quelques enseignants moins qualifiés que ceux d'aujourd'hui.

En se montrant plus sévère, on dirait que le système d'enseignement du Cameroun finance les échecs, surtout quand on mesure ce que les redoublements des centaines de milliers d'élèves et d'étudiants coutent au système. Ce constat est d'autant plus vrai que, dans le secteur public, de l'éducation de base au supérieur, le financement de l'éducation est presque entièrement à la charge de l'État ; les parents ne payant qu'une somme symbolique.

Il y a donc lieu de se demander d'où vient le problème ? Comment se fait-il qu'on investisse autant et que les résultats soient si médiocres. La faute est-elle aux élèves et aux étudiants comme on tend à le faire accroire en démontrant que les enfants d'aujourd'hui sont moins intelligents et moins responsables que ceux d'hier ? Le débat sur la baisse des niveaux nous a souvent habitués à de telles analyses. La faute ne serait donc ni celle des parents, ni celle de l'État, ni celle des enseignants, mais celles de nos enfants qui ne savent pas être dignes de nous. Lequel des parents a-t-il été dernier de sa classe ? On n'en connait pas ; tous étaient très brillants et très responsables. Les enfants d'aujourd'hui ne sont visiblement pas comme ceux d'hier.

Argument facile et complaisant : la faute est à ceux qui n'ont pas de parole ! Pourtant, si nous prenions le courage de scruter objectivement notre système d'éducation, nous verrions quelques failles qui ruinent nos efforts et nos investissements. Ces failles vont de la structuration de ce secteur au management des hommes et des moyens, en passant par les programmes et les méthodes d'enseignement.

Relativement à la structuration du secteur de l'éducation, il ne semble pas efficace de le segmenter en plusieurs ministères. Cette segmentation, en éducation de base, enseignement secondaire et enseignement supérieur, nuit à la cohérence de l'ensemble d'autant plus qu'on observe, de la part des acteurs, des tendances de protectionnisme et de défiance vis-à-vis des autres. N'est-il d'ailleurs pas surprenant qu'au niveau de la base l'accent soit mis sur l'éducation tandis qu'aux niveaux du secondaire et du supérieur on s'appesantit plutôt sur l'enseignement ?

L'une des conséquences de ce cloisonnement est que, pendant qu'au supérieur on opte pour la professionnalisation à outrance, au niveau du secondaire et du primaire on continue à privilégier les enseignements généraux. N'aurait-il pas fallu professionnaliser dès la base pour éviter de faire du supérieur un enseignement de masse ?

Je me souviens à cet effet d'une réflexion d'un de mes enseignants[1], qui se demandait pourquoi on n'adaptait pas le système d'enseignement aux différents secteurs d'activité. Sa logique était de former au niveau de base en fonction des besoins du secteur primaire, c'est-à-dire la connaissance de l'environnement immédiat de l'élève et de la mise en valeur de l'environnement. Ainsi, au lieu de bourrer le crâne des jeunes du primaire avec des leçons sur l'histoire de la Rome antique et des Amérique, on leur apprendrait les métiers de l'agriculture, de l'élevage, de la pêche, de la préservation de l'environnement, de la maitrise des eaux, etc. Au lieu de réciter à longueur de journée que *l'Empereur César Auguste régnait à Rome et sur le monde romain ; la Palestine était un État dominé par l'armée romaine*, on sortirait du primaire en étant capable de cultiver la terre mieux que nos parents et de tirer parti de notre environnement sans le détruire.

Dans la même logique, l'enseignement secondaire formerait pour le secteur secondaire, c'est-à-dire celui de la transformation des matières premières. Il serait destiné à ceux qui ne veulent pas se limiter à la production de la matière première et qui se sentent suffisamment de génie pour assimiler les systèmes de stockage, de préservation et de transformation de ces produits. Cela induit qu'au lieu de démultiplier les Lycées d'enseignement général, il est plutôt judicieux de créer des Lycées d'enseignement technique et industriel capables de couvrir l'ensemble des domaines d'action envisagés.

La troisième chaîne de l'enseignement, dans cette optique, formerait pour le secteur tertiaire, celui des services. L'enseignement supérieur serait ainsi réservé à ceux qui sont suffisamment créatifs pour réfléchir sur les voies d'avenir, lire, comprendre les enjeux du monde contemporain et élaborer des stratégies de développement.

Une telle structuration, on le perçoit bien, nécessite une cohérence de l'ensemble du système. Administrativement, elle exigerait qu'il y ait un seul ministère en charge de l'Éducation nationale, quitte à ce que le tenant de ce grand et prestigieux ministère soit secondé par des ministres délégués, chargés respectivement de l'éducation de base, de l'enseignement secondaire et de l'enseignement supérieur.

Quant au management des hommes et des moyens, il constitue la principale pomme de discorde. L'on comprend mal pourquoi on se sent obligé, à chaque début d'année scolaire, de créer de nouveaux établissements, alors que ceux qui existent déjà n'ont pas suffisamment d'enseignants. En démultipliant les établissements publics, on croit résoudre le problème de la qualité de l'enseignement, sous le fallacieux prétexte qu'on rapproche l'école des écoliers. La conséquence en est qu'on retrouve des collèges d'enseignement secondaire et même des Lycées dans des zones où la population scolaire atteint à peine cent individus. Pourtant,

[1] Il s'agit du professeur Emmanuel Soundjock Soundjock.

l'État doit y consentir d'énormes moyens en bâtiments, en personnel et en frais de fonctionnement. Quelquefois, on n'y retrouve que le Directeur de l'Établissement et un surveillant général comme personnel enseignant.

Quel résultat peut-on attendre d'une telle structure où deux enseignants, de surcroit responsables administratifs, doivent couvrir l'ensemble du programme d'enseignement ? Ne serait-il pas plus économique et plus efficace de regrouper la population scolaire dans de grands centres où l'on peut trouver suffisamment d'enseignants, des logements décents pour les enseignants et des facilités en technologies de l'information et de la communication ?

Le plus paradoxal est que pendant qu'on démultiplie ces établissements fantômes dans les villages pour faire plaisir aux hommes politiques et aux élites, on oublie de répondre à la forte demande qui se manifeste dans les grandes villes. Il va de soi que certains grands quartiers de Yaoundé et de Douala méritent largement qu'on y construise des CES ou des Lycées afin de faire droit aux besoins des élèves.

Il est vrai qu'un très grand effort a été fait pour couvrir les besoins de ces villes en demande scolaire, mais il reste que l'accroissement de la population appelle encore plus d'investissements de ce type. Au niveau du supérieur par exemple, on peut constater que les Universités de Yaoundé I et Yaoundé II comptent aujourd'hui, à elles toutes seules, plus de cent mille étudiants. Ne faut-il pas, dans ce contexte, penser à les désengorger prioritairement avant d'envisager la création d'autres universités dans des régions où la population estudiantine reste faible, mais d'où émergent de façon assourdissante des revendications d'ouverture d'universités ?

On pourrait résumer cet aspect en disant qu'il y a nécessité de rationaliser la carte scolaire afin de mettre les moyens là où se trouvent les besoins. Par ce procédé, on éviterait des saupoudrages budgétaires et un émiettement des moyens. Au lieu de semer à tout vent, il faudrait concentrer les moyens à la résolution des problèmes prioritaires dont le moins épineux n'est pas la condition des enseignants.

Ces moyens qu'on dilapide, par extrême générosité, peuvent être mis à contribution pour qu'on alloue des primes importantes aux enseignants[2]. Il est indubitable qu'un enseignant bien entretenu et bien motivé peut même, dans des conditions infrastructurelles précaires, produire des résultats prodigieux. Autant dire que le problème de la faiblesse de rendement du système ne me semble pas tributaire de la qualité des hommes ; il se situe plutôt au niveau des choix stratégiques où l'on privilégie la qualité des infrastructures à la qualité des hommes.

L'on peut observer le peu de soin qui est accordé à la condition de l'enseignant à travers ce corps insolite qu'on a créé et qui, paradoxalement,

---

[2] Il n'y a qu'au niveau de l'enseignement supérieur que ce problème a été résolu de manière convenable. Les enseignants du secondaire aspirent encore à la révision de leur statut.

occupe aujourd'hui plus du tiers des heures d'enseignement. Il s'agit du corps des Ivac (Instituteurs vacataires) auquel il faut associer d'autres groupuscules tels que les « Maîtres des parents » et les enseignants vacataires des Lycées et collèges. Ce corps ne bénéficie pas du même traitement salarial et des mêmes avantages que les autres enseignants fonctionnaires, pour une charge et une qualité de travail égales ; d'où les frustrations qui habitent ses membres qui se sentent sous-estimés ou mal aimés. Que peut-on attendre d'un tel corps ? Que peut-on attendre des jeunes fonctionnaires sortis des Écoles normales et affectés dans les coins les plus reculés de la République où ils doivent vivre pendant deux ans sans la moindre avance de solde ? Il y a là un problème de management à résoudre pour traduire dans les faits la priorité qui est accordée à l'Éducation nationale dans les répartitions budgétaires.

Qu'on en vienne aux programmes et aux méthodes d'enseignement. Le constat à ce niveau est que de grands efforts ont été faits pour décoloniser nos programmes d'enseignement et les adapter à notre environnement. Beaucoup d'inspecteurs pédagogiques et d'enseignants ont ainsi pu élaborer et proposer des manuels d'une assez bonne tenue. Cependant, il s'avère que les choix des livres à inscrire dans les programmes ne sont toujours pas défendables[3]. Compte tenu des enjeux financiers y afférents, éditeurs, auteurs, libraires exercent sur les décideurs des pressions malsaines. Ainsi, des auteurs à peine connus, surtout dans le domaine de la littérature, font irruption dans les programmes au détriment de classiques dont la fréquentation forme le goût et l'esprit. On ne voit plus guère des célébrités comme Mongo Beti, Ferdinand Oyono, Sembène Ousmane, Cheick Hamidou Kane, Aimé Césaire, Victor Hugo, Racine, Corneille, Richard Wright dans les programmes de littérature. Ils ont été remplacés par d'illustres inconnus dont le seul mérite est peut-être d'avoir de l'entregent.

Les méthodes d'enseignement, quant à elles, ont beaucoup évolué. Elles ont néanmoins le défaut d'être instables, parce qu'on confond nouveauté et efficacité. La moindre innovation en didactique est aussitôt appliquée dans les salles de classe sans qu'on ait démontré son efficacité. C'est parfois après des décennies de déroute que l'on réalise les dégâts et qu'on revient maladroitement aux vieilles méthodes.

Le corps des inspecteurs de pédagogie se trouve ainsi interpellé en ce qu'il capitalise toute l'expertise dans ce domaine. Il doit être perçu comme un corps d'élite où l'on n'affecte pas des chefs d'établissements en disgrâce, des épouses de hauts fonctionnaires qui répugnent à entrer dans les salles de classe ou de jeunes enseignants que l'on veut rapidement promouvoir. On devrait plutôt y trouver ceux qui ont fait leurs preuves sur le terrain et qui

---

[3] Lire à cet effet l'ouvrage de Marcellin Vounda Etoa intitulé : *Livres et manuels scolaires au Cameroun : la dérive mercantiliste*, Yaoundé, Presses universitaires de Yaoundé, 2016.

sont en mesure d'encadrer les autres et de proposer des modèles efficaces de résolution des problèmes pédagogiques.

On aborde là un problème qui est prégnant dans notre enseignement, celui de la gestion des carrières des enseignants. Beaucoup d'entre eux sont en effet frustrés et dépités de constater qu'après une vingtaine d'années de terrain, ils ne bénéficient d'aucune reconnaissance de leur mérite, ni d'aucune promotion, tandis que de jeunes collègues, qui ont parfois été leurs élèves, sont promus au bout de deux ou de trois ans de travail. L'imposture atteint son comble quand ces jouvenceaux sont propulsés aux postes d'inspecteurs de pédagogie et doivent inspecter ou encadrer leurs anciens professeurs. Cela est bien souvent arrivé et a conduit à des malaises de part et d'autre.

Bien plus, il y a eu une telle inflation des responsabilités que, dans un Lycée d'à peine mille élèves, on retrouve dix censeurs et dix surveillants généraux. Une telle situation crée non seulement un discrédit de ces fonctions, mais aussi un cafouillage où les différents responsables se marchent dessus. Il n'est pas surprenant de voir ces censeurs, qui ont rang et prérogatives de chefs de service, entassés dans une seule salle qui leur fait office de bureau collectif. Il en est de même des multiples inspecteurs auxquels on ne parvient pas à trouver des bureaux.

La raison est qu'on veut contenter le plus grand nombre et répondre aux multiples demandes de promotion. Ainsi, on sacrifie la qualité au profit de la quantité. Si au moins on rationalisait ces nominations comme avait tenté de le faire un ancien ministre de l'Éducation nationale en conditionnant l'accès à certains postes à une ancienneté bien précise, on rendrait les carrières plus lisibles et plus attractives[4].

Il n'y a pas que les nominations qui posent problème. Même les affectations constituent une pomme de discorde. Certains instituteurs et enseignants du secondaire sont oubliés dans des zones réputées difficiles pendant de longues années pendant que d'autres paradent dans les grandes villes pendant toute leur carrière. La situation de ces « enseignants de brousse » s'apparente parfois à une tragédie, puisqu'on ne s'assure pas que les villages dans lesquels ils sont affectés ont des commodités minimales en termes de logement, accès à l'eau, à l'électricité, aux médicaments essentiels et à une alimentation décente. Certains restent pendant une à deux années sans la moindre avance de solde et doivent vivre de la générosité des parents d'élèves et des populations locales. On peut imaginer à quel point une telle situation peut écorner l'image de l'enseignant et affecter l'autorité que ce dernier est censé avoir sur ses élèves.

Heureusement qu'il y a encore dans ce corps de jeunes gens qui aiment leur pays et leur métier et qui acceptent de consentir de tels sacrifices pour le plus

[4] L'exemple de l'enseignement supérieur pourrait une fois de plus servir de modèle. Certains postes de responsabilité, notamment au plan académique, sont fonctions du grade de l'enseignant.

grand bien de tous. Cependant, il ne faudrait pas abuser de leur fibre patriotique et de leur soif de servir pour les mettre en difficulté. L'idéal est qu'on imagine un système de rotation qui permette de changer systématiquement de poste à chaque enseignant au bout d'un délai maximal de cinq ans. Dans le même ordre d'idée, on devrait s'arranger à garantir à tout jeune enseignant qu'on affecte sur le terrain une avance de solde qui lui permettrait de faire face aux besoins prioritaires, en attendant l'aboutissement du dossier d'intégration.

Cela se fait déjà avec les jeunes sortis de l'École nationale d'administration et de magistrature, on peut l'étendre à nos jeunes enseignants pour qu'ils soient fiers de leur métier et disposés à former les jeunes Camerounais. Si nous sommes convaincus que le meilleur investissement est dans le capital humain, nous devons pouvoir faire ces ajustements afin de produire pour la nation des cadres dynamiques, compétents et motivés capables de réaliser nos ambitions. Y a-t-il une meilleure garantie pour atteindre l'émergence qu'une éducation bien réussie ? Je ne le pense pas, c'est pour cela que je plaide pour qu'on accorde beaucoup d'attention, non seulement en termes de moyens financiers, mais surtout en termes de stratégies à notre système d'enseignement. La qualité des défis que nous avons à relever et la compétition que nous avons à engager avec les autres nations imposent d'avoir de jeunes diplômés compétents et sans complexe devant ceux qui viennent d'ailleurs.

Pour émerger, il nous faut des jeunes fiers, conscients des enjeux du monde contemporain et suffisamment ingénieux pour aller à l'assaut du monde et combattre à armes égales avec ceux qui veulent nous maintenir dans la dépendance. Nous ne pouvons envoyer ces jeunes au front sans leur donner des armes adéquates. Ces armes sont intellectuelles parce que l'intelligence est devenue le principal capital des États. En prenant le pari de la stimulation de l'intelligence par une éducation de qualité, nous nous donnons les moyens de rattraper notre retard et de prendre notre revanche sur l'histoire, parce que, comme le dit si justement le grand poète Aimé Césaire, l'œuvre de l'homme n'est pas finie :

> *l'œuvre de l'homme vient seulement de commencer et il reste à l'homme de conquérir toute interdiction immobilisée au coin de sa ferveur et aucune race ne possède le monopole de la beauté, de l'intelligence, de la force ; et il est place pour tous au rendez-vous de la conquête.*[5]

Ne nous laissons donc pas distraire par ceux qui veulent nous donner à penser que la fin de l'histoire est advenue[6]. La conquête du monde, comme le dit Césaire, n'est qu'à son commencement, et c'est par les armes intellectuelles qu'elle se fera.

---

[5] Aimé Césaire, *Cahier d'un retour au pays natal*, Paris, Présence Africaine, 1983, pp. 57-58.
[6] Francis Fukuyama, *La Fin de l'histoire et le dernier homme*, Paris, Flammarion, 1992.

Nouveaux propos sur la culture

Je reviens sur le secteur culturel, pour marteler son importance dans le processus d'émergence que nous avons engagé. En effet, j'estime qu'il est encore temps de comprendre que c'est la culture qui donne forme et sens à toute émergence véritable ; c'est en cela que le Japon émergent est différent d'un Brésil émergent ou d'une Afrique du Sud émergente. Cette différence et cette originalité sont garanties par la culture.

Autrement dit, la culture est au centre de l'activité humaine, elle est même la source de cette activité, quelle qu'elle soit. La technique n'est, dans cette optique, que la manifestation d'une culture, tout comme la civilisation n'est que l'esprit d'une culture, selon les termes de Senghor que j'ai évoqués plus haut. C'est ainsi qu'une automobile de fabrication japonaise n'est pas identique à celle fabriquée en France, en Allemagne où aux États-Unis. Chacune, dans ses formes, son esthétique, est le reflet d'une culture. Il en est de même de l'architecture : les pagodes asiatiques ont leur originalité qui ne les rend pas moins charmantes que les gratte-ciels des Amérique.

Quelle est donc cette émergence qu'on veut atteindre en marginalisant la culture ? À moins que l'émergence ne consiste qu'à reproduire des modèles existant ailleurs, sans qu'on y mette notre génie propre[1].

L'émergence, dit le philosophe Pius Ondoua, *est un processus dans la trajectoire de réalisation maximale de l'homme et des sociétés*[2]. Elle a pour finalité *la priorisation d'un développement posant et affirmant l'homme comme transcendance et absolu de valeur*[3]. C'est donc par rapport à l'homme qu'elle doit se faire pour que celui-ci puisse se reconnaitre dans tout ce qui est fait, se l'approprier et en bénéficier au maximum. Dans la trajectoire actuelle, la crainte est que, si l'on se soucie en priorité des équilibres macroéconomiques, des balances de paiement, du degré d'industrialisation, de l'économie, de la dette extérieure, du degré d'urbanisation, du développement technologique, l'homme n'étouffe sous ces contraintes qui, en réalité, ne sont que des accessoires.

---

[1] Il est merveilleux de voir comment la Chine, qui est devenue depuis 2014 la première puissance économique du monde, exhibe sa culture à travers son architecture, son cinéma, sa cuisine, sa musique, sa médecine et son système de croyances.

[2] Pius Ondoua, « Emergence et trajectoire du développement : regard de philosophe », in *Annales de la Faculté des Arts, Lettres et Sciences Humaines*, vol 1, n° 13, nouvelle série Yaoundé, Lge, 2011, p. 209.

[3] *Idem.*

Il faut donner à l'homme camerounais la possibilité d'exprimer son génie et de se sentir maître de son émergence, au lieu de lui importer des modèles faits par d'autres et pour d'autres. Il faudrait lui créer des lieux, des moyens et des occasions pour qu'il forge lui-même son destin. Il n'y a que la culture pour créer un tel conditionnement. Le Japon, la Chine ont, certes, intégré les apports de l'étranger, mais ils se sont développés en préservant leur culture et en la proposant comme modèle alternatif aux autres. Que proposerons-nous comme modèle alternatif ? Voulons-nous devenir une seconde Allemagne ou une seconde France ?

Pour bénéficier des apports de la culture, il faut investir dans la culture. Ce n'est malheureusement pas le cas dans nos différents budgets. L'enveloppe du ministère de la Culture est parmi les moins fournies. Elle suffit à peine à payer les salaires des fonctionnaires et à organiser quelques manifestations d'envergure moyenne. Pourtant, il y a bien des choses à faire.

Il y a tout d'abord à structurer le corps des artistes et des hommes de culture de façon à leur garantir la saine pratique de leur métier et à leur assurer un minimum vital. On craint de parler de subvention alors que dans de nombreux pays développés, comme la France, le secteur de la culture, plus précisément celui du cinéma, est subventionné, parce qu'on comprend qu'il contribue à la promotion de l'image du pays. Je ne vois donc aucun inconvénient à ce que les artistes bénéficient des allocations de l'État pour faire leur travail. Pourquoi ne bénéficieraient-ils pas, comme d'autres corps de métiers, d'une convention collective garantissant leurs droits et leurs devoirs ? On a bien vu de grands artistes comme Messi Martin, Salla Bekono, Gédéon Mpando et bien d'autres sombrer et mourir dans la misère et dans la plus grande indifférence, alors que nous consommons avec délectation leurs œuvres jusqu'à l'heure actuelle.

On a cru bien faire en laissant les artistes eux-mêmes gérer leurs sociétés de droit d'auteur. Que de dégâts depuis lors. De la Sociladra, à la Socam en passant par la Socinada, la Cmc, la Socadra, etc., on est passé de scandale en scandale, de suspicions en complots, de grèves en batailles rangées. Beaucoup d'artistes ont cessé de créer pour se rabattre sur la gestion des droits d'auteur où l'on peut plus facilement se faire de l'argent. Chacun est impatient d'y accéder à son tour pour se mettre à l'abri du besoin. Était-ce la solution ?

On aurait bien pu privatiser la gestion du droit d'auteur comme on l'a fait en permettant à l'État de garder une minorité d'action lui donnant un droit de regard sur ce qui se fait. S'est-on assuré que les artistes ont la formation nécessaire à la gestion d'une affaire aussi complexe que le droit d'auteur ? Nous savons bien que très peu d'artistes camerounais sont scolarisés. Ils n'ont bien souvent que leur talent à faire prévaloir. Cela, bien souvent, n'est pas leur faute, puisqu'il n'existe presque pas d'institution permettant d'allier la création artistique à l'école classique.

On me rétorquera que l'État a bel et bien mis en place un Fonds d'affectation spéciale pour la promotion des activités culturelles et qu'il existe un Comité permanent de médiation et de contrôle au sein du ministère de la Culture avec pour mission de veiller à la bonne gestion de ce fonds et des droits d'auteur. Ma réponse sera que l'intention est bonne, mais elle ne permet pas de résoudre systématiquement le problème. L'État, à mon sens, aurait été plus efficace en créant, comme dans le secteur de la téléphonie et de l'électricité, une **Agence de promotion et de régulation des activités culturelles**. Une telle structure, dotée d'une personnalité morale et d'une administration comportant des cadres compétents et avisés aurait mieux fait face au problème.

L'Agence ne collecterait pas les droits d'auteur, elle se chargerait de veiller à leur mise à la disposition des sociétés de droits d'auteur, à leur juste répartition et contrôlerait leur gestion. Par ailleurs, elle s'occuperait de la promotion des activités culturelles, c'est-à-dire qu'elle aiderait les artistes à mieux produire, financerait les meilleures productions et se chargerait de les positionner sur le marché international, en vue d'en assurer la rentabilité.

Combien d'artistes camerounais sont présents dans les grands marchés mondiaux de spectacles ? Combien d'artistes savent négocier un contrat ? À l'heure où l'on parle de l'industrialisation de la culture, l'entrepreneuriat culturel devient une exigence, pour qu'on sorte de la culture folklorique et patrimoniale. Qu'on se souvienne de l'expérience du Fonds national de développement de l'industrie cinématographique (Fodic). C'est bien grâce aux financements du Fodic que des cinéastes comme Dikongue Pipa, Arthur Si Bita, Daniel Kamwa ont émergé sur la scène internationale. La fermeture du Fodic a consacré l'effondrement du cinéma camerounais, qui n'en est plus qu'à quelques gesticulations.

Les artistes camerounais ont-ils moins de talent que les autres qui roulent carrosse dans les pays voisins et les capitales occidentales ? Que non. Ils sont seulement mal encadrés. On a bien vu que c'est une musique camerounaise qui a été reprise par la vedette mondiale Shakira comme hymne de la coupe du monde en Afrique du Sud. La même situation s'est répétée lors de la dernière coupe des nations avec une musique de Wes Madiko. Si l'on nous copie tant, c'est bien parce que nous avons du talent et que nous ne savons pas le vendre. Il faudra bien savoir combien les Zangalewa, auteurs de l'hymne de cette coupe du monde de 2010 et Wes Madiko, ont tiré de cette affaire. Certainement des miettes, alors que les vedettes qui les ont copiés ont gagné des milliards de francs.

Nous ne devons donc pas abandonner nos artistes à eux-mêmes parce qu'ils ne sauraient être à la fois les créateurs, les éditeurs, les promoteurs de leurs propres œuvres. Le principe de la division du travail veut que les aspects qui vont au-delà de la création soient pris en charge par d'autres spécialistes. L'Agence pourrait bien manager ces aspects, si on lui donnait comme capital les sommes allouées au Fonds d'affectation spéciale pour la promotion des activités culturelles.

Au-delà des problèmes relatifs à l'encadrement des artistes, il y a aussi ceux qui sont relatifs aux infrastructures. Il peut en effet paraitre surprenant que le pays de Manu Dibango, Francis Bebey, René Philombe, Calixthe Beyala, Léonora Miano, n'ait pas une salle de spectacles où une bibliothèque digne de ce nom. Que d'envies lorsqu'on voit le théâtre Daniel Sorano du Sénégal ou la bibliothèque d'Alexandrie ! Pourquoi pas un Palais de la culture, à l'image du Palais des sports qui trône fièrement au cœur de la capitale. Ces grands lieux de la culture sont aussi des espaces d'émulation et d'inspiration où le génie créateur est excité au plus haut point.

Si déjà nos artistes vont à la conquête du monde avec les moyens rudimentaires actuels, osons imaginer ce qu'ils feraient dans un conditionnement plus adéquat. Il s'agit donc de leur donner les moyens de vivre de leur art, de produire des œuvres qui vendraient l'image du Cameroun à l'extérieur et rapporteraient des dividendes susceptibles d'être réinvesties dans d'autres secteurs d'activité dans notre pays. Ainsi, la culture ne serait plus un gouffre à sous, mais une source d'enrichissement aux plans symboliques et financiers. N'est-ce pas cela qu'on entend par secteur structurant ?

Il m'est arrivé, à l'incitation de mes enfants, de visionner un film camerounais produit par un jeune camerounais du nom de Thierry Ntamack. J'ai pris tellement de plaisir à voir ce film intitulé *Le Blanc d'Eyenga* que je me suis demandé ce que nous faisons d'un tel talent. Il est évident que si ce jeune homme avait bénéficié d'un surcroit de moyens et qu'on assurait au mieux la diffusion de son film, il en tirerait de grands dividendes et gagnerait en notoriété. Avec des moyens rudimentaires, il a réussi à produire une œuvre qui n'a rien à envier aux films nigérians qui font aujourd'hui le tour du monde et sont très prisés aux États-Unis.

De ce point de vue, nous avons beaucoup à apprendre du Nigeria qui se trouve tout à côté de nous. Grâce à un financement adéquat et à une politique volontariste, le cinéma y a pris un tel envol que, dans nos ménages, il a supplanté les films américains, brésiliens et français. Même ceux des Camerounais qui comprennent mal l'anglais consomment des films nigérians et sont abonnés à ses séries. Cela devrait nous interpeller et nous montrer qu'il existe une demande intérieure qui est malheureusement mal comblée. Pourtant, il y a chez nous de jeunes cinéastes talentueux qui peuvent relever ce défi. Il n'y a qu'à faire un tour à la section des Arts du spectacle et cinématographie de la Faculté des Arts, Lettres et Sciences Humaines de l'Université de Yaoundé I pour le constater.

Je me suis laissé dire que certains jeunes cinéastes camerounais de la zone anglophone écrivent depuis quelque temps des scénarios pour des producteurs nigérians. Face au manque de structuration du secteur au Cameroun, ils préfèrent travailler au noir pour d'autres, ce qui est une véritable désolation.

Si l'on imaginait un seul instant ce qu'un film ou un feuilleton à succès peut rapporter en termes financiers, on se dépêcherait d'investir lourdement dans le domaine de la cinématographie. Certains films américains rapportent à leurs producteurs plus d'argent que bon nombre de nos industries phares. Encore que celles-ci présentent rarement un bilan positif. N'avons-nous pas appris que le Nigeria est devenu, en 2015, le pays le plus riche d'Afrique ? On nous a bien expliqué que cette performance est due à son cinéma qui a rapporté d'énormes dividendes et non à son pétrole ou à son bois. Cela doit-il nous laisser indifférents ?[4]

L'on peut me rétorquer que dans un pays où les principales salles de cinéma ont fermé leurs portes, il est difficile de prouver que le cinéma peut rapporter des bénéfices. Ce à quoi je répondrai qu'il faut savoir s'adapter à la demande. La fermeture des salles n'emporte pas le dédain pour le cinéma, il n'y a qu'à voir l'engouement pour les feuilletons dans nos ménages. Nous devons être ingénieux pour capter cette nouvelle offre et surtout protéger nos productions artistiques. Si nous laissons quelques pirates polluer le secteur et vendre sous notre barbe des produits frauduleux, nous contribuons à la mort de notre culture. Les pirates n'ont plus besoin de se cacher, ils ont pignon sur rue, ils narguent les artistes et s'enrichissent du travail des autres. Nous les regardons avec complaisance et achetons leurs produits pour mieux financer leur entreprise. Que pouvons-nous attendre d'une telle attitude sinon l'asphyxie de nos artistes et l'invasion de notre pays par des productions venant des pays où le secteur est mieux structuré et bien protégé.

Ma conviction est que si l'on a pu mettre fin à la vente du carburant frelaté, on peut également mettre fin à la vente de cassettes et Cd piratés. Ce phénomène peut être maitrisé jusqu'au numérique, où des œuvres de nos artistes sont téléchargées impunément, sans qu'il n'y ait la moindre réaction des responsables de ce secteur.

Si nous aimons nos artistes et si nous voulons les voir produire davantage et contribuer, eux aussi, au rayonnement et à l'émergence de notre pays, nous devons nous sentir interpellés par ce drame qu'ils vivent et imaginer des solutions adéquates à la revitalisation et à la promotion de la culture camerounaise[5].

---

[4] Par le nombre de films produits annuellement, le Nigeria est aujourd'hui d'après l'économiste Etounga Manguellé (*op. cit.*, p. 189) la seconde puissance cinématographique mondiale.

[5] Nous semblons entrevoir une embellie dans ce secteur depuis la prise de fonction du nouveau Ministre de la culture.

Les promesses du secteur touristique

Le Cameroun est devenu, depuis 2010, une destination touristique, au sens où l'entend l'organisation mondiale du tourisme. Notre pays a donc franchi le cap de 500 000 touristes exigé par cet organisme pour avoir ce statut prestigieux. On s'en félicite, d'autant plus qu'on est passé de 572 728 touristes en 2010 à 604 052 en 2011, 817 000 en 2012 et 912 000 au 25 novembre 2013. La croissance, dans ce domaine, est donc, selon les chiffres de l'Omt, à 35 %.

Mais, que représentent 900 000 touristes par an pour un pays comme le Cameroun qui regorge de potentialités touristiques ? Comparativement à l'Afrique du Sud qui a enregistré 9 000,000 d'arrivées en 2013, nous apparaissons comme un nain à peine visible dans ce domaine. Même quand on prend en compte les prévisions du **Document de stratégie pour la croissance et l'emploi à l'horizon 2020**, et qui sont de 1 000,000 de touristes, nous comprenons que nous sommes encore à la traine.

Pourtant, les potentialités ne manquent pas dans ce domaine. Nous claironnons sans cesse que le Cameroun est une Afrique en miniature et que l'on peut retrouver dans ce seul pays l'essentiel des ressources touristiques que compte le continent africain sans pour autant traduire cette assertion dans les faits. Tout se passe comme si nous attendons qu'on nous courtise pour venir dans notre pays alors que les autres élaborent des stratégies d'attraction des touristes dans les leurs. Cette attitude d'autosuffisance et d'autoglorification nous est fatale au point où des pays moins attrayants que le nôtre nous dament le pion dans la promotion de leur territoire.

Je pense que si nous adoptons une politique culturelle attrayante et ambitieuse, nous pouvons atteindre le cap de 5 000,000 de touristes à l'horizon 2020. Il nous faudra pour cela consentir de grands investissements pour aménager nos sites et en assurer la promotion. Quand on connait l'effet multiplicateur du tourisme et son impact sur le développement d'un pays, on peut se résoudre à cette option. Entre 2010 et 2011, les recettes engendrées par le tourisme sont passées de 109 à 115 milliards avec moins de 700 000 touristes. On imagine ce qu'on pourrait tirer d'une activité touristique qui drainerait 5 000,000 de touristes.

En dehors de l'écotourisme qui constitue notre ressource principale en ce moment, du fait de la diversité de nos reliefs et de notre écosystème, nous devons promouvoir le tourisme historique qui draine davantage de touristes. L'Égypte n'attire pas tant à cause de la mer ou du Nil, c'est davantage grâce à son histoire ancienne, à ses pyramides, à ses pharaons et à ses ressources archéologiques. Ce n'est pas seulement la mer de Kribi ou de Campo, les chutes de la Lobé, la Réserve du Dja, les parcs nationaux de Korup, de Waza, de Bouba Djida et autres qui vont nous permettre d'attirer des millions de touristes, mais ce que nous aurons de plus à offrir par rapport à ces merveilles de la nature. Beaucoup d'autres pays de par le monde ont accès à la mer et offrent des plages admirables, beaucoup d'autres ont de grands massifs forestiers, des espèces fauniques diversifiées. Ils peuvent nous faire concurrence et relativiser la particularité de notre offre.

En revanche, ces pays n'ont pas la même histoire que la nôtre. Ils ont des spécificités historiques, mais elles sont différentes des nôtres. Cette différence ou cet avantage comparatif comme disent les économistes peut aider à booster notre tourisme. En guise d'illustration, j'aimerais citer le site touristique de Gorée que les Sénégalais ont réussi à imposer comme une destination touristique incontournable de nos jours. Le Pape Jean-Paul II y a été, tout comme les présidents Bill Clinton et Barack Obama des États-Unis, pour ne citer que ces illustres personnalités-là.

N'est-ce pas avec frémissement qu'on y va pour se ressourcer sur l'histoire de l'esclavage ? Quelle émotion quand on se retrouve sur la *porte de non-retour* ou quand on écoute le récit du conservateur du site sur le commerce des esclaves ! Cette offre-là est de loin plus alléchante que la première, mais elle demande un grand travail de recherche et de reconstitution des chaines de l'histoire de nos peuples.

Dans ce domaine précisément, nous avons de quoi pavoiser, car les recherches en cours tendent à prouver que Gorée n'a peut-être pas été le plus grand site de transbordement des esclaves vers l'Atlantique. Les sites de Bimbia, Campo, Douala, comme ceux de Calabar a été aussi important, sinon plus important, que ceux de Gorée. Le Sénégal nous aurait simplement devancés sur cette voie.

Pourquoi ne donc pas investir sur le site de Bimbia et en faire un patrimoine historique mondial ? Par rapport à ceux de Douala et de Campo, ce site présente l'avantage de compter encore des vestiges qui peuvent être restaurés par des architectes culturels. En reconstituant le site du port esclavagiste de Bimbia, on restaure non seulement la vérité historique, mais aussi la vérité géostratégique de la Côte atlantique camerounaise. Combien de Noirs américains découvrent avec ahurissement aujourd'hui qu'ils sont des Tikars du Cameroun alors qu'ils se croyaient Bambaras ou Mandingues ?

Ce n'est pas rendre justice à ceux de nos frères qui sont partis que de continuer à voiler la réalité historique. On ne saurait continuer à taire ou à minorer la place des comptoirs du Sud et du Sud-ouest camerounais dans la traite négrière.

Il y a quelques années, j'ai invité une enseignante de l'Université d'Arizona, du nom de Lisa Aubrey, qui mène avec passion des recherches sur ce champ, à donner une conférence à la Faculté des Arts, Lettres et

Sciences Humaines de l'Université de Yaoundé I. Au cours de celle-ci, nous avons eu une idée plus ou moins exacte de nombre de bateaux qui ont embarqué des esclaves à partir de la côte du Cameroun. Grâce à des documents d'archives, Madame Lisa Aubrey a fait défiler sur un écran, devant une foule médusée, les noms de certains des esclaves qui ont embarqué au XVIIe siècle à partir des côtes camerounaises. Elle en donne le nombre et les destinations.

Que faisons-nous des fruits d'une telle recherche qui n'est encore qu'embryonnaire ? Est-ce que nous mesurons le poids d'une telle découverte à l'heure où beaucoup de Noirs américains ne rêvent que de retrouver leurs racines ? Il y a donc du pain sur la planche aussi bien pour les programmes de recherche que pour la politique d'aménagement touristique. On a visiblement sous la main une opportunité qui permet de faire de Bimbia le pendant de l'Île de Gorée. Encore que l'entreprise peut ne pas se limiter à Bimbia puisqu'il faudra retracer le circuit de la capture et de l'acheminement des esclaves de l'Hinterland vers la côte. On sait quel intérêt l'Unesco accorde à de tels projets qu'elle a déjà financés ailleurs. Reconstituer *la route des esclaves* peut amener à connecter Bimbia à beaucoup de villes et de villages du Cameroun et à proposer aux touristes du monde un *parcours de la mémoire* qui peut s'apparenter aux pèlerinages que des chrétiens et des musulmans font à la Terre sainte ou La Mecque. Ces activités sont certes des actions de ressourcement spirituel, mais elles ne sont pas moins des activités touristiques. L'Organisation du hadj pour le seul cas du Cameroun donne lieu à une mobilisation qui interpelle même la sphère politique. Qu'on imagine donc le déploiement de cette activité à travers le monde.

Voilà donc du pain béni pour nous. Il faudrait simplement créer les conditions de sa consommation en évitant tout amateurisme et toute précipitation. Il y a en effet à craindre que dans la précipitation, on puisse arriver à des actions de faible portée alors qu'on a l'occasion de voir grand et loin. Ce n'est donc pas l'affaire du seul ministère du Tourisme, car elle interpelle à la fois l'industrie, l'aménagement du territoire, la culture, la recherche et l'économie.

Pour bien faire, il me semble qu'il faille commencer par la recherche, de façon à donner du contenu à l'entreprise et en montrer la portée. Ainsi, historiens, archéologues, géographes, anthropologues, sociologues, architectes, ingénieurs et urbanistes sont interpellés tous à la fois pour aider non seulement à comprendre ce qui s'est passé, mais aussi à reconstituer la mémoire historique et à configurer l'architecture et l'exploitation de ce mémorial qui pourrait attirer dans les prochaines années, des millions de touristes au Cameroun.

À cet effet l'État pourrait signer des partenariats avec nos universités et donner des moyens pour que nos spécialistes se mettent au travail. Un tel partenariat permettrait de faire de la recherche-développement tel que le prescrivent les textes de nos universités. Je sais bien que face à un tel projet, des experts vont accourir de tous les coins du monde avec des projets clés en mains au grand dam des experts nationaux. Ce ne sera pas nécessairement une mauvaise chose, mais nous devrons apprendre à privilégier l'expertise nationale là où visiblement elle a du potentiel ; et elle en a dans ces différents domaines ! C'est ainsi que des projets comme celui dont nous parlons deviendront véritablement structurants, parce qu'ils auront un effet d'entrainement dans de nombreux domaines de notre activité nationale.

Il n'y a pas que le projet du site touristique de Bimbia pour nous amener à densifier notre activité touristique. En associant la recherche à l'entreprise touristique, nous pouvons trouver d'autres qui nous aideraient à reconstituer notre histoire et à proposer les aspects saillants à nos enfants d'aujourd'hui et de demain ainsi qu'à la communauté internationale.

Parier sur la recherche scientifique et technique

Aucune nation dans le monde contemporain ne peut se passer de la recherche. Les exigences des temps modernes sont telles qu'on ne peut plus vivre uniquement de la chasse et de la cueillette comme nos ancêtres ou se contenter des biens de la nature. L'homme moderne doit non seulement maitriser son environnement, mais aussi pallier la raréfaction des ressources naturelles et répondre aux exigences de son vécu quotidien. Il ne saurait donc y avoir de nations vouées à la recherche et des nations qui se contenteraient d'en consommer les produits.

À regarder le fonctionnement de nombreux États du tiers-monde, particulièrement ceux de l'Afrique subsaharienne, on a l'impression qu'ils ne se sentent pas concernés par cette question. La recherche, quand elle y existe, est tout à fait embryonnaire, quand elle n'est pas perçue comme un épiphénomène. Elle est rarement située au cœur de la problématique du développement. Autant ces pays consomment sans mesure les fruits de la recherche des autres, autant ils rechignent à adopter une politique de recherche visible et cohérente. Tout se passe comme s'ils pensent se développer à partir des modèles imaginés par d'autres et éviter de passer par l'étape contraignante de la recherche, c'est-à-dire de la réflexion sur les problèmes qui les interpellent.

Il n'y a qu'à voir les budgets que ces pays consacrent à la recherche ou encore le statut accordé aux chercheurs pour comprendre le jeu d'intérêt accordé à ce secteur. Les Instituts de recherche sont rares et bénéficient de très peu d'attention. L'essentiel, semble-t-on dire, est ailleurs, c'est-à-dire dans la *cueillette* des impôts, des frais de douane, des fruits de la vente des matières premières.

Il y a pourtant l'exemple d'un pays comme l'Allemagne, qui n'a pratiquement pas de ressources minières, mais qui s'impose au plan international grâce à sa recherche et à son industrie. Un tel exemple nous montre que c'est l'ingéniosité qui est au cœur du développement et que *l'économie de la chasse et de la cueillette* n'est plus viable.

Pour qu'elle soit efficace, la recherche doit être structurée et cohérente au lieu d'être laissée à la discrétion de microstructures dont la visibilité est relative. L'État doit dire quelles sont ses priorités en matière de recherche et développer de grands programmes dans ces secteurs. Cela n'exclut pas les initiatives privées ou des politiques adaptées à des groupes d'intérêts. Dans les universités par exemple, des enseignants peuvent avoir leurs propres projets de recherche ou se livrer à la recherche fondamentale.

L'accent qui est mis sur la recherche appliquée a pour objet de répondre aux problèmes urgents de la société et de proposer des solutions alternatives ou palliatives aux différentes situations qu'elle rencontre. Y a-t-il une pénurie alimentaire ? Y a-t-il des besoins en énergie ? Y a-t-il des épidémies ou des maladies endémiques ? La recherche doit y trouver des solutions.

Ce ne sont pas curieusement les hommes pour y répondre ou y faire face qui manquent. Le Cameroun regorge d'intellectuels et de chercheurs chevronnés, capables de faire face à de tels défis. L'essentiel est qu'on leur fasse confiance et qu'on les mette au travail, au lieu de les humilier quotidiennement en allant chercher ailleurs des solutions qu'on peut trouver sur place. Bien souvent, il arrive que l'expertise qu'on va chercher à l'étranger soit inférieure en qualité à celle qui se trouve sur place, ou alors que les fameux experts étrangers qu'on sollicite à coups de milliards de francs viennent sous-traiter le travail pour le faire-faire par des experts nationaux qu'ils paient au noir. La conséquence en est que non seulement nous vendangeons l'épargne nationale, mais nous affaiblissons nos chercheurs qui ne demandent qu'à servir leur pays. Je connais beaucoup de chercheurs camerounais qui sont adulés à l'étranger et qu'on sollicite en dehors de leur pays pour des projets hautement stratégiques, mais qui sont dédaignés dans leur pays d'origine parce que, cinquante ans après les indépendances, on pense encore que la crédibilité ne peut venir que de l'extérieur.

Nous sommes tous émerveillés aujourd'hui par ce que fait Arthur Zang, le jeune ingénieur camerounais qui, à partir de son mémoire de fin d'études à l'École nationale supérieure polytechnique de Yaoundé, a inventé le Cardiopad. Il est aujourd'hui célébré par toute la nation et même par les organisations internationales qui le couvrent de leurs lauriers. Pourtant, il est un pur produit de nos universités que nous décrions à longueur de journées. Il a fallu que le Chef de l'État lui-même instruise qu'on le soutient pour qu'on s'intéresse à ses recherches. Elles auraient pu passer inaperçues.

Combien d'Arthur Zang avons-nous dans nos universités ? Je sais d'expérience qu'ils sont légion. Mais personne ne croit en eux, personne ne leur donne l'opportunité de montrer ce qu'ils savent faire. Personne ne les met dans des conditions idoines de travail. On pourrait dire qu'Arthur Zang a eu la chance. Il aurait pu rester dans l'anonymat comme beaucoup d'autres jeunes chercheurs camerounais qui ont autant de talent que lui. Faudrait-il que le Chef de l'État intervienne à chaque fois pour nous bousculer et nous pousser à l'action ? Qu'on se donne la gêne d'aller dans nos universités et nos centres de recherche pour voir à quel point les Camerounais sont ingénieux. Je le dis parce que je sais qu'aux yeux de l'opinion, nos chercheurs ne servent à rien, ils ne trouvent rien parce qu'on ne voit rien de concret.

Une chose est de chercher et de trouver, une autre est de savoir valoriser les résultats de la recherche. Est-ce au chercheur de chercher et de valoriser sa recherche ? On observe en réalité une césure entre la recherche et les secteurs productifs, au point où on a l'impression que la recherche ne sert à rien. Qu'on daigne se rendre à l'Institut de recherche pour l'agriculture et le développement (Irad), à l'Institut de recherche zoologique (Irz), à l'Institut de recherches géologiques et minières (Irgm) ou à l'Institut d'études médicales et des plantes médicinales (Impm) pour voir combien de découvertes restent dans les tiroirs. Je suis convaincu que le Cameroun n'importerait plus aujourd'hui du maïs, du riz, du mil, de l'huile de palme s'il mettait à profit les découvertes de ses chercheurs.

Que faisons-nous de toutes les recherches qui sont faites sur la cacaoculture, l'huile de palme, sur les plantes médicinales ? Combien d'industries pharmaceutiques avons-nous déjà créées à partir des résultats de ces recherches ? Sommes-nous obligés de présenter nos produits pharmaceutiques sous forme de comprimés ou de gélules pour les vendre et soigner les Camerounais ?

Il y a ainsi beaucoup de domaines de la recherche que nous devons investir pour résoudre les problèmes internes et éviter l'hémorragie financière que nous subissons du fait d'une importation massive de produits dont nous pouvons nous passer.

Avons-nous déjà réfléchi à des problèmes aussi simples que la consommation du papier ou la production du livre scolaire ? Essayons d'imaginer combien de tonnes de papier nos enfants consomment de l'école primaire, à l'université ; ajoutons-y ces autres tonnes qui sont consommées dans nos différentes administrations ainsi que celles qui servent à l'emballage industriel. N'est-ce pas préoccupant pour qu'on engage une réflexion en vue de la production du papier ? Est-ce parce que le projet de la Cellucam a fait faillite que nous devons baisser les bras sur un problème si épineux ? Nous produirons peut-être dans un premier temps un papier de mauvaise qualité, mais il pourra au moins servir à l'emballage des produits et à la confection des cahiers des enfants du primaire.

Quant aux manuels scolaires. Qu'est-ce qui nous manque, est-ce l'expertise ? Que non ! Nos inspecteurs de pédagogie sont largement à la hauteur de la tâche. Ils l'ont déjà prouvé par la rédaction de certains manuels qui figurent actuellement dans nos programmes du primaire et de la maternelle. Il n'y a qu'à généraliser et à systématiser cette pratique pour que nous ne commandions plus l'essentiel de nos manuels scolaires de l'étranger. Une telle option pourrait faire vivre l'édition et l'imprimerie nationale tout comme elle ferait travailler nos inspecteurs de pédagogie sur des projets concrets.

L'industrie du papier, comme la recherche pédagogique, ne relève plus de la très haute technique ou de la recherche de pointe. On peut y arriver par des investissements mesurés et avec, dans un premier temps, le soutien de partenaires étrangers, avec pour option de les maitriser à court terme et de devenir plus tard autonomes.

Cela nécessitera de la formation. On peut s'y résoudre en ciblant les écoles spécialisées qui forment dans ces domaines. Nos jeunes ingénieurs sortis de l'École polytechnique peuvent s'y spécialiser tout comme on choisirait certains inspecteurs qu'on enverrait en recyclage. Il ne faudra pas cinq ans pour cela et ce sera tant mieux pour nous.

Ai-je besoin de citer tous les domaines où une telle démarche est nécessaire ? Je ne pourrais pas faire le tour de la question. Qu'on pense seulement aux mines au moment où le Cameroun se lance dans l'exploitation minière, à l'énergie solaire, à la foresterie, à l'élevage, à l'agriculture, etc. Nous sommes visiblement assis sur une mine d'or que nous ne nous donnons pas la peine d'exploiter, avec le risque de voir d'autres, plus ingénieux que nous, en profiter pour ne nous en laisser que la poudre.

Capitaliser la passion pour le sport

Le Cameroun vient de participer, pour la septième fois, à une phase finale de la Coupe du monde de football. Cela peut ne pas surprendre certains, puisque la renommée du Cameroun est établie dans ce sport-roi et que, malgré quelques déconvenues, notre pays compte toujours parmi les têtes de proue du Football africain.

Ainsi perçues, les choses semblent bien en place, puisque la qualification pour le Mondial s'obtient au terme d'un parcours jonché d'obstacles ; elle se mérite. De plus, pourrait-on dire, le Cameroun est le pays qui a permis à l'Afrique d'atteindre, pour la première fois, le stade des quarts de finale de la Coupe du monde et d'obtenir par conséquent cinq places dans la phase finale de cette compétition. Expérience mémorable que cette coupe du Monde de 1990 où le Cameroun a failli éliminer l'Angleterre, le pays qui a inventé le football, en quarts de finale de cette compétition ! Les images de Roger Milla et de la sympathique équipe des Lions indomptables, bravant les plus grandes nations de football du Monde, ont fait le tour du continent, au point qu'aujourd'hui, le Cameroun est plus connu dans le monde pour son football que pour ses prouesses économiques et diplomatiques.

Beau décor qui masque pourtant une réalité tout à fait dysphorique. La réalité est tellement en contradiction avec l'affichage que l'on se dit qu'on évolue dans une véritable cour des miracles. Comment comprendre qu'un pays qui est allé aussi loin au plan mondial manque du strict minimum ? Si l'on prend en compte qu'en dehors des participations à la Coupe du monde qui lui ont rapporté de gracieux dividendes, le Cameroun a été plusieurs fois vainqueur de la coupe africaine des nations ou tomberait à la renverse.

Des esprits cartésiens, qui savent comment on peut arriver à des résultats si élevés, ne peuvent pas manquer de perdre leur latin au regard des infrastructures et du mode de fonctionnement de notre football.

Au plan infrastructurel, nous accusons un énorme retard. Les stades construits en 1972, lors de l'organisation de la coupe africaine des nations sont devenus obsolètes. L'espoir viendra peut-être de ce que nous avons été choisis pour abriter la coupe des nations féminine en 2016 et masculine en 2019. Que de travail aurons-nous à faire pour rattraper le temps perdu !

Sur le plan du fonctionnement, c'est une véritable cour du Roi Pétaud où règnent des imposteurs de toutes sortes. Tout se passe comme si le football est devenu le refuge de tous ceux qui n'ont pas pu se faire une place dans la vie ou qui cherchent une rampe de lancement pour atterrir dans les hautes sphères de la République. Les clubs sont devenus des arènes où s'affrontent sans cesse des individus sans foi ni loi. La cacophonie est tellement bruyante que les amateurs du football se sont éloignés des stades. Aucun club n'est véritablement structuré, tous vivent dans une instabilité permanente et dans une confusion à nulle autre pareille.

Tandis que partout en Afrique, même dans des pays où le football n'est pas le sport-roi, la mode est au professionnalisme, au Cameroun, on voit encore des présidents de clubs se battre becs et ongles pour échapper à une telle malédiction. En revanche, ils exercent un chantage permanent sur le gouvernement pour l'amener à subventionner leurs équipes, s'il veut voir le championnat national démarrer et aller à son terme.

Aucune équipe de football, même parmi les plus emblématiques, ne dispose d'un stade d'entrainement propre, d'une structure stable. Les entrainements se font sur des terrains vagues et les joueurs vivotent, tandis que les dirigeants roulent carrosse. Fort du fameux slogan *impossible n'est pas camerounais*, ils espèrent pourtant avoir des résultats éclatants sur le plan international. Conséquence, depuis plus de trente ans, aucune équipe camerounaise n'a gagné le moindre trophée au plan continental et les Lions indomptables ne doivent leurs victoires qu'à leur Légion étrangère.

Il en est du football comme des autres sports. Le mouvement sportif, dans son ensemble, souffre des querelles byzantines et d'un manque criard d'infrastructures. Il est vrai qu'un palais des sports a été construit entretemps pour les sports en salle, mais il ne peut pas, à lui tout seul, couvrir tous les besoins.

Pourtant, nous avons une jeunesse vigoureuse qui ne manque pas de faire ses preuves chaque fois qu'elle est sollicitée et placée dans des conditions minimales de fonctionnement. Deux de nos boxeurs, Joseph Bessala et Gaston Ndongo Ebanga ont ainsi pu obtenir des médailles olympiques. Françoise Mbango Etonè a été championne du monde du saut en longueur et a pu arracher la médaille d'or de ce sport aux jeux Olympiques. Nos volleyeurs et nos basketteurs ont, eux aussi, participé à la coupe du monde dans leurs disciplines respectives.

Il y a donc de la matière. Il ne manque qu'une organisation rationnelle et des infrastructures conséquentes pour nous valoir des résultats éclatants. Mais tout se passe comme si l'on n'attend que les résultats et qu'on pense pouvoir faire l'économie des investissements et des réformes nécessaires. Pourtant, quand les autres avancent et gagnent du terrain, nous redressons et la catastrophe n'est donc pas loin.

La catastrophe, c'est quand nous deviendrons la risée de tout le monde, quand le moindre des pays voisins viendra nous narguer, même là où nous croyions être invincibles. On a bien vu les Lions indomptables subir de sérieuses déculottées lors du dernier mondial Brésil 2014. Nous n'y avons rapporté aucun point et avons été classés parmi les dernières équipes de la compétition. Le pire est à venir, quand nous voyons les investissements consentis par le Gabon, la Guinée équatoriale, l'Angola, la Côte d'Ivoire et les pays de l'Afrique du Nord pour développer l'activité sportive et l'aligner sur les standards internationaux.

L'activité sportive est importante dans un pays en voie d'émergence non seulement parce qu'elle projette au loin d'image du pays, mais aussi parce qu'elle est porteuse de nombreux dividendes au plan financier. Qu'on imagine les revenus d'un joueur comme Eto'o Fils ou des autres professionnels camerounais qui exercent à l'étranger. Ils sont largement supérieurs aux budgets de certains de nos ministères. Cet argent peut être réinvesti au Cameroun et créer des emplois. Dans le même ordre d'idée, la participation ou l'organisation des grandes compétitions internationales peut être source d'énormes bénéfices en ces temps où le sport est devenu un véritable business.

Au plan intérieur, le secteur du sport est un grand pourvoyeur d'emplois pour les jeunes désœuvrés et plein d'énergie. Si l'on pouvait garantir à ces jeunes un salaire décent et un encadrement adéquat, ils seraient moins portés à s'exiler ou à se livrer à la délinquance. L'industrie du sport mérite d'être développée pour devenir un espace d'encadrement de la jeunesse. Elle ne doit plus être laissée à des mains inexpertes qui détruisent l'image de notre pays et condamnent la jeunesse à la détresse.

Il n'y a pas que le football qui mérite cet encadrement. Les autres sports aussi doivent être structurés de manière à garantir une saine participation de notre pays aux rencontres internationales et à donner des chances d'emplois à nos jeunes.

Du camfranglais au « camerounien » : réflexion sur une langue en émergence

Depuis bientôt quatre décennies, le répertoire linguistique du Cameroun s'est enrichi d'un nouveau mode d'expression qui prend l'appellation de « camfranglais ». Cette nouvelle parlure (Ntsobé), au départ marginale, gagne du terrain et se pérennise, malgré les prédictions de certains linguistes et hommes politiques. Une telle situation vaut bien la peine d'être examinée, d'autant plus que les débats sur la fortune et le destin de ce parler ont envahi les amphithéâtres. On pourrait ainsi dire que le « camfranglais » est sorti du bois pour s'imposer dans les débats intellectuels et politiques.

Une réflexion sur notre politique culturelle nationale peut-elle aujourd'hui éluder ce débat ? Je pense que non ; d'où cet exercice dans lequel je tente de montrer que cette langue en gestation mérite toute notre attention et qu'elle peut, dans un avenir lointain, être une solution à notre imbroglio linguistique. Pour cela, je reviendrai, comme bien d'autres collègues avant moi, sur les conditions de naissance de ce parler, pour m'appesantir plus tard sur son mode de fonctionnement et son probable destin.

I. À propos de l'acte de naissance du camfranglais

Les thèses divergent aussi bien sur la période que sur les conditions de naissance du camfranglais. Ces divergences ne sont pas anodines, parce qu'elles se répercutent sur l'interprétation qu'on peut faire du phénomène. D'une manière générale, elles voient s'opposer plusieurs versions.

Il y a tout d'abord celle de Jean-Marie Essono qui, en 1997, affirmait que : *depuis une quinzaine d'années, le Cameroun s'est enrichi d'un nouveau code linguistique fortement métissé et dénommé camfranglais, un néologisme quelque peu barbare...*[1] En faisant le décompte à partir de la date de publication de sa communication, on peut constater qu'il estime que le phénomène date d'une trentaine d'années aujourd'hui, c'est-à-dire autour de l'année 1980. Il est également l'avis de Denis Zachée Bitja'a Kody (1999)

[1] Essono, Jean-Marie, « Le camfranglais : un code excentrique, une appropriation vernaculaire du français » in *Corpus lexicographique : méthodes de constitution et de gestion*, Actes des troisièmes journées scientifiques du réseau thématique de recherche « Etude de français en francophonie, *Actualités scientifique*, Paris, Duculot, 1997, p. 381.

quand il affirme : *Le camfranglais est un sabir créé au début des années 1980 par les lycéens s'estimant tributaires* d'une triple culture francophone, anglophone et camerounaise que leurs ainés ne possédaient que partiellement[2].

Il y a ensuite celle de Georges Echu, qui situe l'avènement de cette langue à une dizaine d'années antérieurement. Il écrit à cet effet : *Bien que les études s'intéressant au camfranglais datent des années 80, l'existence de cette langue hybride est attestée dans les années 70 à Douala parmi les couches de la population non-scolarisée*[3].

Les deux linguistes s'opposent également sur les conditions d'apparition de cette langue. Tandis que Jean-Marie Essono soutient que le camfranglais est parti des lycées et collèges pour gagner progressivement la rue, Georges Echu trouve qu'il ne s'agit que d'une expansion du *fameux français macro de l'époque, employé par les bandits dans les gares routières et autres espaces de liberté de la capitale économique*[4].

La thèse de Georges Echu est confirmée par Pierre Essengue qui estime que *parti du port de Douala au début des années 80, le camfranglais est à l'origine un argot de camouflage des contrebandiers qui voulaient éluder l'attention des douaniers*[5].

Euloge Thierry Bissaya Bessaya par contre montre que le camfranglais *vient d'un milieu beaucoup plus savant que le port et les lieux de distraction*[6]. Il était au départ *la langue de la communauté estudiantine* qui voulait codifier son langage pour s'identifier et échapper au contrôle du système. C'est pour cela qu'on y retrouve les termes comme « pater », « mater », qui dérivent du latin.

La quatrième thèse est celle de Paul Zang Zang, qui estime que la naissance du camfranglais est consécutive à l'effondrement de la barrière linguistique entre le Cameroun anglophone et le Cameroun francophone. Sa naissance remonterait donc en 1972, date de la réunification des deux parties du Cameroun. Il affirme plus précisément : *l'effondrement de la barrière linguistique entre les deux parties du Cameroun, la suppression des laissez-passer, la libre circulation des personnes et des biens entraîne une poussée du pidgin english de la zone anglophone vers la zone francophone*[7].

De cet effondrement, continue-t-il, le français a commencé à développer *des variétés basses*. C'est donc une variété base du français qui, couplée aux langues nationales, au pidgin english et à l'anglais, a donné naissance au camfranglais.

---

[2] Denis Bitja'a Kody, cité par Georges Echu in « Description sociolinguitique du camfranglais », *Le camfranglais*, quelle parlure, Peter Lang, 2011, p. 54.

[3] *Ibid.*, p. 51.

[4] *Idem.*

[5] Essengue, Pierre, cité par Euloge Thierry Bissaya Bessaya, *Le Camfranglais*, Paris, Edilivre, 2014, p. 21.

[6] Bissaya Bessaya, Euloge Thierry, *op. cit*, p. 30.

[7] Zang Zang Paul, cité par Bissaya Bissaya, *op. cit.*, p. 24.

L'on perçoit donc qu'il y a une très grande divergence d'approches qui peut expliquer la considération qu'on accorde à cette langue, car si le camfranglais est né dans la rue (Fosso, 1998) il pourrait bien ne pas bénéficier de la même considération qu'une langue qui est née dans les milieux scolaires ou universitaires. S'agit-il d'une langue de parias, de laissés-pour-compte ou d'une langue de jeunes évolués qui voulaient se distraire ou distraire l'opinion publique ?

La réponse à cette question pourrait bien éclairer sur le statut qu'on accorde à cette parlure pour le moins insolite, mais qui semble bien embarrasser les spécialistes du fait que toutes ces différentes thèses ne manquent pas de défenseurs. Le journal *Afrique Magazine* de novembre 1988, par exemple, est péremptoire sur la question : *le camfranglais où se combinent le douala, le français et l'anglais se répand de plus en plus au Cameroun. D'abord utilisé comme argot de camouflage dans le port de Douala, il est maintenant pratiqué par tous les jeunes*[8].

Dans le même temps, Tiayon-Lekoubou affirme que le *camfranglais est parlé principalement par les jeunes de 10 à 35 ans, essentiellement écoliers et étudiants.*[9]

Quel que soit le cas, tous conviennent qu'il s'agit d'une langue de rupture par rapport à l'ordre linguistique établi par les pouvoirs publics. Mbah Onana en parle comme d'un phénomène de rencontre de cultures, mais aussi de rupture[10].

II. Statut et fonctionnement du camfranglais

Le camfranglais nait de la rencontre de trois entités linguistiques : les langues camerounaises (cam), le français (fran) et l'anglais (glais). Il est la réponse d'une catégorie sociale qui prend, pour des raisons diverses, ses distances d'avec les langues officielles que sont le français et l'anglais et qui, en même temps, ne parvient pas à communiquer aisément dans les multiples langues nationales du pays.

Le Cameroun, comme le mentionne fort opportunément Mbah Onana, est un véritable « bouillon linguistique » où cohabitent 247 unités-langues, une langue hors phylum (le pidjin-english camerounais) et deux langues officielles (le français et l'anglais). Dans un tel dédale, il est bien difficile, pour les différentes couches de la population, de se comprendre, même si l'option du bilinguisme a été adoptée pour résoudre cette équation.

Dans la réalité, trois catégories de citoyens se trouvent dans une situation linguistique préoccupante : les francophones, qui ne parlent pas l'anglais, les anglophones, qui ne parlent pas le français et les populations de la zone rurale

---

[8] *Jeune Afrique Magazine*, n°53, novembre 1988, p. 30.

[9] Tiayong-Lekoubou, cité par Georges Echu, op. cit., p. 65.

[10] Mbah Onana, « Le camfranglais, Dialecte *mod*erne du Cameroun : genèse et manifestations », in *Écritures VII : Le regard de l'autre,* Yaoundé, Clé, 1997, p. 32.

qui ne parlent ni le français ni l'anglais. Ce cloisonnement linguistique, que ne parvient pas à briser la politique nationale du bilinguisme, a vu émerger une langue véhiculaire qu'on a appelée le pidjin-english.

Bien que fonctionnel, le pidjin-english présentait le désavantage de ne pas intégrer suffisamment les langues locales ; ce qui laissait une fois de plus en rade ceux qui ne parlent ni français ni anglais, d'où probablement la troisième voie qui permettait d'associer les langues nationales.

C'est ce que semble dire cet extrait du journal *Cameroon tribune* du 12 avril 2011, dans sa rubrique « humeur de l'homme de la rue » :

> *Dans dix ans, vingt ans, on voit que ça va être comment ? Tous les grands répés du village qui tiennent le patois maintenant-là seront déjà morts. Et qui va parler votre patois ? Nous ? Il ne restera plus que la langue du blanc. Même si c'est comment, nous on ne peut pas parler la langue du blanc comme lui-même il est né avec ça. Moi, je vois même que, si on s'amuse avec nos patois, un temps, nous on ne sera plus rien du tout. Parce qu'on ne sera pas les blancs, on ne sera plus les noirs. On sera quoi alors ?* [11].

Le camfranglais permet en fait aux semi-lettrés, aux semi-anglophones, et aux semi-francophones de s'exprimer sans complexe et de créer une base d'intercommunication. C'est en cela que je conviens avec Mbah Onana qu'il est une langue de rencontre.

Il est aussi une langue de rupture. En effet, si l'on accrédite la thèse de Georges Echu et de Pierre Essengue selon laquelle le camfranglais est à l'origine, *le parler des contrebandiers qui voulaient éluder l'attention des douaniers*[12], on comprend bien qu'il s'agit d'une langue rebelle dont le but était de subvertir consciemment les codes des langues officielles pour camoufler les intentions du locuteur. Il est donc, comme le dit encore Echu, *une langue d'identification mais aussi une langue de contestation*. Il s'agit non seulement de s'identifier comme corps de métier, pour ne pas dire classe sociale, mais aussi de se positionner, de se poser en s'opposant.

Telle est la raison pour laquelle certains linguistes classent cette langue dans la catégorie de l'argot. Fosso et Bitja'a Kody en parlent comme d'un sabir[13], d'où ces propos de Fosso[14] : *Ce que nous avons appelé camfranglais est en réalité le sabir camerounais*. Jean-Marie Essono pousse à la considérer comme d'un verlan, c'est-à-dire une langue à l'envers. Cependant, il faudrait mentionner que cette inversion ou subversion ne se limite pas à la langue, elle est bien révélatrice d'une contestation, d'un ordre établi, qu'il soit linguistique, politique

---

[11] Cité par Mbah Onana, *op. cit.*, p. 33.

[12] Cité par Georges Echu, *op. cit.*, p. 65.

[13] Marouzeau définit le sabir comme *« toute langue consistant dans un mélange. Le sabir, dit-il, n'est utilisé que pour des relations épisodiques, à l'objet limité, particulièrement pour le commerce »*, cité par Echu, p. 55.

[14] Fosso, cité par Echu, p. 55.

ou économique. Mbah Onana le comprend bien quand il écrit : *En effet dans leur désir d'échapper au carcan du français, de l'anglais, langues du colonisateur et des intellectuels bourgeois, les jeunes élèves, les vendeuses à la sauvette, les revendeuses tentent de prendre une revanche sur une classe qui ne représente plus leurs intérêts*[15].

Dans cette optique, le français et l'anglais sont frappés de soupçons, en tant qu'ils sont les langues de l'oppresseur, qu'il soit le colon ou le tenant du pouvoir. Ces langues sont le symbole de l'oppression et de l'aliénation du peuple. Ainsi, le camfranglais n'est plus perçu comme la langue des gueux et des contrebandiers, mais comme le mode d'expression de tous ceux qui revendiquent un ordre nouveau.

Ce statut nouveau, le camfranglais le doit surtout aux artistes, particulièrement à Lapiro de Mbanga, qui se faisait appeler « Ndinga man » et qui, dans ses chansons, défendait la cause du petit peuple et des souffreteux. Devenu l'idole des jeunes, il a largement contribué à populariser cette langue qui a également fait irruption dans les milieux huppés.

Si la jeunesse en est venue à adapter cette langue, c'est non seulement pour son aspect rebelle, mais aussi parce qu'elle permet une expression directe et facile. En effet, comme le dit Jean-Marie Essono,

> *Les langues officielles, langues occidentales sont fort complexes. Les règles de grammaire sont émaillées de nombreuses exceptions. Le cas du français et bien têtu [...]. Le français moderne apparaît ainsi comme une langue incohérente, voire irrationnelle, réservée exclusivement à l'élite*[16].

À l'opposé de cette langue alambiquée, le camfranglais apparait comme une *langue simple tant sur le plan phonologique, que morphologique et syntaxique*[17], l'essentiel étant l'information au détriment de la norme. On pourrait dire qu'avec le camfranglais il n'y a ni interdit, ni infraction, parce qu'il n'y a pas de norme.

C'est une langue en création qui s'enrichit tous les jours d'un nouveau lexique sans pour autant que l'intercompréhension soit sacrifiée. Le locuteur semble avoir pour principe d'éviter la complexification du langage.

Étant donné qu'il s'agit d'une langue qui est jusque-là réservée aux copains, aux collègues de service et à des catégories sociales déterminées, elle fonctionne à partir des schèmes lexicaux et syntaxiques qui sont connus de tous. Chaque métier, chaque corporation, a son argot et c'est à partir de ce vivier que se construit le discours. C'est pour cela qu'il peut arriver que le camfranglais des « vendeurs à la sauvette » soit différent, tout au moins au plan lexical, de celui des élèves des lycées et collèges ou celui des étudiants de l'université.

---

[15] Mbah Onana, p. 36.
[16] Jean-Marie Essono, *op. cit.*, p. 382.
[17] *Idem.*

Cette thèse n'est pas encore accréditée par les sociolinguistes qui procèdent à un autre découpage. Euloge Thierry Bissaya le présente en ces termes :

> *Nos recherches nous ont permis de considérer trois grands pôles de diffusion du camfranglais. Et partant, trois variétés dudit phénomène. Nous avons pu repérer la variété dite de Douala avec ses spécificités et la variété de Yaoundé fortement influencée par les langues nationales de la sous-famille béti-fang. La variété de Bafoussam cependant n'a pas pu fournir assez d'éléments pour nous permettre d'établir ses spécificités propres*[18].

Bien que n'étant pas spécialiste de la sociolinguistique, je trouve tout de même ce découpage mécanique, parce que cloisonnant le phénomène dans des aires géographiques précises, alors que les mêmes sociolinguistes ont soutenu qu'il s'agit d'un phénomène essentiellement urbain. Le même Bissaya Bessaya n'affirmait-il pas, dans l'introduction à son ouvrage que, *le camfranglais est pour ainsi dire la face saillante du multi-ethnisme, du multiculturalisme et du métissage des métropoles camerounaises qui s'est vue étendre jusque dans les zones les plus reculées du pays*[19] ?

Les mots ont-ils une frontière ? Je pense que non. C'est pour cela qu'il n'est pas surprenant d'entendre les jeunes de Yaoundé parler du camfranglais qui intègre les mots du Douala. Mon avis est que les grandes métropoles où sont Yaoundé, Douala, Bafoussam sont, certes, de grands foyers de diffusion du camfranglais, mais elles ne développent pas de variétés spécifiques, parce que dans ces grandes villes on retrouve des jeunes de toutes les tribus du Cameroun.

Il est vrai que chacune des régions ou des unités-langues du Cameroun enrichit le camfranglais, mais on ne saurait ainsi segmenter le phénomène. L'impensé, dans cette vicieuse approche, c'est de montrer que le phénomène est très localisé et que, par conséquent, il n'atteint pas encore une émergence transrégionale pour ne pas dire nationale.

Le débat qui s'ensuivra plus tard et qui est celui du destin du camfranglais se nourrit essentiellement de cette perception. Les positions des uns et des autres sur cette question méritent d'être revisitées afin que l'on puisse se prononcer avec un minimum de lucidité.

III. Le destin du camfranglais

Aux troisièmes journées scientifiques du réseau thématique de recherche *Étude du français en francophonie* organisées à l'Université de Yaoundé I en 1997, on a vu s'affronter deux thèses sur le destin du camfranglais.

---

[18] Bissaya Bessaya, *op. cit.*, p. 211.
[19] *Ibid.*, p. 9.

Il y a d'abord la thèse de Jean-Jacques Marie Essono, qui a soutenu que le camfranglais est *une langue sans lendemain, un colosse aux pieds d'argile.* Il appuie sa thèse par deux arguments :

Le camfranglais est un phénomène purement oral et urbain ;

Le camfranglais puise abondamment dans les langues locales et contient un nombre trop élevé de synonymes. Tous ses items sont des emprunts, ce qui dénoterait d'une instabilité permanente sur le plan lexical[20].

Il y a ensuite la thèse de Paul Zang Zang, qui a soutenu que *le camfranglais n'est pas condamné à disparaître car une langue ne disparaît que quand disparaissent les besoins qui lui ont donné naissance*[21]. Paul Zang récuse la thèse de Jean-Marie Essono, en affirmant : *Étant donné que toute langue est d'abord et avant tout un phénomène oral y a-t-il à s'étonner que le camfranglais soit, comme le dit Jean-Marie Essono, un phénomène purement oral ?*

L'instabilité évoquée par Essono est un procédé intentionnel de la part des usagers du camfranglais. Elle se justifie par le souci de ne pas se faire comprendre, c'est donc un procédé cryptologique permettant d'assimiler le camfranglais à un argot.

Paul Zang Zang conclut son propos en affirmant que : *contrairement aux prédictions, le camfranglais serait plutôt en pleine expansion (et non pas en régression) car cette langue est surtout parlée par la jeunesse.*

N'est-ce pas à dire que le camfranglais est la langue du futur. Je comprends bien l'embarras des esprits bien-pensants, des élites et des gens qui, comme moi, ont passé toute leur vie à enseigner la langue française et à la promouvoir. L'idée qu'elle pourrait, un jour, être supplantée par une parlure issue de la racaille ne leur semble pas réalisable.

L'idée, qu'un jour, une langue véhiculaire, issue de la populace, pourrait relativiser l'importance du français et de l'anglais dans nos pays réputés francophones et anglophones peut paraître illusoire aujourd'hui, mais il ne faut pourtant pas l'exclure. Parce que demain, nous, les tenants de la francophonie et de l'anglophonie, ne serons plus aux commandes. Le destin de ce pays sera certainement entre les mains de ceux qui, aujourd'hui, choisissent le camfranglais comme langue d'identification.

Demandons-nous comment est né ce français auquel nous tenons tant. N'est-ce pas de l'argot, d'un mélange de bas latin et des langues d'oc et d'oïl ? La langue des troubadours et des trouvères du Moyen Âge est-elle comparable à celle qui a été plus tard polie par Molière, Racine et

---

[20] Jean-Marie Essono, *op. cit.*, pp. 392-393.

[21] Paul Zang Zang, in Actes du colloque sur *Le corpus lexicographique*, 1997, p. 400. Cet avis sera plus tard partagé par Nathalie Courcy qui affirme que « le maintien du camfranglais dans l'environnement linguistique prouve qu'il répond à un besoin ». Lire son article intitulé : « Le Cameroun, un pays et une littérature au carrefour des langues », in *Éthiopiques*, n°77, 2e trimestre 2006.

Corneille ? Elle était au départ orale, vulgaire et prenait l'appellation peu valorisante de roman.

Puis vint Joachim du Bellay, avec son fameux manifeste intitulé *Défense et illustration de la langue française* (1549). Puis vinrent les décideurs politiques qui firent du francien, dialecte de l'Île de France (issu du roman), la langue officielle, au détriment du latin, langue de l'élite intellectuelle et administrative.

On pourrait se demander ce qui serait advenu du roman ou du francien si les troubadours et les trouvères, les poètes de la pléiade ainsi que les décideurs politiques n'avaient pas décidé de le valoriser.

La naissance et l'évolution du camfranglais nous montrent que le peuple sait très bien trouver des palliatifs aux contradictions des systèmes politiques. Pendant que les politiques tanguent entre le français, l'anglais et les langues nationales, le petit peuple s'est forgé sa langue et nous l'impose désormais dans les chansons, les poèmes, les sketches et les communications informelles. Aujourd'hui, ce langage a envahi le domaine de la publicité dans nos chaînes de télévision. La musique est devenue son lieu d'élection[22]. N'est-ce pas à dire que cette langue rebelle survit malgré nous et nous subjugue progressivement ?

Voilà pourquoi, comme Joachim du Bellay et les poètes de la pléiade au XVIe siècle, je me permets aujourd'hui de procéder à la défense et à l'illustration du camfranglais, non pas pour demander qu'il soit dès à présent institué comme langue officielle, mais pour obtenir qu'on cesse de l'ostraciser. Au lieu de le supprimer, il y a tout lieu de l'encadrer, d'aider à sa normalisation et à sa stabilisation afin de voir si demain il peut être une alternative à notre imbroglio linguistique.

Dans cette logique, pourquoi ne pas lui trouver une dénomination plus commode, le débarrasser de ce nom qui en fait tout et rien à la fois ? Pourquoi ne pas favoriser et consacrer ainsi l'avènement du *camerounien,* cette langue originale, issue du génie de notre peuple et de notre jeunesse et qui nous est offerte comme ciment de l'intégration nationale ?

L'avènement d'une telle langue (le camerounien) constitue-t-il une menace pour le français et l'anglais ? Que non ! L'américain a-t-il tué la langue anglaise ? Toutes ces langues pourraient bien cohabiter, avec des statuts différents, celui du camfranglais, langue forgée par le peuple et polie par les artistes, stabilisée par les linguistiques, institutionnalisée par les politiques, étant d'assurer la cohésion nationale et partant l'intégration linguistique des peuples du Cameroun.

---

[22] On pourrait de ce point de vue se référer aux succès que connaissent en ce moment certaines chansons populaires chantées en camfranglais. Il s'agit principalement de « coller la petite » de l'artiste musicien Franco, de « ça sort comme ça sort » de l'artiste Malhox et de « pala pala » de l'artiste Mani Bella. Il semble que le clip vidéo de « coller la petite » de l'artiste musicien Franco a déjà franchi le cap de 15.000.000 de vues sur You Tube. Le célèbre musicien réalise en ce moment une tournée internationale.

Le livre, instrument d'intégration et de développement[23]

Mesdames, Messieurs, je suis sensible à l'honneur qui m'est fait en ce jour d'avoir à présenter la conférence inaugurale de ce grand événement culturel qu'est le Salon international du livre de Yaoundé. Dans le pays de Marcien Towa, Jean-Marc Ela, Ebénézer Njoh Mouelle, Achille Mbembe, Mongo Beti, Ferdinand Oyono, Guillaume Oyono Mbia, Calixthe Beyala, Eugene Ebode, Gaston Kelman, Léonora Miano, Séverin Cecile Abega, Charly Gabriel Mbock, Jacques Fame Ndongo, pour ne citer que ceux-là, il y a tellement de brillants esprits et de personnalités illustres qu'il peut s'avérer difficile de distinguer un orateur pour lui confier la tâche qui est la mienne.

Je mesure donc, Monsieur le ministre, la portée de l'honneur que vous me faites aujourd'hui, bien que je l'accueille avec humilité, parce que dans le champ de la culture, tout est relatif, même le choix que l'on porte sur les œuvres et les hommes.

Vous me permettrez également, avant que d'aborder mon propos, de dire quel plaisir est le mien de me retrouver auprès de ces grands esprits que je n'ai connu qu'à travers les livres et avec lesquels je suis sans cesse en commerce à travers mes cours et mes modestes recherches. Je voudrais citer ici, sans être exhaustif, Calixthe Beyala, Eugène Ebode, Gaston Kelman, Guillaume Oyono Mbia, et surtout, vous en comprendrez la raison plus tard, Adourahman Waberi, dont je salue la présence en terre camerounaise, pour ne pas dire, aux États-Unis d'Afrique.

Vous m'invitez à parler du livre, comme instrument d'intégration et de développement. À première vue, je comprends qu'il s'agit de parler de cette production intellectuelle qui ne se limite pas à l'aspect purement esthétique, qui va au-delà de la célébration du beau, pour *dévoiler le monde et singulièrement l'homme aux autres hommes pour que ceux-ci prennent, en face de l'objet ainsi mis à nu, leur entière responsabilité*[24] (p. 29).

Ces propos sont de Jean-Paul Sartre qui, dans le même ouvrage, ajoute : *La fonction de l'écrivain est de faire en sorte que nul ne puisse ignorer le monde et que nul ne s'en puisse dire innocent* (p. 30).

Il s'agit donc en fait de ce qu'on a appelé, au début du XXe siècle, la

[23] Conférence inaugurale du Salon international du livre de Yaoundé (03 juin 2016).
[24] Jean-Paul Sartre, *Qu'est-ce que la littérature ?*, Paris, Gallimard, 1948, p. 29.

littérature engagée; c'est-à-dire celle qui pose les problèmes de son temps et tente d'y apporter des solutions. Cette littérature, on le sait, a été lourdement critiquée par les *théoriciens de l'art pour l'art,* mais Jean-Paul Sartre, que je citerai à nouveau, a bien montré que *l'art ne perd rien à l'engagement.*

Mesdames et Messieurs, vous voudrez bien me pardonner ma propension à porter le débat dans le champ de la littérature essentiellement, mais je dirais, pour ma défense, que le livre dont il s'agit ici, n'est pas *un assemblage de feuilles imprimées formant un volume* encore moins *un volume dans lequel sont consignés des renseignements dont on veut conserver la trace* un registre, en somme, comme le livre de commerce, le livre-journal, le livre de bord, le livre des comptes. Il s'agit d'un objet de création, de médiation culturelle, une tentative de recréation du monde, de dialogue des libertés et des cultures. Jean-Paul Sartre dira à cet effet qu'*écrire c'est faire appel au lecteur pour qu'il fasse passer à l'existence objective le dévoilement que j'ai entrepris par le moyen du langage.*

S'il s'agit bien du livre en tant qu'objet de création, de dialogue des libertés, on conviendra avec moi qu'on n'est pas bien éloigné du champ de la littérature. Néanmoins, je n'occulterai pas, dans mon propos, les essais philosophiques, sociologiques, anthropologiques et politiques, etc., en tant qu'ils sont aussi les lieux de diffusion des idées sur l'intégration nationale et le développement de notre pays.

Le livre qui sert de support à toutes ces sciences de l'homme, pour utiliser un terme englobant, est un objet sacré. Depuis que l'on est passé de l'oralité à l'écriture, le livre est en effet devenu l'instrument privilégié de la diffusion culturelle et du commerce des esprits. Les États ne peuvent par conséquent en négliger l'importance comme, aujourd'hui, ils ne sauraient minimiser l'impact social de l'image et des technologies de l'information et de la communication.

L'État a donc intérêt à initier ses enfants à la lecture et à promouvoir le livre. Mais, de quel livre s'agit-il ? Bien évidemment de celui qui forme le goût, de celui qui élève l'esprit, de celui qui forme et éduque le citoyen, donc, de celui qui développe l'homme en même temps qu'il développe la nation.

C'est dire qu'il faut savoir choisir le livre qu'on propose au citoyen, particulièrement à la jeunesse. De ce point de vue, le combat que mène mon collègue, Marcellin Vounda Etoa, sur le livre scolaire, est tout à fait fondé. Quels livres proposons-nous à nos enfants ? Sont-ce encore des livres qui forment le goût, l'esprit et le citoyen ?

Nous ne pouvons développer l'industrie du livre et susciter le goût de la lecture que si nous proposons à nos enfants, au moment où ils s'ouvrent au monde, des livres attrayants et formateurs. Pour qu'ils découvrent *le plaisir du texte* (Barthes), il faudrait susciter leur appétit et piquer leur curiosité. Est-ce en mettant au programme scolaire des livres retors comme *Alcools* de Guillaume Apollinaire, *Le Procès* de Kafka, Les *Chimères* de Nerval,

Paroles de Prévert, ou des textes d'illustres inconnus à la plume hésitante, que nous susciterons le goût de la lecture chez nos jeunes scolaires? Où sont passés les classiques tels quels : *Les Contes d'Ahmadou Koumba* de Birago Diop, *Trois prétendants un mari* de Guillaume Oyono Mbia, *Le Vieux nègre et la médaille*, *Une Vie de boy* de Ferdinand Oyono, *Ville cruelle* de Mongo Beti, *Le Mandat* de Sembène Ousmane ? Où sont passés Senghor, Césaire, Racine, Corneille, Molière... Ils ont été balayés littéralement des programmes au profit d'illustres inconnus, où d'écrivains qu'on ne devrait proposer qu'aux spécialistes et aux critiques de métier. Voilà pour ce qui est du goût. Il y a véritablement fort à faire de ce côté-là pour remplir cette fonction esthétique.

Pour ce qui est de la formation de l'esprit. Demandons-nous quelles sont les valeurs vers lesquelles nous voulons porter nos lecteurs? Si elles ne sont pas consignées dans nos livres, on pourrait bien susciter des écrits à travers les concours et les prix littéraires. La littérature de commande existe bel et bien et n'est pas moins crédible qu'une autre. L'offre à ce niveau est à conforter.

La troisième fonction du livre, nous l'avons dit, est de diffuser les idées et d'éduquer le citoyen. Le livre est par conséquent cet espace magique ou l'écrivain entre en dialogue avec le lecteur pour qu'ils débattent de leur destin commun. Il est un objet de médiation culturelle et un puissant vecteur de production et de vulgarisation des idées. On pourrait ainsi voir comment, spécifiquement, ce livre-là a contribué à promouvoir l'intégration nationale et le développement de notre pays.

En lisant par exemple un poète comme Engelbert Mveng dans son recueil intitulé *Balafon*, on perçoit comment la question de l'intégration des peuples du Cameroun est posée. Le poète conçoit une symbolique qui fait du plateau de l'Adamaoua l'épicentre de l'intégration des peuples du Cameroun, du fait de sa position stratégique au cœur de la géographie du pays. On peut lire :

J'appelle seulement le réveil des pasteurs
J'appelle le réveil à l'aube des troupeaux
Fondamentale cette heure qui commence
Cette heure qui monte avec le prélude des tam-tams ;
Le bégayement des xylophones,
et le frisson de tes flancs, Adamaoua !
Je t'ai rêvé vierge bantou sur l'océan du Sud,
L'océan des forêts vierges et des bambous
Je t'ai rêvé vierge du Soudan à la pirogue de lotus fendant les rais de l'aube et domptant les torrents,
Et narguant la fureur matutinale des cataractes
Mais tu es fondement de l'horizon et tout devant toi est recul.

Le commentaire qu'on peut faire de cet extrait est que, dans le champ de la poésie et du rêve, les barrières géographiques, religieuses, culturelles s'estompent. Ainsi, on peut jouer les balafons et les xylophones de la forêt dans la savane, voir les pasteurs et leurs troupeaux se mêler aux vierges bantoues, tandis que les cataractes et les océans du littoral se mêlent aux Maya du Nord.

Le poète est plus explicite dans cette dynamique intégrative lorsqu'il dit :

J'ai compté mes tribus
J'ai compté mes villages
et la plaine des vierges au pagne de tornade
et la lune tatouée des calebasses
au firmament de leur ombre fugitive (...)
J'ai compté l'horizon de mes doigts qui s'égrène
Mais qu'est-ce tout cela Ô ma table solaire !
Qu'est-ce pour former autour de toi
la palissade de mes peuples
pour nouer le pagne, autour de tes reins
de mes fils rassemblés ?
ceux-ci m'ont dit : va-t'en
ceux-là mont dit : reviens (p. 50).

Quand on se représente, que ce poème, « Adamaoua », est écrit en 1959, c'est-à-dire un an avant l'indépendance de notre pays et bien longtemps avant que les politiques n'abordent la problématique de l'intégration nationale, on comprend la puissance prospective et suggestive de la poésie qui, elle, peut échapper aux accidents de l'espace et à l'injure du temps.

Si l'on reste dans le champ littéraire camerounais, on peut observer le traitement de la matière intégrative par un écrivain de l'autre rive du Mungo. La lecture de la pièce de théâtre intitulée *Family saga* de Bole Butake permet en effet de voir comment la partie anglophone de notre pays perçoit cette problématique.

Bole Butake met en scène deux frères, Kamalo et Kamala, qui vivent ensemble dans une propriété (Estate) où ils sont continuellement en désaccord. Kamalo veut garder à lui tout seul les ressources du pays et réduire son frère Kamala en esclavage, tandis que ce dernier ne demande qu'une égale répartition des biens communs. Le conflit est rude et impitoyable au point où les deux frères ne s'entendent plus sur la nature du contrat qui les lie. On peut l'apprécier dans cet échange :

Kamala: where is the deed of brotherhood that we both signed.
I need my share of resources
Kamalo: you mean the deed of bondagehood?
My papa is keeping it.
Kamala: brotherhood
Kamalo:bondagehood.

Bien évidemment, les deux frères représentent les composantes anglophones et francophones de notre pays qui ne parviennent pas à s'entendre sur la gestion des ressources et qui ont du mal à se défaire de l'ombre tutélaire de papa (le colonisateur).

L'intrigue débouche heureusement sur une réconciliation, puisque Kamalo reconnaît à la fin son inconduite et présente ses excuses à Kamala au cours d'un conseil de famille qui scelle l'union entre les deux frères. On les entend dire avec soulagement à la fin de la pièce : *we are very happy that we have become one family again* (p. 85).

On peut aller au-delà du Cameroun pour voir comment la littérature pose le problème non moins crucial de l'intégration africaine. Je vous inviterai à cet effet à lire la traduction française d'une gigantesque épopée écrite en 1947 en langue boulou par le poète Ondoua Engutu, sous le titre *Dulu bon b'Afrikara.* La traduction et l'édition sont faites magistralement en 2012 par Marie-Rose Abomo Maurin.

Cette épopée nous démontre que nous sommes tous, en Afrique, descendants d'un même ancêtre et que seules les particularités linguistiques nous distinguent en ce moment. Je vous en donne un extrait :

> *Écoutez-moi tous. Il étendit sa canne et désignant le premier groupe d'enfants; il leur demanda : qui a créé le ciel et la terre? Ils lui répondirent tous en la même langue: Le créateur ! Il leur dit: glorifiez donc ce créateur toute votre vie ! Et ainsi de suite, tout le groupe répondit à cette question dans sa langue. Nous allons voir maintenant ce que les autres lui ont répondu. A la question: qui a créé le ciel et la terre ? Le second groupe donna la réponse suivante : c'est Allah ! Il leur dit : vous glorifierez donc Allah ! Il tendit sa canne au-dessus du troisième groupe et posa la même question: on lui répondit Nka-Eba ; il leur recommanda de louer toute leur vie Nka-Eba. La canne toujours levée au-dessus du groupe, il posa la question quatrième groupe qui répondit: Nsango. La même recommandation leur fut également faite.* 1 *Au cinquième groupe qui répondit Mebee, la même recommandation de louer Mebe'e fut faite. Le sixième groupe dit Anyama : on leur donna le même conseil. Afri-kara étendit une dernière fois sa canne, ce fut au-dessus du septième groupe. Il s'enquit du nom de celui qui avait créé le ciel et la terre. On lui répondit Zambe (Dieu). Il leur dit : louez donc Zambe (Dieu)* (pp. 22-23).

Cette idée d'une Afrique unie est admirablement reprise par Abdourahman Waberi, dans un très beau roman (?) intitulé *Aux États-Unis d'Afrique*. Waberi nous fait miroiter le charme d'un continent uni et prospère, organisé en une fédération d'États. Cette Afrique-là constitue un modèle pour toute l'humanité ravagée par la maladie, la famine, les guerres et l'enténèbrement des consciences. Des milliers d'émigrants, venus d'Euramérique, risquent leur vie pour gagner cet el Dorado. Le narrateur en parle en ces termes :

> *Aujourd'hui, plus qu'hier encore, nos terres d'Afrique attirent toutes sortes de gens accablés par la pauvreté. Certains aux pieds poudrés par la poussière de l'exode, opposants à la conscience saccagée, enfances galeuses et pulmonaires, vieillesses osseuses et rabougries. Des gens jetés sur les chemins d'ordalie, le long de la pierraille de l'errance. Des gens confrontés à leur crasse personnelle, fêlés de l'intérieur, une couronne d'ortie à la place du cerveau* (pp. 28-29).

Pour le narrateur, il en est ainsi *depuis que l'empereur Kankan Moussa, souverain de l'antique empire du Mali, l'un des plus prestigieux de notre Fédération a effectué en 1324 un pèlerinage à La Mecque en répandant de l'or le long de son chemin* (p. 30).

Depuis ce temps, dit le narrateur, *tout le malheur du monde a les yeux tournés vers notre félicité*. C'est en raison de cela qu'il recommande à nos dirigeants d'être aussi discrets que Nelson Mandela, le Président actuel des États-Unis d'Afrique ou son vice-président, Areski Babel, qui ne porte que des chemises chatoyantes dessinées par le couturier Pathé Ndiaye.

Au cœur des États-Unis d'Afrique, se trouve l'État d'Érythrée, qui entretient de solides relations avec ses voisins, à l'instar du royaume hamitique du Tchad, riche en pétrole, de l'ex-sultanat de Djibouti qui brasse des millions de guinées et surfe sur son boom gazier et l'archipel de Madagascar, berceau de la conquête spatiale et du tourisme pour les enfants de la nouvelle finance.

Cette fédération compte des places aussi prestigieuses et symboliques que la rue Desmond Tutu, la place Lumumba, le pont de la reine Pokou, l'avenue Ray Charles, la rue Habid Bourguiba, la place Abebe Bikila, le camp Abd-el-Kader, la rue Ben Barka, la rue Samory Touré, la rue Toussaint Louverture, le Steve Biko Centro, Le boulevard Fela Anikulapo Kuti.

On y retrouve des infrastructures et des institutions aussi prestigieuses que l'Aéroport Sédar Senghor d'Asmara, la Panafrican airlines, l'École élémentaire Ahmadou Kourouma, la Kenyatta School of european and american studies, l'Université Langston Hughes de Harar, l'Hôpital Alioune Diop, le Musée anthropologique d'Addis Abeba, le Musée d'art africain de Maputo au Mozambique, l'Institut neurologique Frantz Fanon de Blide, la librairie de Brazzaville, le Mémorial Édouard Glissant, la Banque de Carthage, le Musée Mongo Beti de Massawa, l'orchestre Martin Luther King de Mogadiscio.

Cette Afrique-là, riche d'histoire et pourvoyeuse de bien-être, est opposée à une Europe appelée *Absurdistan*. La France par exemple est décrite comme *un pays moisi sur pied qui sent l'urine et le manque* (p. 87).

À partir de cet exemple, on perçoit jusqu'où peut aller la fantasmation littéraire. Alors que les pays africains hésitent encore à s'intégrer les uns aux autres et que les replis identitaires se font tenaces, le livre brise les barrières du scepticisme et nous projette vers l'idéal. C'est de la même manière qu'au début du XVIIIe siècle, les écrivains dits philosophes ont préparé la Révolution française, en ouvrant les Français aux lumières de la raison, l'écrivain jouant le rôle de mage, d'éclaireur des consciences; ce qui a fait dire plus tard à Alfred de Vigny que : *le poète est celui qui lit dans les astres la route que nous montre le doigt du Seigneur.*

On peut en dire autant de la littérature que des autres domaines de la science anthropologique. Qui n'a pas été édifié en lisant *Et demain l'Afrique* d'Edem Kodjo, *Le Temps de l'Afrique* de Jean-Michel Sévérino et Olivier Ray (Odile Jacob, 2000), *Les rêves de mon père,* (nouveaux horizons, 1995), et *L'audace d'espérer* de Barack Obama, *Les Sanglots de l'homme Noir,* d'Alain Mabanckou (Fayard, 2012), *l'A-fric* de Jacques Fame Ndongo, *Pour le libéralisme communautaire* de Paul Biya ou le dernier essai de Daniel Etounga-Manguele *Peut-on guérir d'une crise de civilisation* (Éditions Clé, 2015) ?

Ces livres sont autant d'interpellations et de généreuses initiatives qui peuvent nous inspirer dans notre quête de l'émergence et de notre positionnement dans l'échiquier mondial.

On réalise donc à quel point il est impératif pour une nation ou un continent qui veut émerger de promouvoir la lecture ; la lecture des bons livres, de ceux qui créent le rêve, cultivent la mystique du progrès et du développement. Cette nation ou ce continent ne doit pas faire de la lecture ou de la culture d'une manière générale un secteur marginal. La culture, dans un pays ou un continent en émergence, doit être un secteur structurant, parce qu'elle est le lieu où se forgent les consciences, parce qu'elle est ce qui informe, c'est-à-dire donne forme à tout : à l'économie, à la politique, à la technique, qui ne sont que des expressions d'une culture, c'est-à-dire, d'une représentation du monde. À ce titre, le Japon émergent est différent du Brésil émergent ou de l'Afrique du Sud émergente. Cette différence, qui en fait l'originalité, est garantie par la culture.

Comment donc promouvoir et véhiculer cette culture si ce n'est par le livre et peut-être aussi par l'image. Mais le domaine de l'image est tellement poreux de nos jours qu'il faut encore faire confiance au livre qui bénéficie, malgré tout, d'un certain contrôle et qui sait encore si bien fixer les idées et les pérenniser.

Si l'élite politique, administrative et intellectuelle de nos pays pouvait faire l'inventaire de ce qu'elle doit aux livres, elle verrait à quel point cet instrument est indispensable à la formation de la jeunesse et ferait le nécessaire pour en assurer la promotion et la diffusion jusque dans les familles.

Notre imagination, disait un écrivain, *est entourée de livres.* Cela veut dire que la culture dont nous nous prévalons aujourd'hui tient une grande partie de nos lectures. Il en sera de même pour les Camerounais de demain, dont le destin dépendra en grande partie des livres qu'ils auront parcourus. À nous de leur donner les moyens de la connaissance et de la conquête du monde.

Deuxième partie : le Cameroun, l'Afrique et le monde

Identités culturelles et mondialisation : quelles chances pour l'Afrique ?[1]

On n'a jamais autant parlé des questions identitaires qu'en ce siècle qu'on dit marqué du sceau de la mondialisation. Tout se passe comme si les peuples de la planète, qu'on appelle à un modèle commun, se rétractent subitement pour défendre leurs identités et contester le modèle qui leur est proposé ; d'où les replis identitaires qu'on note dans certaines zones de la planète et l'exhibition, à certaines circonstances, du principe « d'exception culturelle ».

Quelle est la position de l'Afrique dans ce débat ? La question me semble d'autant plus pertinente que les théoriciens du choc des civilisations (Huntington) dénient toute civilisation à l'Afrique et la présentent comme un espace ouvert à toutes les expansions culturelles.

Afin de répondre à cette question, j'entreprends de définir préalablement les notions d'identité et de culture. J'en arriverai plus tard à montrer comment organiser la résistance culturelle en Afrique et surtout comment notre continent peut s'insérer dans la nouvelle civilisation en construction.

I. Questions sur l'identité

I.1. La notion d'identité

Si l'on évite de s'embourber dans les querelles des philosophes, des anthropologues et des linguistes, on peut définir de manière sommaire l'identité comme ce qui est propre à un individu ou à un groupe, ce qui permet à ces entités de se distinguer des autres et de se définir.

Fabien Eboussi Boulaga la définit comme *le procès par lequel l'homme se constitue, s'institue et se transmet comme réel humain*[2]. Cela veut dire qu'elle est un processus de définition de soi, de positionnement dans le champ social. Elle peut aussi être considérée comme le résultat de ce processus, c'est en raison de cela que Jean-Pierre Warnier la définit comme *l'ensemble des répertoires d'action, de langue et de culture qui permettent à une personne de reconnaître son appartenance à un certain groupe social ou*

---

[1] Cette communication est la synthèse d'un cours que j'ai dispensé en 2002 à l'Institut des arts et de la Culture (Isac) de l'Université Cheick Anta Diop de Dakar.

[2] Fabien Eboussi Boulaga, « Constructions identitaires », in David Simo, *Constructions identitaires en Afrique : enjeux, stratégies et conséquences*, Yaoundé, Clé, 2006, p. 13.

de s'identifier à lui[3]. Cette définition peut être plus allégée et plus opérante si l'on évite d'énoncer les éléments qui constituent une identité, tant ils peuvent être multiples ; d'où une définition plus dépouillée et plus concise qui conçoit l'identité comme *l'ensemble des attributs qui caractérisent un individu ou lui permettent de se reconnaître comme membre d'un groupe social donné.* Autant dire que la notion d'identité peut être perçue à la fois comme une donnée statique et comme une donnée dynamique ; d'où le distinguo que beaucoup d'anthropologues et de philosophes établissent entre l'identité et l'identification.

I.2. Identité et identification

Le distinguo entre ces deux notions obéit à deux visions : la vision essentialiste et la vision évolutionniste.

La vision essentialiste postule que l'identité est statique, figée, acquise définitivement, parce qu'elle tient d'un lien, d'un ensemble de critères qui enracinent l'individu dans une société donnée.

La vision évolutionniste, quant à elle, démontre que l'identité relève d'un processus dynamique, elle est une construction sociale et historique. Au cours de son développement, le sujet s'approprie et incorpore les normes, les valeurs et les représentations de la culture de son milieu par un phénomène dit de socialisation. Ce phénomène commence dès l'enfance et dure toute la vie ; il est donc sans cesse en construction.

Compte tenu de ce qui est fluctuant, certains recommandent de parler d'identification plutôt que d'identité ; d'autant plus qu'un individu, de leur avis, peut acquérir plusieurs identités, une identité première liée au lieu, à la culture d'origine, une identité seconde liée aux idéologies. Il peut aussi lui arriver d'acquérir des identités-résistances ou des identités-projets. Ce qui correspond aux fluctuations de sa personnalité et de son rapport au monde. Ce caractère dynamique et multidimensionnel de l'identité permet de ne pas réduire l'identité à une seule appartenance, surtout lorsqu'elle est imposée. Il aide à sortir de ce qu'Amin Maalouf appelle « identités meurtrières »[4] pour désigner les identités réductrices, dominatrices et étouffantes.

I.3. Identité racine/identité rhizome

Le débat qui s'est ainsi instauré a été bien structuré par Édouard Glissant[5]qui propose de distinguer deux types d'identités :

A/ Une identité racine qui serait figée, atavique, tributaire d'un lieu, d'une histoire, d'une communauté à laquelle on ne peut échapper. Elle est l'héritage que le groupe social lègue à un individu et qu'il doit perpétuer.

---

[3] Jean Pierre Warnier, *La Mondialisation de la culture*, Paris, La Découverte, 2007, pp. 8-9.

[4] Maalouf, Amin, *Les Identités meurtrières*, Paris, Bernard Grasset, 2004.

[5] Édouard Glissant, *Introduction à une poétique du divers*, Paris, Gallimard, 1996.

Les éléments qui la constituaient sont à la fois génétique, historique, spirituel et culturel. On ne peut les renier sans perdre son identité.

Dans cette optique, l'identité ne se transmet pas, elle ne fluctue pas, elle s'affirme, s'enracine sans cesse afin d'assurer la stabilité et l'équilibre de l'individu ou du groupe. Si elle venait à changer, elle serait autre chose qu'elle-même.

> Eboussi Boulaga en dit qu'*elle n'est pas de l'ordre du choix. Elle est prédestination et se projette comme un destin immuable. Sa valeur unique tient à sa perpétuité, à sa durée interminable dont les deux bouts plongent dans l'éternité. Son espace est Terre sainte, lieu sacré, situé qu'il est au centre du monde. Plus concrètement et fonctionnellement, il est le lieu, un milieu de vie, de pensée et d'action dans lequel un individu ou un groupe se reconnaît, dote ce qui l'entoure de sens et se dote lui-même de sens, met en route un processus identificatoire et identitaire*[6].

Autant dire qu'on n'échappe que presque difficilement à sa race, à sa tribu, à son terroir, à sa culture. On ne fait que se positionner et se repositionner par rapport à ces legs.

B/ Une identité rhizome, conçue comme une construction dans laquelle interviennent des éléments d'origines différentes. À l'opposé de l'identité-racine, qui s'attache au sol, l'identité rhizome est aérienne. Elle est un entrelacs de lianes qui s'élancent vers de nouveaux horizons. Elle est une quête sans cesse renouvelée de valeurs nouvelles et une projection vers l'avenir. Elle prend appui sur le tronc nourricier, mais oppose à la courbe descendante de la racine, la courbe ascendante de la liane. Cela pour dire que l'identité est toujours en devenir, elle n'est pas à rechercher dans le passé.

Eboussi Boulaga concilie ces deux approches en distinguant les identités premières des identités secondes. Autant les secondes ne peuvent exister sans les premières, autant les premières se meurent sans les secondes. L'identité première est le fruit des déterminations biologiques historiques et culturelles et l'identité seconde, le fait des acquisitions ultérieures et des recompositions de divers ordres. On peut dire en somme que malgré le caractère mouvant de l'identité, le sujet garde une conscience de son unité, de sa continuité, de même qu'il est reconnu par les autres comme étant lui-même. C'est dire qu'il y a la permanence d'un élément constant sans lequel le sujet se diluerait dans le temps.

I.4. À propos de l'identité africaine

S'il appairait évident que chaque peuple a pu construire dans le temps un ensemble de représentations qui le différencient des autres et constituent son identité, on peut bien, dans le cadre spécifique de l'Afrique, se poser la

---

[6] Eboussi Boulaga, *op. cit.*, p. 19.

question de savoir ce qui constitue son identité. Devrait-on parler d'une identité ou des identités, tant les composantes sociales et historiques semblent disparates et par conséquent en éloignement de la source première ?

Les poètes et les penseurs des années soixante ont tenté de répondre à cette question en postulant l'existence d'une identité africaine fondée sur la race, l'histoire et la culture. Cette identité est symbolisée par ce qu'ils ont appelé la négritude, entendue comme *l'ensemble des valeurs culturelles du monde noir, telle qu'elles s'expriment dans la vie, les institutions et les œuvres des Noirs*[7].

Cette position, qui fut saluée dès les débuts comme une originalité, fut par la suite dénoncée comme une aberration par ceux qui objectaient qu'il n'existe pas une Afrique, mais des Afrique, que l'arabité est bien loin de la négrité, et qu'un Bantou est bien loin du Soudanais.

L'âme noire, qui sous-tendait la négrité, a par conséquent été présentée comme une vue de l'esprit, d'autant plus que Senghor, son principal promoteur, la présentait comme essentiellement magique et émotive, par rapport à l'âme blanche, qui serait essentiellement rationnelle.

Cependant, si l'on admet le principe d'une unité culturelle africaine (défendue par Cheikh Anta Diop)[8] qui partirait de l'Égypte ancienne vers le sud du Sahara, ou pourrait sans hérésie penser qu'il existe une identité africaine comportant des expressions variées. Elle tient de la parenté génétique, de la communauté territoriale, de la parenté linguistique et culturelle, des communes meurtrissures de l'histoire et de la conscience d'une communauté de destin.

Si cette identité n'existait pas, elle serait à construire à partir du moment où les contingences géographiques, les réalités historiques, les intérêts économiques, contraignent les peuples de ce continent à assumer un destin commun. Autant les bases de l'identité première ont été posées dans l'antiquité dans la région du bas Nil, autant les principes de l'identité-seconde sont à construire au sein d'une union africaine qui n'assumerait pas seulement les missions économiques et diplomatiques, mais aussi celles qui sont dévolues à la culture en tant qu'elle est le ciment de cette union.

II. Questions sur la culture

II.1. Définitions de la notion de culture

L'Unesco définit la culture comme *la somme des expériences et des expressions concrètes liées à l'histoire d'un peuple*. Il s'agit bien évidemment là d'une définition très vaste dans la mesure où elle ne détermine pas exactement la nature des expériences (spirituelles, morales,

---

[7] Léopold Sédar Senghor, « Qu'est-ce que la négritude ? », in *Liberté III : Négritude et civilisation de l'universel*, Paris, Éditions du Seuil, 1977, p. 90.

[8] Cheick Anta Diop, *Nations nègres et cultures*, Paris, Présence africaine, 1979.

psychologiques, scientifiques, technologiques) ou des expressions concrètes qui relèvent de la culture. Cela induit que la culture couvre tous les domaines de la vie humaine. C'est peut-être en raison de cela que Jean-Pierre Warnier la définit comme *une totalité complexe faite de normes, d'habitudes, de répertoires d'actions et de représentations, acquise par l'homme en tant que membre d'une société*[9].

La culture est donc l'expression du savoir-faire d'un peuple, la manifestation du génie d'un peuple. Elle est la part que le génie humain apporte au génie de la nature. Elle est humanisation de la nature, célébration de la nature. Ainsi comprise, la culture est au centre de l'activité humaine, elle est même la source de cette activité qu'elle inspire, innerve, féconde. Elle est le paramètre par lequel les peuples se définissent, s'identifient et se positionnent par rapport aux autres.

II.2. Culture et civilisation

À cette définition englobante s'oppose une autre, plus restrictive, qui confine la culture aux aspects artistiques et intellectuels. La culture serait donc *la somme des idéaux, des valeurs et des manifestations intellectuelles d'une société.*

Elle s'opposerait ainsi à la civilisation, entendue comme l'ensemble des réalisations scientifiques, technologiques d'une société. La civilisation serait dans cette optique le stade avancé de la culture. Cette conception, que l'on tient des penseurs allemands du XIXe siècle, induit que la culture est le fait des sociétés primitives, stables et non urbaines tandis que la civilisation est le fait des sociétés plus complexes, développées, urbaines et dynamiques.

Cette distinction a naturellement été contestée par de nombreux intellectuels qui estiment qu'on ne peut pas séparer culture et civilisation, étant entendu que les deux notions se réfèrent à la manière de vivre en général. C'est ainsi que Senghor affirme que *la culture est l'esprit d'une civilisation* et que Spengler renchérit en disant que *la civilisation est le destin inévitable de la culture [...] le degré de développement le plus extérieur et le plus artificiel dont l'humanité est capable [...] une conclusion, le produit succédant à la production*[10].

Pour Fernand Braudel, une civilisation est un conglomérat de cultures, c'est *un espace, une région culturelle, une collection de traits et de phénomènes culturels*[11]. Wallerstein abonde dans le même sens quand il parle d'une *concaténation de coutumes, de structures et de cultures formant un but historique et coexistant avec d'autres variétés de ce phénomène*[12].

---

[9] Jean Pierre Warnier, *op. cit.*, p. 13.
[10] Cité par Samuel Huntington, *Le choc des civilisations*, p. 39.
[11] *Ibid.*, p. 38.
[12] *Idem.*

Tel est également l'avis de Durkheim et de Mauss qui la saisissent comme *une sorte de milieu moral englobant un certain nombre de nations, chaque culture nationale n'étant qu'une forme particulière de tout*[13].

À ce propos, les spécialistes évoquent : le sang, la langue, la religion, la manière de vivre, mais Huntington pense qu'au-delà de tout, ce qui garantit le mieux l'unité d'une civilisation, c'est la religion, en tant qu'elle est l'élément qui structure l'ensemble de la vie sociale. C'est ainsi qu'il distingue, dans l'histoire de l'humanité, douze grandes civilisations dont sept n'existent plus. Il s'agit des civilisations mésopotamiennes, égyptiennes, crétoises, byzantines, de l'Amérique centrale, des Andes, de la civilisation classique (méditerranéenne). Cinq autres en revanche subsistent de nos jours. Il s'agit des civilisations chinoise, japonaise, indienne, islamique et occidentale.

À ces cinq civilisations, dont l'existence est indéniable, Huntington propose d'ajouter la civilisation de l'Amérique du Sud, la civilisation russe orthodoxe et, dans une moindre mesure, la civilisation africaine.

L'existence d'une civilisation africaine, de son avis, pose problème parce qu'il semble difficile de démontrer son homogénéité : *le nord du continent et sa côte orientale relèvent de la civilisation musulmane*, alors que, dans le reste du continent, ce sont les éléments de la civilisation occidentale qui prévalent. La civilisation africaine aurait donc disparu avec la civilisation égyptienne, bien qu'Huntington affirme que *les civilisations ont la vie dure. Elles évoluent, s'adaptent et constituent des modèles d'associations humaines les plus résistants*[14].

Cette problématique montre que le débat sur les civilisations est loin d'être clos et qu'il constitue l'un des points d'achoppement de la géopolitique mondiale actuelle. Nier l'existence d'une civilisation africaine c'est faire de l'Afrique un « no man's land » ouvert à tous les appétits, c'est aussi l'exclure des débats sur la mondialisation culturelle. Du fait qu'elle n'existe pas, l'Afrique n'a rien à proposer, rien à exiger, elle peut tout au moins attendre ce qu'on décidera pour elle. Cela veut dire que la question est plus politique que culturelle et qu'elle nécessite un sursaut de la part des Africains.

Il y a donc lieu de défendre et d'illustrer la civilisation ou tout au moins les cultures africaines, sous ce double aspect de la tradition et de la modernité industrielle.

I.3. La culture patrimoniale

Contrairement à toute l'anthropologie coloniale héritière des thèses de Hegel, Gobineau, Levy Brühl et d'autres, Jean-Pierre Warnier affirme qu'il *n'existe aucune société au monde qui ne possède sa propre culture [...] parce que la culture n'est rien d'autre que l'ensemble des pratiques*

---

[13] *Ibid.*, p. 39.

[14] *Ibid.*, p. 41.

artistiques, éducatives, alimentaires, politiques, économiques, ludiques, intellectuelles et des croyances religieuses d'un peuple[15].

Cette culture est transmise de génération en génération des traditions reformulées en fonction du contexte historique. La culture patrimoniale est donc celle qui tend à préserver le passé (ce qui vient du père). Elle est construite à partir de biens inaliénables. Ces biens inaliénables définissent l'identité du groupe. Ce sont bien souvent les dieux, les temples, les reliques, les bijoux de famille, la terre des ancêtres, les sépultures, les attributs du pouvoir. Ces biens, on ne peut ni les donner, ni les échanger, ni les vendre, ni les abandonner. En revanche, il existe, dans toute culture, des biens aliénables qu'on peut engager dans le don, l'échange ou qu'on peut rejeter. Ils sont, peut-on dire, profanes par rapport aux biens inaliénables qui sont sacrés.

Le monde moderne tend à briser cette barrière entre le sacré et le profane et c'est en raison de cela que certains estiment que les cultures de la tradition vont disparaître pour laisser place à la culture moderne, marquée du sceau de l'industrie. À leur opposé, se trouvent ceux qui pensent que cette disparition est apparente parce que *ces mondes en voie de disparition ont leurs archives. Certes très incomplètes, mais essentielles à la mémoire de l'humanité*[16]. Ils se rétractent en fait dans des *arrière-mondes*[17] qui ne sont pas directement visibles, mais qui se manifestent, à des occasions décisives, par le truchement de devins, chamans, prêtres, marabouts, chefs de lignages. Leur revanche sur les cultures profanes et industrialisées n'est pas à exclure.

I.4. La culture industrialisée

La culture industrialisée est celle qui a été consécutive au prodigieux développement de la technique et qui a doté un certain nombre de pays de machines à fabriquer des produits culturels et de moyens de diffusion de grandes puissances. C'est une culture standardisée, produite en série et distribuée selon les règles du commerce international. Elle est le fait des industries culturelles. *L'expression industries culturelles semble avoir été utilisée pour la première fois en 1947 par Théodor W. Adorno et Max Horheimer, deux sociologues d'un groupe qu'on a appelé l'École de Francfort*[18]. Elle fut vulgarisée en 1970 et prit une grande ampleur à partir de 1990. Elle désigne des organisations dont la technique permet de produire en série des biens culturels, de les vendre et de les diffuser selon les lois du commerce international.

Dans l'ensemble, ces organisations présentent le profil suivant :

a) Elles nécessitent de gros moyens ;

b) Elles mettent en œuvre des techniques de reproduction en série ;

---

[15] *Idem.*

[16] Jean Pierre Warnier, p. 57.

[17] *Idem.*

[18] *Ibid.*

c) Elles travaillent pour le marché ou, en d'autres termes, elles marchandent la culture ;
d) Elles sont fondées sur une organisation du travail de type capitaliste, c'est-à-dire qu'elles transforment le créateur en travailleur et la culture en produits culturels.

L'avantage que présentent les industries culturelles est qu'elles facilitent la circulation des biens culturels à l'échelle de la planète et rendent possible la médiation culturelle ainsi que le rapprochement des peuples.

Néanmoins, elles mettent en péril la production artistique par une production mimétique et standardisée qui tue le génie et désacralise l'objet culturel. Elles sont aussi considérées comme les destructrices de la culture tradition dans la mesure où leur but n'est pas d'atteindre le sujet dans sa profondeur, d'élever l'âme où l'esprit, mais de faire des bénéfices. Ainsi, le « pot-au-feu » subit la loi du hamburger ; la tisane, la loi du coca-cola ; le balafon, la loi de la cassette ; le théâtre, la loi du cinéma ; le pagne et le boubou, la loi du pantalon et de la chemise ; la naturopathie, la loi de la médecine industrielle.

Ces pratiques nouvelles sont le fait de la mondialisation dont l'un des points structurants est la civilisation.

III. Questions sur la mondialisation

Le terme mondialisation est né et a fleuri à partir des accords du Gatt (Accord général sur les tarifs douaniers et le commerce en 1947). Ces accords, relayés plus tard par l'Omc, préconisaient le multilatéralisme et la non-discrimination dans le commerce international, la suppression des barrières territoriales et l'ouverture du commerce au monde entier.

Plus tard, ce terme s'est étendu au-delà de la sphère économique et en est arrivé à désigner l'ouverture du monde à un vaste champ d'échanges. Aaki Laïdi le définit comme *un moment de compression de l'espace et du temps dans lequel les hommes vivent*[19].

Le phénomène de la mondialisation arrive en effet comme un coup d'accélérateur au milieu des années 1980, grâce à *la naissance d'une nouvelle forme d'entreprise, la firme globale, qui vend partout le même produit, ignorant les différences régionales et nationales, qui investit et recrute du personnel à l'échelle mondiale pour pouvoir vivre*[20].

Le phénomène s'est étendu à la culture, pour donner naissance à ce qu'on a appelé la mondialisation de la culture. Cette mondialisation, de l'avis de certains, n'est pas un phénomène récent ou étrange. Elle n'est que

---

[19] Zaaki Laïdi, cité par Gianni Pallante, « Éduquer la mondialisation ? », in *Cahiers de l'Ucac*, n°6, p. 334.

[20] Gianni Pallante, « Éduquer la mondialisation ? », in *Cahiers de l'Ucac*, n°6 : *La mondialisation, quel humanisme ?*, 2002, p. 335.

l'aboutissement d'une longue marche historique autonome depuis des siècles et correspond en effet à la logique de l'histoire des hommes.

Pour d'autres, elle est une invention cynique des capitalistes bourgeois qui souhaitent étendre leur mainmise sur l'ensemble de la planète. On pourrait, dans son développement, distinguer deux courants.

III.1 Le courant évolutionniste

Les tenants du courant évolutionniste partent du point que *les humains n'ont pas de racines aux jambes. Ils ont des pieds pour marcher*[21]. Cela veut dire que les phénomènes actuels de globalisation et de mondialisation *s'inscrivent dans la très longue durée de la mobilité humaine.*

En effet, la mise en réseau de toutes les régions du monde est en marche depuis l'Antiquité. Elle s'est opérée en trois étapes principales qui ont abouti à l'émergence de trois systèmes mondiaux.

- Au VIe siècle avant Jésus-Christ, l'Empire perse avait constitué le 1er réseau, en intégrant les communautés de la Mésopotamie du Sud, les civilisations de la Méditerranée orientale, de l'Égypte et de l'océan Indien.
- Le système-monde eurasiatique et africain est né au tournant de l'ère chrétienne. Il était centré sur l'océan indien et avait pour centre la Chine.
- Le système-monde occidental, né après, à la suite des trois révolutions industrielles (1760 = la vapeur, 1830 = l'électricité, XXe siècle = l'informatique). Avant cette période, l'Europe et l'Asie étaient dans la périphérie historique

Cette évolution montre qu'une vision statique d'une humanité enracinée est erronée et que le monde avance sans cesse vers plus d'unité.

III.2. Le courant regressionniste (pessimiste)

À l'opposé de ce mouvement évolutionniste se trouvent ceux qui pensent que l'humanité est une machine à produire de la différence et qu'il est par conséquent difficile d'imaginer un mode d'évolution où les hommes ne seront plus qu'un.

Les cultures peuvent se rapprocher, s'enrichir mutuellement, mais elles ne sauraient jamais se confondre, parce que chacune d'elles s'appuie sur un « arrière-monde » qu'il est difficile d'effacer. Le mouvement du monde devrait par conséquent tendre non pas vers une uniformisation, mais vers un retour aux valeurs originelles.

La mondialisation constitue donc un danger en ce qu'elle détruit la diversité culturelle et met en péril la dimension humaine de la culture au profit de l'automatisation de cette culture.

---

[21] Jean Pierre Warnier, *op. cit.*, p. 19.

La multiculturalité et la diversité par ailleurs défendues par l'UNESCO apparaissent dès lors comme les garantes de la vitalité et de la survie des cultures.

III. 3. Le relativisme culturel

Entre le courant évolutionniste et le courant regressionniste est apparu une position médiane, notamment dans l'entre-deux-guerres, c'est celle du relativisme culturel qui nie toute universalité de l'esprit humain. Le relativisme culturel part du présupposé que toute pratique ou tout trait culturel n'a de validité qu'à l'intérieur de son contexte d'usage. La rationalité serait donc contextuelle et non universelle.

Cela veut dire que toutes les cultures se valent et qu'il n'existe aucun point de vue permettant de les transcender et par conséquent d'en faire une évaluation comparative ; D'où le choix de l'Unesco de défendre la diversité culturelle et celui opéré par certains pays de prôner l'exception culturelle qui, dans cette optique, est source d'équilibre et de vitalité culturelle.

III.4. Le débat sur l'exception culturelle

Le principe d'exception culturelle est une disposition qui vise à soustraire la culture des traités internationaux, notamment ceux de l'organisation mondiale du commerce. Cette disposition a pour finalité de spécifier que les États restent souverains en matière de culture et qu'ils sont fondés à limiter les échanges des produits culturels sur le marché afin de protéger leurs artistes.

Ce principe constitue en effet un recul par rapport aux accords du Gatt de 1947, qui prônent la non-discrimination tarifaire et la liberté des échanges. Il y existait cependant des clauses de sauvegarde qui reconnaissaient aux pays en voie de développement le pouvoir de relever leurs droits de douanes afin de protéger les industries naissantes. Cette clause de sauvegarde permit à de nombreux pays de se protéger contre le cinéma hollywoodien grâce au système des quotas.

Dès les années 1960, les États-Unis ont commencé à critiquer ces clauses de sauvegarde en liant leur programme Tv sur les accords du Gatt.

En 1986, les accords du Gatt 3 (lors de l'Uruguay Round) ont réaffirmé le principe du libre accès au marché ; d'où la réaction des Européens qui prirent peur pour leurs services culturels. C'est pourquoi il a fallu réfléchir sur un statut spécial de la culture.

À la suite de l'offensive sur la question, il a finalement été adopté, en 1994, une clause d'exception culturelle. Cette clause, qui est en recul par rapport à la position initiale, stipule que la culture n'est pas exclue définitivement du Gatt, mais que pour l'instant, elle n'est pas considérée comme incluse.

Ce débat montre les dangers d'une mondialisation aveugle qui irait irrémédiablement vers l'uniformisation, la standardisation, au détriment des particularités et même de la diversité qui garantissent, somme toute, la richesse humaine. D'où la question de savoir si elle ne comporte pas d'alternative.

III.5. Le modèle du « retour des rois »

Le vaste mouvement de la mondialisation, en marche depuis la fin de la Seconde Guerre mondiale, laisse clairement supposer que les cultures de la tradition vont mourir au profit des cultures industrialisées ou tout au moins que les cultures de faible portée vont disparaître au profit de celles qui sont plus dynamiques, parce que la marche du monde tend à plus d'uniformisation.

Cette perspective, de l'avis de certains, semble encore lointaine sinon improbable. L'histoire de l'humanité a suffisamment montré combien les civilisations ont la vie dure. Car, comme le dit Huntington, *les civilisations sont peut-être nouvelles, mais elles ont la vie dure. Elles évoluent, s'adaptent et constituent les modes d'associations humaines les plus résistants*[22].

En Afrique, l'histoire de ces dernières années nous a montrés combien les civilisations ont la vie dure. En effet, la dure politique coloniale avait laissé présager la disparition des cultures et des systèmes politiques traditionnels. Partout furent proclamées des Républiques au détriment des empires, des royaumes, chefferies traditionnelles. *En 1960*, souligne Warnier, *la plupart des observateurs occidentaux et Africains estimaient que ces royaumes disparaîtraient purement et simplement sous la poussée de la modernisation politique*[23].

Curieusement, en ce XXe siècle, la situation est tout autre. Certains royaumes ont en effet disparu, mais de nombreux rois sont solidement installés sur leur trône. Les palais sont restaurés, la vie de cour a renoué avec les farces et les rituels d'antan.

Cela veut dire que les traditions ne sont pas mortes, elles se sont régénérées. Sur la durée, il y a eu des phénomènes d'appropriation, d'acculturation, de bricolage, et de détournement en vue de la fabrication de nouvelles identités. C'est ce que les historiens et les politologues ont nommé *le retour des rois*.

Ce retour, fort opportunément, ne se fait pas sur la seule base des structures du passé. Les rois eux-mêmes ont profondément changé. Presque tous jouissent d'une bonne éducation, ils ont parfois des professions, ils sont quelques fois des hommes d'affaires. En fait, ils pratiquent avec brio ce que

---

[22] Samuel Huntington, p. 41.
[23] *Ibid.*, p. 69.

l'on appelle le « chevauchement ». Ils participent désormais à l'invention d'une modernité africaine et à une réinvention de leur royaume.

Cette invention leur vaut d'être de précieux intermédiaires dans les politiques locales et dans la résolution des conflits ; ce qui légitime de plus en plus leur existence dans le champ politique et social.

Le modèle du retour des rois est donc, pour l'observateur culturel, un indicateur de ce qui pourra advenir de la mondialisation, lorsqu'elle aura été bien cernée, bien domestiquée par les cultures particulières. Il y a fort à parier qu'au détour de l'histoire des temps futurs, elle subira un retour en force de la diversité et pourquoi pas de la tradition. Cette perspective donne à l'Afrique des chances de survie et de renaissance.

Bibliographie

Adorno T.W et Horheimer M., « La production industrielle des biens culturels », in *La Dialectique de la raison*, Paris, Gallimard, 1974.

Annales de la Falsh, numéro spécial, *Identité culturelle et mondialisation*, Yaoundé, Lge, 2008.

Anta Diop (Cheikh), *Nations nègres et culture*, Paris, Présence Africaine, 1979.

Braudel, Fernand, *Grammaire des civilisations Arthaud*, Paris, Arthaud-Flammarion, 1987.

Cahiers de l'Ucac, *La Mondialisation, quel humanisme ?*, Yaoundé, Pucac, 2001.

Eboussi Boulaga, Fabien « Construction identitaires » in Simo David, *Constructions identitaires en Afrique*, Yaoundé, Clé, 2006.

Glissant, Édouard, *Introduction à une poétique du divers*, Paris, Gallimard, 1996.

Huntington, Samuel, *Le choc des civilisations*, Paris, Odile Jacob, 1997.

Kom Amboise, *La malédiction francophone : défis culturels et condition post-coloniale en Afrique*, Yaoundé-Hambourg, Lit-Clé, 2000.

Maalouf, Amin, *Identités meurtrières*, Paris, Bernard Grasset, 2004.

Omgba, Richard Laurent, « Les nouveaux défis de la culture camerounaise », in Annales de la Falsh, Vol 1, n°13, Yaoundé, Lge, 2011, pp. 3-15.

Senghor Léopold Sédar, *Liberté III, Négritude et civilisation de l'universel,* Paris, Éditions du Seuil 1977.

Simo, David, *Constructions identitaires en Afrique*, Yaoundé, Clé, 2006.

Todorov, Tvzvetan, *Nous et les autres. Réflexion française sur la diversité humaine*, Paris, Éditions du Seuil, 1989.

Unesco, *Déclaration universelle sur la diversité culturelle.*

Vounda, Marcellin, *Le siècle de Senghor*, Actes du colloque international de Yaoundé, 16,17 av., 2003 Yaoundé, Puy, 2003.

Warnier, Jean-Pierre, *La mondialisation de la culture*, Paris, la Découverte, coll. Repères, 2007.

Le Cameroun dans l'espace francophone : partir ou rester ?[1]

L'histoire politique et économique du Cameroun (Mveng, 1976), (Levine, 1984), (Etoga, 1971), comme celle de ses relations internationales (Rudin, 1968), (Ndam Njoya, 1976), (Oyono, 1990), (Mouelle Kombi, 1996) montre que notre pays est une entité singulière en Afrique. C'est l'un des rares pays africains à n'avoir pas été, au sens strict du terme, une colonie. Il a été, tour à tour, sous protectorat allemand, sous mandat de la Sdn et sous tutelle de l'Onu En dépit du fait que la gestion de la tutelle et du mandat fut confiée à la France et à la Grande-Bretagne, il demeure, qu'au plan juridique, le Cameroun n'a jamais été une possession d'une quelconque puissance étrangère. Ce constat permet de comprendre pourquoi, après son « indépendance », le pays s'est stratégiquement mis à l'écart des alliances politiques scellées entre les anciens colonisateurs et les anciens colonisés. Il en est ainsi de la Francophonie et du Commonwealth of Nations.

Cependant, après trente et une années de résistance à ces organisations transnationales, le Cameroun a opéré, en 1991, une entrée fortement remarquée au sein de la Francophonie et plus tard du Commonwealth of Nations. Ce revirement fut diversement interprété par de nombreux analystes. Certains ont estimé que le Cameroun ne pouvait connaître qu'un destin fatal au sein de la Francophonie, étant donné les soupçons de néocolonialisme que ceux-ci faisaient peser sur cette organisation. D'autres, en revanche, ont soutenu que la Francophonie pouvait être un précieux outil de « codéveloppement » si les instances qui la gèrent lui donnaient une orientation favorable à l'émergence des nations. Ce débat, qui n'est pas clos aujourd'hui, continue de susciter de nombreux questionnements. Pourquoi le Cameroun a-t-il attendu pendant plus d'un quart de siècle pour entrer dans la Francophonie ? En entrant dans la Francophonie, le Cameroun mettait-il fin à sa politique de neutralité ? Le Cameroun est-il entré dans la Francophonie comme le loup que la faim a chassé du bois ? Le Cameroun doit-il aujourd'hui rester ou partir de cette organisation ?

Afin de répondre à ces questions, nous nous proposons de présenter l'espace francophone dans son ensemble, de déterminer les conditions

[1] Texte d'une communication présentée avec Paul Zang Zang à l'amphi 700 de l'Université de Yaoundé I, dans le cadre des « Mercredis des grandes conférences » et publié dans les Annales de la Falsh, n° spécial, juin 2008.

historiques et politiques qui ont favorisé l'entrée du Cameroun dans la Francophonie et au sein du Commonwealth of Nations et de débattre de l'épineux problème du destin de notre pays dans la communauté francophone.

I. De l'espace francophone et de ses acquis

Le mot Francophonie fut inventé en 1880 par Onesime Reclus, qui avait entrepris de classer les habitants de la planète en fonction de la langue qu'ils utilisent. Ce mot désigne, depuis cette époque, l'ensemble des populations parlant le français. Après la mort de Reclus, le terme Francophonie sortira de l'usage pour réapparaître en 1962, dans un numéro spécial de la revue **Esprit** dont le titre était *Le Français dans le monde*. Ce numéro spécial rassemblait les contributions de personnalités aussi prestigieuses que Léopold Sédar Senghor, Pierre-Henri Simon, Norodom Sihanouk. À leurs voix vont se joindre celles non moins prestigieuses du tunisien Habib Bourguiba et du nigérien Hamani Diori, qui proposaient de pallier l'échec de la Communauté française en créant un nouvel ensemble politique, à l'image du Commonwealth of Nations, capable de faire poids égal avec celui-ci. C'est ainsi que naitra la Francophonie institutionnelle.

L'espace francophone est aujourd'hui constitué de plus du quart des pays membres de l'Onu, soit 63 États et Gouvernements d'Afrique, d'Europe, d'Amérique, d'Asie et du Pacifique. Il comprend même des pays n'ayant jamais été colonisés par la France. Avec plus de 120 millions de locuteurs, la Francophonie forme de nos jours l'ensemble linguistique le mieux structuré de la planète. Elle comprend des organismes spécialisés tels que la Conférence des ministres de l'Éducation nationale (Confemen) née en 1960 ; l'Association des universités partiellement ou entièrement de langue française (Aupelf), connue aujourd'hui sous le nom d'Agence Universitaire de la Francophonie (Auf) née en 1961 ; le Haut Comité de la langue française, devenu Délégation générale à la langue française, né en 1966 ; la Conférence des États francophones née en 1969 à Niamey (Niger) ; l'Agence de coopération culturelle et technique (Acct) plus connue aujourd'hui sous le nom d'Agence de la Francophonie, née en 1970 ; le sommet franco-africain ; le haut Conseil de la Francophonie couplé au lancement de la chaîne internationale câblée Tv5 en 1984. En France, le haut Conseil de la Francophonie est directement rattaché à la Présidence de la République et a pour mission de préciser le rôle de la Francophonie et de la langue française dans le monde moderne.

L'Organisation Internationale de la Francophonie (Oif), appellation adoptée en 1998, s'est dotée d'un conseil permanent constitué de 15 représentants personnels des chefs d'État et de Gouvernements, d'une Assemblée parlementaire (Apf), d'une Association internationale des maires et responsables des capitales et métropoles partiellement ou entièrement francophones (Aimf).

II. L'adhésion du Cameroun à la Francophonie

Le Cameroun fait partie de l'espace francophone bien avant son adhésion officielle à la Francophonie institutionnelle. Depuis la fin de la Première Guerre Mondiale (1914-1918), la Société des Nations avait placé le Cameroun sous la tutelle franco-britannique. Cette situation intégrait de fait le pays dans le giron francophone tout comme dans le Commonwealth of Nations. Cependant, au moment d'accéder à « l'indépendance » et de réaliser sa réunification, le Cameroun se brouille avec les anciennes puissances tutélaires.

Deux camps s'étaient formés sur le plan politique au Cameroun. Les uns voulaient l'indépendance *tout de suite et sans conditions,* c'est-à-dire l'indépendance immédiate et non négociable. Au sein de cette mouvance, se trouvait le groupe qui réclamait *la vraie indépendance du Cameroun.* Ce groupe concevait *la vraie indépendance* comme une indépendance acquise par la force des armes et non une indépendance *octroyée par la France.* Une telle indépendance, bien évidemment, appelait une certaine distanciation d'avec la France. Les autres voyaient dans l'indépendance immédiate et sans conditions du Cameroun un grand risque. Cette mouvance suggérait une préparation de dix ans avant que le Cameroun accède à l'indépendance. Ceux qui estimaient que les Camerounais étaient suffisamment mûrs pour se prendre en charge prendront le dessus. Pour eux, la souveraineté nationale passait avant tout.

L'histoire du Cameroun montre que ni l'Allemagne, ni la France ni l'Angleterre n'avaient préparé ce pays à l'indépendance. La séparation d'avec l'Allemagne se fait sous forme de brouille. Il en sera de même de celle d'avec la France et l'Angleterre. Le Cameroun oriental refuse son rattachement à l'Union française pendant que le Cameroun occidental se voit expulser du Commonwealth of Nations parce qu'il refuse son rattachement au Nigeria. Malgré son accession à l'indépendance, le Cameroun oriental bénéficie d'un statut de membre associé de la Francophonie et prend une part active aux activités de ses organismes spécialisés.

Les conditions d'accession du Cameroun à l'indépendance semblent avoir favorisé le développement d'une attitude de méfiance vis-à-vis des anciennes puissances coloniales. Cette méfiance pourrait expliquer l'adhésion tardive du Cameroun à la Francophonie institutionnelle.

Pourtant, aux yeux de certains, la Francophonie offrait une couverture diplomatique sécurisante, une politique culturelle attractive et respectueuse du génie de chaque peuple, des programmes économiques adaptés à la situation des pays nouvellement indépendants et une assistance scientifique et technique éprouvée. À ce titre, elle avait vite fait d'attirer de nombreux pays au moment de sa création. L'adhésion à cet espace de dialogue et de solidarité évitait en effet aux pays nouvellement indépendants des politiques de rupture d'avec l'ancienne puissance coloniale et semblait leur garantir des transitions politiques et économiques sereines.

Cependant, le Cameroun qui est resté à l'écart de la mouvance générale n'y adhère que le 19 novembre 1991, en qualité de membre à part entière, à Chaillot (France) lors du 4e sommet des chefs d'État et de Gouvernements. Bien que les portes de l'Organisation lui fussent restées ouvertes, le pays préférait se marginaliser.

La méfiance à l'égard des puissances occidentales se traduisait dans les faits par une politique d'équidistance et de non-participation aussi bien vis-à-vis de la Francophonie que du Commonwealth of Nations pour des raisons de convenance politique et de préservation d'une cohabitation pacifique et équilibrée entre les Camerounais francophones et anglophones.

Le Cameroun n'est donc pas entré dans la Francophonie comme un loup que la faim a chassé du bois. C'est la **politique de présence et de participation** imprimée à la diplomatie camerounaise à partir de 1985 qui a permis de rompre avec celle dite d'équidistance ou de non-participation pratiquée au lendemain de l'Indépendance et de la réunification.

Étant donné la particularité du Cameroun qui est d'être un pays à la fois anglophone et francophone, l'entrée officielle au sein de la Francophonie semblait appeler d'elle-même une entrée au sein du club des gentlemen, le Commonwealth of Nations.

III. L'adhésion du Cameroun au Commonwealth of nations

Les leaders camerounais comprenaient bien qu'une adhésion hâtive du Cameroun à la Francophonie pouvait fortement affecter la construction de l'unité nationale. Le fait est que, l'entité qui accède à l'indépendance en 1960 comprend qu'elle ne peut adhérer à la Francophonie sans s'aliéner le rattachement de celle qui était restée sous domination anglaise. Même quand cette dernière accède à l'indépendance en 1961, la possibilité d'une adhésion à la Francophonie reste porteuse de désunion. La priorité d'Ahmadou Ahidjo était, à n'en pas douter, de réaliser l'unité nationale. Après la réunification, il fallut songer à l'Unification qui n'intervint qu'en 1972.

En suivant cette logique, on comprend bien que ce n'est que lorsque l'unité s'est trouvée consolidée et qu'on a pu passer de la République Unie du Cameroun à la République du Cameroun que le problème de l'adhésion du Cameroun au sein de la Francophonie et du Commonwealth of Nations apparut comme une possibilité.

Autant dire que l'option prise en 1991 par Paul Biya de faire adhérer le Cameroun à la Francophonie et au Commonwealth of Nations supposait que le pays avait atteint une maturité politique lui permettant d'assumer son passé, de dépasser les clivages linguistiques et de coopérer sereinement avec ces instances de solidarité postcoloniale.

Pour être admis comme membre du Commonwealth of Nations, le Cameroun aura besoin de six années d'âpres négociations[2]. Depuis l'expulsion du Cameroun anglophone du Commonwealth of Nations, cet organisme ne lui offrait plus aucune possibilité d'y bénéficier ne serait-ce que d'un statut de membres associé comme ce fut le cas avec la Francophonie. L'admission du Cameroun au Commonwealth ne sera donc pas chose facile. Elle se fera au prix d'une longue procédure, de nombreuses missions d'information et de sensibilisation de la part des officiels camerounais auprès des instances et des pays membres du Commonwealth, ainsi que des missions de ces derniers au Cameroun.

En octobre 1989, au sommet des chefs d'État et de Gouvernements des pays membres du Commonwealth of Nations tenu à Kuala Lumpur en Malaisie, la demande d'admission du Cameroun, représenté à ces assises par Jacques Roger Booh Booh, ministre des Relations extérieures, seront rejetée au motif qu'elle contient un vice de forme. En fait, le Cameroun sollicitait un statut de membre associé qui n'existe pas au sein du Commonwealth of Nations.

Aux sommets d'Harare au Zimbabwe en 1991 et de Limassol à Chypre en 1993, le Cameroun sera débouté du fait de l'exigence démocratique contenue dans la Déclaration d'Harare et aussi à cause de la question anglophone.

Le 16 octobre 1995, le Cameroun est admis comme 52e membre du Commonwealth of Nations, au sommet d'Auckland en Nouvelle-Zélande. Le malentendu avec cette organisation était ainsi dissipé.

IV. Les mutations de l'espace francophone

L'entrée du Cameroun dans la Francophonie est précédée de trois grands événements : le premier est l'organisation du colloque international sur l'identité culturelle camerounaise (1985) et la publication de *Pour le libéralisme communautaire* (Biya, 1987) ; le deuxième est la première visite du Chancelier Ouest Allemand au Cameroun, le troisième est la politique de réformes mise en œuvre par la Francophonie.

S'agissant du premier événement, on peut affirmer que le colloque sur l'Identité culturelle camerounaise et la publication de *Pour le libéralisme communautaire* constituent deux faits majeurs destinés à engager courageusement un débat sur les acquis culturels du Cameroun et sur le positionnement du pays sur l'échiquier international.

S'agissant de la première visite du Chancelier ouest-allemand au Cameroun, c'est l'occasion pour Paul Biya d'expliquer dans quelles

[2] Godwe, A., Nkoum-Me-Ntseny, L.M. et Ngue, W., 2006 : 75

conditions le Cameroun entend coopérer avec les autres États, en particulier avec les puissances étrangères :

> *Le Cameroun pratique une politique de coopération internationale sans exclusive et diversifie ses relations avec tous les pays qui le souhaitent, sur la base du respect mutuel des intérêts et des engagements.*

Sur cette base, je peux dire aux hommes d'affaires allemands : *Willkommen in Kamerun* (Paul Biya, 16 novembre 1987 à Yaoundé).

S'agissant du troisième événement, on peut affirmer que l'entrée du Cameroun dans la Francophonie coïncide effectivement avec la politique de réformes mise en œuvre au sein de cette organisation. La Francophonie était initialement conçue comme une plateforme dont la mission principale était la promotion de la langue française à travers le monde. Elle était à cet effet présentée par certains spécialistes comme une organisation néocolonialiste. Pour être en phase avec les enjeux de la société internationale, la Francophonie engage une refonte de ses propres structures qui peut expliquer les changements observés dans l'évolution de la position du Cameroun.

Les rencontres des Chefs d'État et de Gouvernements étaient d'abord annuelles. À partir de 1989, elles se tiennent tous les deux ans dans des pays différents : Versailles et Paris (France 1986 et 1991), Québec et Nouveau-Brunswick (Canada 1987 et 1999), Dakar (Sénégal 1989), Maurice (1993), Cotonou (Bénin 1995), Hanoi (Vietnam 1997), Beyrouth (Liban 2002), Ouagadougou (Burkina Faso 2004).

Dès 1987 en effet, le sommet de Québec confie à l'Aupelf-Uref un programme-pilote comportant un volet nouvelles technologies qui comprend la télématique, les nouveaux supports et l'imagerie. Le sommet de Dakar, en 1989, va confirmer cette tendance, c'est-à-dire le développement de la coopération scientifique et technique au sein de l'organisation. Le Président de la République française y déclare en effet que :

> *la coopération scientifique et technique devra se poursuivre, grâce, notamment, à l'Université des réseaux d'expression française qui diffuse revues et livres scientifiques, ne se contente pas d'éditer des livres, mais met aussi en place des centres serveurs s'appuyant sur les nouvelles technologies du vidéodisque et du vidéotext très utiles, [...] dans tous les domaines de la recherche. C'est-à-dire que nous devons compléter par un bon équipement technique les moyens humains considérables dont nous disposons, adossé à une culture historique qui touche au fond même des civilisations d'aujourd'hui*[3].

---

[3] François Mitterrand, Dakar, 1989.

Dès 1990, on assiste à la création, à Alexandrie, d'un Institut universitaire de troisième cycle dénommé Université Senghor. L'Aupelf-Uref s'engage résolument, depuis le sommet de Chaillot en 1991, dans une politique d'information scientifique et technique structurante de l'espace francophone avec la mise en place du système francophone d'édition et de diffusion (Syfed). Cette politique s'articulera en trois volets :

- La délocalisation des moyens d'accès à l'information scientifique et technique : le réseau des centres Syfed,
- La production et la circulation de l'Ist : des producteurs fédérés au sein de réseaux réalisent un ensemble complet de produits (ouvrages, revues, disques compacts, vidéodisques, etc.),
- Le décloisonnement des enseignants et des chercheurs : accès aux documents primaires et aux banques de données internationales francophones et rencontres internationales régulières.

On peut donc constater que la Francophonie pratique, depuis 1987, une politique qui va en droite ligne des préoccupations du Cameroun. La marginalisation du Cameroun à cause de sa politique d'équilibre entre les communautés francophone et anglophone ne s'explique plus. Les réformes engagées seront, d'ailleurs, couronnées par l'adoption d'une nouvelle charte qui prend appui sur des objectifs politiques et économiques bien établis. Il s'agit de la promotion de l'image de l'Oif auprès d'autres organisations internationales (Onu, Organisation de la conférence islamique, Union africaine, Commonwealth) ; de la poursuite, de concert avec ces dernières, des objectifs de solidarité entre les peuples ; de la recherche de la paix et de la sécurité internationales ; de la prévention et du règlement pacifique des conflits ; de la bonne gouvernance ; de l'appui aux processus démocratiques et au développement durable.

Depuis 1997, le Secrétaire général de la Francophonie, élu pour une période de quatre ans par les chefs d'État et de Gouvernements, assure la présidence exécutive du Conseil permanent et dirige l'Agence intergouvernementale de la Francophonie (Aif), principal opérateur de la Francophonie.

L'Aimf rassemble désormais une centaine de villes clans le monde, tandis que l'Agence universitaire de la Francophonie (Auf) fédère plus de 430 établissements de 45 pays et 350 départements d'études françaises et filières francophones. Tv5 est diffusée dans plus de 100 pays.

À travers les institutions ci-dessus citées, la Francophonie mène une politique de coopération multilatérale très active dans les domaines de l'éducation, la recherche, la culture, etc. La mise en place d'un Centre d'information économique de la Francophonie permet aujourd'hui d'étendre la coopération dans le domaine de l'économie. Les missions de l'Agence intergouvernementale de la Francophonie se sont progressivement étendues à la prévention des conflits dans l'espace francophone et à la promotion de la démocratie et des droits de l'homme.

La Francophonie est devenue de ce fait une institution de grande envergure dont le poids politique, économique et diplomatique est indéniable. Au projet initial d'être, comme la concevait Reclus et plus tard Senghor, *la communauté spirituelle des nations qui exploitent le français, soit comme langue nationale, soit comme langue officielle, soit comme langue d'usage*, s'est greffé un autre, plus large et plus ambitieux, celui d'être un espace politique de dialogue, de solidarité, de promotion et de défense des intérêts des pays ayant le français en partage. Il est ainsi né, au-delà de la Francophonie linguistique, une. Francophonie politique dotée de puissants outils diplomatiques et idéologiques. Cette Francophonie est parvenue à obtenir un statut d'observateur à l'Assemblée générale des Nations Unies, auprès de l'Union européenne, de l'Organisation de l'Unité Africaine ainsi que de la Commission économique de l'Afrique à l'Onu.

Cette Francophonie-là constitue, de l'avis des auteurs de *l'Encyclopédie Microsoft*, face à l'anglophonie envahissante, une puissante force de résistance et face à la mondialisation universalisante, une alternative, pour ne pas dire un barrage, de par le fait de la politique d'exception culturelle dont elle est porteuse :

> *Aux pays qui souhaitent résister à l'uniformisation mondiale, la communauté francophone propose un modèle attractif, en plus d'un réseau diplomatique alternatif*[4].

Les mutations internes subies par l'organisation francophone semblent bien aller en droite ligne des préoccupations du Cameroun. Elles ne sont pas en contradiction avec le fait que le Cameroun est membre à part entière aussi bien de la Francophonie que du Commonwealth of Nations.

V. Les acquis du Cameroun depuis son adhésion à la Francophonie

Pour certains spécialistes, le Cameroun doit sortir de la Francophonie. Quant à nous, il nous semble qu'il faut d'abord se poser la question de savoir si le Cameroun a su tirer profit des possibilités offertes par cette organisation. Depuis 1989 en effet les pays francophones peuvent interroger 55 bases de données en ligne à partir de 135 sites équipés de postes de consultation et d'édition. Ces 135 sites opérationnels sont implantés dans sept pays du Sud et deux pays du Nord. En fin 1993, quatre nouveaux pays seront bénéficiaires d'implantations. Une messagerie francophone accessible par l'ensemble de la communauté scientifique à partir des 135 sites organisés autour de 9 centres Syfed régionaux et d'un Centre Syfed international existe. Cette messagerie est interconnectée aux réseaux de la recherche (Rio,

---

[4] *Encyclopédie Microsoft Encarta*, 2004, p. 3.

Renater, Internet). De 1991 à 1993, huit Centres Syfed constituent déjà un réseau interconnecté reliant des pôles d'excellence répartis dans l'espace francophone : Canada, Côte d'Ivoire (2), Égypte, France, Gabon, Madagascar, Maroc, Maurice, Sénégal.

Le Cameroun fait partie, avec la Bulgarie, le Burkina-Faso, le Cambodge, la Guinée, Haïti, le Liban, le Mali, le Niger, la Roumanie, le Togo, la Tunisie, le Vietnam, des pays qui bénéficient des quinze Centres Syfed ouverts entre 1993 et 1995. L'entrée du Cameroun dans la Francophonie en 1991 va provoquer l'éclatement du Bureau Afrique de l'Aupelf-Uref et la naissance du Bureau Afrique Centrale de l'Aupelf-Uref implanté à Yaoundé, plus connue aujourd'hui sous la dénomination du Bureau Afrique centrale de l'Auf.

Ce parcours permet en effet de constater que les autorités camerounaises ont pris le soin de négocier l'entrée du Cameroun dans la Francophonie par la signature d'actes matérialisant la coopération institutionnelle et politique. L'engagement du Cameroun peut ainsi être observé à travers les dispositions suivantes :

- Le paiement régulier des contributions statutaires et volontaires à l'Oif (120 millions de Fcfa par an) ;
- La participation à tous les sommets et conférences organisés depuis son adhésion en qualité de membre à part entière ;
- La désignation des cadres camerounais à d'importants postes de responsabilité (Gaston Pavom comme directeur général de l'éducation de 1989 à 1992 ; Jean Tabi Manga au même poste de 1992 à 1998 ; René Obam Nlong, directeur du développement social et de la solidarité depuis 1999, Denise Epoté Durand, directrice de Tv5 Afrique depuis 1998, etc.).
- La tenue au Cameroun d'importantes rencontres francophones : colloque international sur le corpus lexicographique : méthodes de constitution et de gestion en 1996 ; colloque international sur le thème Europe-Afrique : le regard de l'autre en 1997 ;
- Conférence régionale Afrique de l'Assemblée parlementaire de la Francophonie, du 27 au 30 mai 1998, colloque conjoint Commonwealth/Francophonie sur le thème *La démocratie dans les sociétés plurielles*, du 24 au 26 janvier 2000, préparation au symposium international de Bamako au Mali sur le thème *Le bilan de la démocratie dans l'espace francophone* en 2000, colloque international sur le français au Cameroun du 27 au 29 octobre 2003. Premières journées scientifiques du Dictionnaire du français en Afrique du 03 au 6 avril 2006, etc.
- La visite en terre camerounaise de nombreux hauts responsables de l'Oif (Roger Dehaybe, administrateur général de l'Aif, en novembre 1999, Boutros Boutros Ghali, Secrétaire général de l'Oif, en janvier 2000 ; Michèle Gendreau-Massaloux, Rectrice de l'Auf, en

juin 2000 ; le professeur Jean du Bois de Gaudusson, président de l'Auf, en janvier 2002, etc.) ;

En revanche, la Francophonie a marqué son intérêt pour le Cameroun à travers :

- L'appui au processus de démocratisation, avec l'envoi d'observateurs aux différentes consultations électorales qui ont eu lieu depuis 1997 ;
- Le soutien du processus de décentralisation à travers le financement, par l'Aimf, de nombreux projets dans les villes de Yaoundé, Douala, Garoua, Ngaoundéré, etc. ; la formation du personnel en vue de l'amélioration de l'appareil judiciaire ; l'organisation d'un programme de formation continue aux droits de l'Homme, à l'État de droit et au droit humanitaire ;
- L'assistance à l'occasion des catastrophes naturelles (catastrophes du Lac Nyos ; catastrophe de Nsam 1998) ;
- La réhabilitation du Centre de rééducation fonctionnelle des handicapés d'Etoug-Ebé à Yaoundé (2005) ;
- Une subvention de trois (3) millions de Fcfa à la Maison Béthanie Viacam à Yaoundé ;
- La participation régulière de jeunes camerounais aux concertations organisées par la Francophonie dans le cadre du programme « Mobilité des jeunes » et de la préparation de rendez-vous internationaux ;
- Le financement de micro-entreprises créées par des jeunes ;
- L'appui financier à la sensibilisation sur la lutte contre le Sida ainsi que l'organisation de nombreux stages de formation à l'intention des responsables chargés de la gestion de l'information, de la documentation et des centres de jeunesse.
- L'assistance technique dans les secteurs de l'éducation, la formation, l'enseignement supérieur et la recherche ;
- L'érection de trois établissements de l'enseignement supérieur en centres d'excellence : École normale supérieure (Ens), École supérieure des sciences et techniques de l'information et de la communication (Esstic), Institut des relations internationales du Cameroun (Iric). Cette érection permet à ces établissements d'abriter d'importants séminaires internationaux en ce qui concerne la formation des professeurs de l'enseignement général pour l'Ens et la formation à la fonction publique internationale pour l'Iric ;
- La création au Cameroun du siège du Bureau sous-régional de l'Auf en 1995 ;
- La réhabilitation du Ceper pour un montant de cent vingt-neuf (129) millions de Fcfa ;
- La création, avec l'appui bilatéral de la France, d'un Centre régional d'enseignement spécialisé en agriculture avec pour option forêt/bois

(Cresa) à l'Université de Dschang pour un coût financier de deux cents millions de Fcfa ;

- L'ouverture à Yaoundé du « Campus 2000 » de l'Université virtuelle de la sous-région Afrique centrale pour un coût d'un milliard cinq cents millions de Fcfa ;
- Le financement de nombreux projets et activités dans les domaines des communications, des nouvelles technologies de l'information et de la communication (Ntic), des mines et de l'énergie ;
- Le financement de la presse écrite nationale publique (Cameroon Tribune) et privée (Le Messager, Mutations, etc.) ;
- Le financement des manifestations culturelles, de la production cinématographique, du théâtre, de l'édition du livre, de la circulation des artistes et de leurs œuvres, de la littérature pour enfants ;
- La création des unités de production dans le domaine de l'élevage et de l'agro-industrie ;
- L'encouragement de la création d'entreprises et la promotion du partenariat entre entrepreneurs francophones ;
- La création du Comité national du Forum francophone des affaires (Ffa) qui a pour rôle d'encourager la création d'entreprises et la promotion du partenariat entre les entrepreneurs francophones depuis mai 1999.

Comme on peut le constater, la coopération entre le Cameroun et la Francophonie est très fructueuse aux plans culturel, économique, institutionnel, politique, social et technique. Le volume de cette coopération a connu un accroissement significatif depuis l'adhésion du Cameroun à la Francophonie. Pourrait-on cependant dire que ce bilan est suffisant au point de justifier le maintien du Cameroun dans l'espace francophone ?

VI. Le destin du Cameroun dans l'espace francophone

Il est tout à fait normal de se poser aujourd'hui la question de savoir si le Cameroun bénéficie de la Francophonie ou s'il la subit plutôt. La place du Cameroun est-elle suffisamment avantageuse pour justifier le maintien de ce pays au sein de cette organisation ?

On peut à cet effet partir du développement qui précède pour constater que le Cameroun a joué un rôle important dans la transformation de la Francophonie en un espace de coopération culturelle, économique, politique et sociale. Il a assuré avec succès les présidences respectives de la Commission économique du Conseil permanent de la Francophonie et du Comité *Francophonie, économie et développement*. L'honorable Françoise Foning, présidente du groupe régional Afrique, assure la présidence du Forum Francophone des Affaires (Ffa). Jean Tabi Manga est membre du Conseil d'administration de la Francophonie. Nous avons cité plus haut les actes matérialisant la coopération institutionnelle et politique entre le Cameroun et la Francophonie et qui portent sur la désignation des Camerounais à d'importants postes de responsabilité au sein de l'organisme.

Comment donc expliquer que, malgré tout, certains Camerounais réclament le départ du Cameroun de la Francophonie ? Trois hypothèses sont possibles à cet effet. La première est que certains Camerounais semblent ne pas être au courant des possibilités qui leur sont offertes par la Francophonie. La deuxième est que le grand public ou bien la communauté scientifique camerounaise n'est pas au courant de ce dont le Cameroun a déjà bénéficié depuis son entrée dans la Francophonie. La troisième est que certains Camerounais semblent ne pas être satisfaits du rôle joué par le Cameroun au sein de l'organisation.

On peut élargir le débat en se posant d'autres questions plus concrètes comme celle de savoir quel a été l'apport de la Francophonie dans le règlement du conflit de Bakassi ? La Francophonie a-t-elle soutenu le Cameroun en temps de crise, notamment en ce qui concerne l'annulation de sa dette ? L'entrée du Cameroun dans la Francophonie ne lui a-t-elle pas aliéné le soutien de certains pays (Allemagne, États-Unis, Japon, Chine, etc.) dans la mesure où le Cameroun apparaissait désormais comme vivant dans le giron français ? L'entrée du Cameroun dans la Francophonie ne s'accompagne-t-elle pas d'une francisation à outrance propre à créer non seulement une fracture politique entre francophones et anglophones, mais aussi la disparition des langues et des cultures camerounaises ?

En un mot, le manque à gagner semble tellement important aux yeux de certains qu'ils estiment que le Cameroun ne peut connaître, au sein de la Francophonie, qu'un destin fatal. À la tête de ces « francophobes », si l'on peut les appeler ainsi, se trouvent l'écrivain Mongo Béti et le professeur Ambroise Kom.

Mongo Beti (1982) plaint le sort des francophones africains, victimes de l'impérialisme culturel et de la domination politique de la France. Selon lui, la France pratique une politique de spoliation linguistique née de la brutalité de la conquête coloniale, raffermie par l'idéologie raciste qui lui fournit des justifications dérisoires. L'imposition de la langue française équivaut à l'exercice d'un droit lié à la conquête. C'est la preuve que les indépendances en série de 1960 n'avaient été que des épisodes d'une décolonisation en trompe-l'œil. La langue française poursuit sa domination dans les pays africains, s'appesantissant même plus lourdement qu'auparavant sur la vie des populations, en particulier le petit peuple sans défense. Il affirme à cet effet :

> *Le capitalisme, en particulier la forme de capitalisme qui sévit en Afrique noire ex-française, je veux dire le capitalisme sauvage, expose nos populations à maintes spoliations dont la plus sournoise, mais non moins dévastateur, je veux dire la spoliation linguistique, n'est pas encore aperçue dans toute sa nocivité ni dans toutes ses*

implications. Mais le sort de nos langues dans le complexe néo-colonial de l'Afrique ex-française n'est sans doute qu'une image caricaturale de la situation d'autres langues de peuples dominés dans d'autres systèmes de néo-colonialisme[5].

Les Africains, d'après lui, se trompent quand ils croient voir dans la Francophonie une organisation née de leurs propres aspirations[6]. La France, dont l'hypocrisie en Afrique n'est que trop connue, avait habilement utilisé certains chefs d'États « francophones » derrière lesquels elle s'efforçait de se dissimuler pour imposer la « Francophonie » comme un courant émanant de l'aspiration même des Africains. On avait mobilisé *tous les idéologues du néo-colonialisme pour donner une justification soi-disant scientifique à ce qui n'avait jamais été qu'un fait accompli*[7].

Mongo Beti s'insurge contre la Francophonie qu'il considère comme un tissu d'erreurs et de mensonges grossiers, confectionnés par les idéologues du néocolonialisme. Le cloisonnement de l'Afrique en une multitude de parlers sans aucune envergure nationale n'est qu'une construction, un prétexte pour justifier l'imposition de la langue française aux Africains *en interdisant l'érection d'un parler national, en une langue officielle reconnue par toute la nation cloisonnée elle-même en une multitude d'ethnies*[8].

Les recherches sur les langues africaines sont sous-tendues par des intentions inavouées. Elles ont contribué à accentuer les différences et à apporter la preuve que les langues africaines sont si nombreuses qu'on ne peut promouvoir aucune d'elles. Pour Mongo Beti, les idéologues de la Francophonie ne sont ni plus ni moins que des pseudos de science, des idéologues du néocolonialisme. Il cite à cet effet le cas de Jean Imbert :

Précisons d'abord que M. Jean Imbert, comme tous les prétendus experts qui ont l'habitude de trancher péremptoirement sur les affaires africaines, ne connaît aucune langue africaine. Personnellement, mis à part quelques vieux missionnaires qui, certainement, ont atteint aujourd'hui le stade de la confusion sénile, je n'ai jamais vu un Français parlant une langue africaine. On aura une idée plus précise encore du peu de séneux de M. Jean Imbert et de ses semblables lorsqu'on saura que cet éminent expert n'a résidé, à ma connaissance, que deux petites années au Cameroun, soit de 1971 à 1973 et, surtout, que M. Jean Imbert est, normalement, professeur de Droit et non de linguistique. Autrement dit, M. Jean Imbert, très exactement, ne sait pas de quoi il parle, malgré ses très hautes fonctions. [...] C'est ainsi que l'erreur acquiert la vénération sinon la force de la venté, à mesure que

[5] Mongo Beti (1982 : 106).

[6] *Ibid*, 107-108.

[7] *Idem.*

[8] *Idem.*

le temps passe et que les ignorants la reproduisent et se la transmettent[9].

Pour Mongo Beti, les langues africaines ont été mises en esclavage sur leur propre continent par des langues venues d'ailleurs. On a procédé à des décolonisations en trompe-l'œil, mais le rapport que le français entretient avec les langues africaines n'est ni plus ni moins qu'un rapport de domination. La politique culturelle de la France n'est qu'un impérialisme culturel.

Des penseurs et des chercheurs à la solde de la France avaient été requis pour mettre les langues africaines hors jeu. Ceux-ci ont inventé toutes sortes de raisons pour porter atteinte à leur crédibilité. Les chiffres avancés pour montrer que les langues africaines sont trop nombreuses pour qu'une seule d'entre elles soit promue avaient donc été gonflés à dessein. La pauvreté des langues africaines n'est qu'une raison fallacieuse pour leur nuire. La politique de spoliation linguistique a des effets qui peuvent aboutir à la zombification de l'Africain :

> *Les effets de la spoliation linguistique ont cette particularité qu'ils dépassent ce qu'on appelle communément l'aliénation pour atteindre à une sorte de décervelage, une véritable zombification. Privée de sa culture, dont le support naturel, la langue, est non seulement dévalorisée à l'extrême, mais aussi déclassée, destituée de la fonction que lui ont assignée des millénaires, la collectivité ressemble à un homme frappé par la foudre, hagard, pétrifié en quelque sorte, privé d'âme, un zombie ; c'est un automate désormais. N'est-ce pas à cela que, délibérément, on tente de réduire nos populations ? Puisque le zombie n'a pas de libre-arbitre, rien de plus facile que de l'assujettir à une volonté extérieure, autrement dit de l'asservir, de poursuivre son exploitation*[10].

En somme, pour Mongo Beti, il est impossible de séparer le problème des langues africaines en Afrique dite francophone du problème plus vaste de la domination politico-économique, car il y a domination linguistique et culturelle, plus ou moins voyante, là où il y a domination politico-économique.

À la suite de Mongo Beti, Ambroise Kom (2000), soutient que le projet francophone n'est qu'un piège de plus tendu par l'ex-puissance coloniale pour manipuler, exploiter et contrôler les ex-colonies. Son avis est qu'on ne saurait faire confiance à un oppresseur qui, très hâtivement, s'est recousu un costume d'humaniste. En adhérant à la Francophonie, soutient-il, les Africains se comportent exactement comme *un otage qui a pu se soustraire*

[9] *Ibid.*, 108-109.
[10] *Ibid.*, 112-113.

de l'emprise de son ravisseur et qui se retourne pour ainsi dire lui confier son avenir[11].

L'Afrique francophone se trouve ainsi dans la même situation que Caliban, le personnage de Césaire, dans *Une Tempête*. On pourrait dire qu'elle souffre du complexe de Caliban, cet esclave qui a peur de sa propre liberté et qui croit qu'il ne peut rien faire sans son maître Prospèro alors que Prospèro, dit Césaire, *c'est pas un type à collaborer. C'est un mec qui ne se sent que s'il écrase quelqu'un. Un écraseur, un broyeur, voilà le genre*[12].

À quoi, continue Ambroise Kom, auront donc servi les programmes d'ajustement structurels, les nombreux accords de coopération et d'assistance technique, les projets enchanteurs de la Francophonie, sinon qu'à conduire les Africains à l'impasse dans laquelle ils sont ? Cela veut dire que le colonisateur a parfaitement réussi à *localiser* les Africains et à leur faire miroiter une amélioration sensible de leur misérable condition sous réserve qu'on réserve qu'on adhère à son credo[13]. Il a réussi, comme le dit Mongo Beti, à faire d'eux des *harkis de prestige* qui lui servent de bouclier dans son combat contre l'anglophonie. Mais, s'interroge encore Kom, *Avons-nous jamais pensé nos intérêts en échange de la place que nous occupons, dans l'ambition globale de la France ?*[14]

Que non ! Les Africains sont tombés pieds et poings liés dans le piège francophone ; un piège qui les empêche de se construire et de se prendre en charge ; un piège qui les condamne à croupir dans la périphérie, à se déterminer toujours par rapport à autrui, à ne pas pouvoir penser de manière autonome, à subir en un mot cette même *standardisation culturelle que la France ne tolère pas de la part des États-Unis d'Amérique*[15]. D'où cette question d'Ambroise Kom :

> *À quoi auront servi toutes les blessures identitaires que nous avons subies, puisque aujourd'hui, comme hier, nous demeurons des pays sous-tutelle, contraints a toujours nous en remettre au jugement d'autrui sans jamais définir par nous-mêmes les concepts qui nous permettraient d'opérer sur le réel ?*

La réponse à cette question semble être que la Francophonie a visiblement réussi à museler les Africains, à empêcher toute rupture avec la France, alors qu'il eut fallu, dans un premier temps, que l'Afrique rompe avec la métropole afin d'envisager son propre destin. L'expérience de l'inflexibilité nous aurait ainsi portés à songer à courir le monde en quête des principes permettant de bâtir une société à notre mesure.

---

[11] Kom (2000 : 7).
[12] Césaire (1969 : 38).
[13] Kom, *op. cit.*, p. 12.
[14] Kom, *op. cit.*, p. 12
[15] Tabi Manga (1989 : 11).

Au lieu de cela, les Africains ont préféré s'aliéner, se laisser conduire comme des irresponsables et renoncer par ce fait à leur propre dignité. La conséquence en est que, dans l'espace francophone, ils apparaissent comme des marionnettes, des épouvantails livrés à tous les vents.

Du fait de leur naïveté, de l'incapacité de leur intelligentsia à *localiser l'autre*, de leur crédulité légendaire, ils se sont complètement émasculés au sein de la Francophonie, au point de n'avoir rien d'autre à proposer à la construction de cette instance et même du monde global que leur flexibilité, c'est-à-dire, en définitive, leur soumission aux injonctions venues d'ailleurs.

À l'opposé de cette thèse se trouve celle des professeurs Gervais Mendo Zé et Jean Tabi Manga. Le premier, Gervais Mendo Zé, commence son plaidoyer en disant ce que la Francophonie n'est pas. D'après lui,

La Francophonie n'est pas une misanthrophonie, encore moins une alterphobie. L'auteur entend par là que celle-ci n'est pas *un mouvement dirigé contre les autres personnes qui ne parlent pas français ou qui sont en dehors de son espace.* Pour lui, *La Francophonie n'est pas non plus une néo-colon-phonie, c'est-à-dire la chanson de retour à l'instinct colonial.* L'auteur reconnaît qu'il existe, entre l'Afrique et l'Europe, des relations quelquefois passionnelles dans les diverses interprétations sociale, historique et politique de la présence occidentale. Il reconnait aussi l'existence des relations quelquefois entachées d'incompréhension dans les productions littéraires africaine et européenne révélatrices des courants de pensée ayant prévalu depuis une centaine d'années et des problèmes de société posés par la civilisation africaine.

Il continue son propos en affirmant que si Paris est le point focal de l'activité francophone, la Francophonie n'est pas, comme pourraient penser certains, la volonté affichée de reconstituer l'empire colonial. Elle ne *semble pas résolument préoccupée par des vues hégémoniques, mais par la coopération et l'assistance bilatérale avec les autres pays partiellement ou entièrement de langue française*[16].

La Francophonie est donc, selon lui, *un fait linguistique ; une communauté volontaire d'hommes et de destins ; des milieux professionnels et associatifs ; un espace économique ; un dialogue de cultures ; un contact de langues et de valeurs ; des enjeux de civilisation*[17]. S'agissant de la langue française, l'auteur ajoute ce qui suit :

> *Nous soulignons encore une fois que le français est apte à traduire le dialogue des cultures et à servir de langue de communication dans l'univers de la Francophonie. C'est notre devoir à tous de le promouvoir et de le considérer comme notre langue. Nous devons œuvrer à son enrichissement et contribuer à sa maîtrise et à son*

[16] Mendo Zé (1999 : 23).

[17] *Ibid.*, p. 24.

expansion. La langue ne doit pas être un obstacle mais plutôt un instrument de médiation culturelle et politique. Pour les Africains, soutient-il, *la langue française doit être considérée non pas comme un prolongement de l'Empire colonial, mais comme une langue qui, aujourd'hui, a pris corps dans nos vies, et qui peut exprimer notre identité culturelle et permettre de cerner ce que nous partageons avec tous les autres francophones*[18].

Les Africains doivent donc se sentir concernés par l'évolution de la langue française sans nier leur identité. Ils doivent chercher à affirmer cette dernière et à s'exprimer en puisant dans les ressources multiples d'un trésor linguistique qu'ils partagent avec plusieurs peuples dans le monde. Ils doivent se préoccuper des conditions de l'apprentissage et de la nécessité de la maîtrise des bons usages du français :

Il n'y a aucune honte, dit-il, *ni le moindre complexe à apprendre les bonnes lettres françaises. Tout comme il n'y a aucune honte à apprendre à posséder le français, parce que le concept de Francophonie se veut dans l'unicité réelle, dans l'efficacité, convivial dans l'adversité, vital dans le progrès de l'homme, eu égard à ses droits comme à ses devoirs*[19].

Le second (Jean Tabi Manga) est du même avis que lui quand il présente la Francophonie comme un espace de codéveloppement, un espace de dialogue et de solidarité permettant aux pays africains notamment de sortir de l'isolement politique et de la dictature économique imposée par la mondialisation.

Pour lui, la Francophonie est un excellent pont de solidarité entre le Nord et le Sud francophones. Elle est, dit-il, *le pont de la dernière chance grâce auquel doit pouvoir se réaliser une synergie pour le codéveloppement et le partenariat*[20]. Ce pont, à son sens, doit être construit sur des fondations solides et indestructibles.

L'Afrique, continue-t-il, a besoin de s'ouvrir au monde. Elle aurait tort de se replier sur elle-même de façon narcissique, par amour-propre. La Francophonie lui permet à cet effet, par le biais de la langue française, de communiquer avec le monde et de vendre sa culture. L'auteur exprime sa foi en l'humanisme de la Francophonie en ces termes : *Je reste persuadé que quiconque, dans la Communauté francophone, décide à s'enfermer dans sa culture à travers sa langue, s'enferme et s'enfonce irrémédiablement dans sa misère et sa mort spirituelle*[21].

---

[18] *Ibid.*, p. 27.
[19] *Idem.*
[20] Tabi Manga, *op. cit.*, p. 69.
[21] *Ibid.*, p. 70.

L'humanisme francophone, soutient-il, est un *humanisme de la différence* ; *cet humanisme consiste à s'ouvrir à l'Autre par le dialogue, l'accueil à la différence pour appréhender solidairement l'avenir et relever les défis*[22].

Cette disposition à l'accueil, à la solidarité, au respect de la différence et cette synergie agissante de l'humanisme francophone constituent les moteurs du codéveloppement. Le codéveloppement dont il est ici question s'appuie concrètement sur un partenariat technologique et industriel, un partenariat énergétique, un partenariat éducatif et scientifique, et enfin sur un partenariat culturel.

Sur le plan éducatif et scientifique, il consisterait en des actions concertées de formation, de partage d'informations, de constitution de banques de données scientifiques et techniques. Il pourrait se prolonger par le décloisonnement des écoles, des universités, des laboratoires, des chercheurs, par la création d'un réseau scientifique francophone.

Sur le plan technologique et industriel, il pourrait aider à pallier la faiblesse du tissu industriel de la Francophonie du Sud. On pourrait ainsi envisager la possibilité de délocaliser certaines industries du Nord vers le Sud afin de créer des emplois, réduire les coûts de production et permettre aux pays du Sud d'acquérir une culture de l'entreprise.

Tout cela, de l'avis de l'essayiste, ne sera possible que si les différents partenaires de l'espace francophone acceptent de jouer franc jeu, que si la Francophonie du Nord ne cède pas à la tentation du néocolonialisme. Autrement, conclut-il, *le co-développement pourrait être finalement, un trompe-l'œil qui devrait permettre au Nord industriel de garantir ses marchés traditionnels dans le Sud et d'y écouler ses coûteux produits manufacturés*[23].

À tout prendre, ces deux thèses nous montrent l'ampleur du débat qui a cours au sein de la Francophonie. Les adversaires et les défenseurs de cette instance ne manquent pas d'arguments. Nous pouvons cependant les réconcilier en affirmant que la Francophonie, comme toutes les organisations internationales, n'est, en elle-même, ni une mauvaise, ni une bonne chose. L'Organisation des Nations Unies (Onu) a bel et bien été créée par les vainqueurs de la Deuxième guerre mondiale, mais elle n'est pas moins aujourd'hui au service de toute la communauté internationale. Il en est de même de la Francophonie. Elle a beau être inspirée par la France, mais rien n'empêche qu'elle devient, du fait du dynamisme interne de ses membres et des mutations de l'histoire, un instrument d'épanouissement mutuel.

La Francophonie est, comme tous les espaces de pouvoir, tous les leviers de stratégie politique, un instrument qu'il faut savoir manipuler. Autant dire qu'elle bénéficiera au plus habile et qu'elle ruinera le plus naïf. Le

---

[22] *Ibid.*, p. 17.
[23] *Ibid.*, p. 42.

Cameroun n'y aura donc que le sort qu'il mérite, que le destin qu'il voudra bien s'y forger.

Peut-on en effet reprocher à la France, qui est si consciente de ses intérêts et de la fragilité de sa position dans le nouvel échiquier politique mondial, de s'en servir pour faire face au monde anglophone, d'y prendre appui pour conforter sa position en Europe, de l'actionner pour résister à la mondialisation, de l'agiter pour conforter ses parts de marché ou de l'exhiber comme une réserve militaire susceptible de la soutenir en cas de coup dur ? Cela n'est que du réalisme politique.

Qu'est-ce qui empêcherait, en revanche, le Cameroun et les pays de la Francophonie du Sud d'incurver la ligne politique de la Francophonie et d'en faire, non plus un instrument d'aliénation, mais plutôt un instrument de libération et d'épanouissement ?

Quand on se représente que, dans le grand espace francophone, dans la Francophonie des cinq continents, la population française n'occupe que le quart des effectifs, on se demande comment ce pays peut, à lui tout seul, régenter cette instance. Autant dire que si les pays francophones revendiquaient et exigeaient plus de démocratie dans l'espace francophone, cette démocratie qui est présentée comme l'une des valeurs défendues par l'humanisme francophone, la France se trouverait bien noyée dans les troupes. La configuration de l'espace francophone ainsi que l'ampleur que prend de plus en plus la Francophonie du Sud montrent bien que l'avantage historique pris par la France, au moment des conquêtes coloniales, est en train de s'anéantir progressivement du fait de la poussée de ce qu'il est encore convenu d'appeler la périphérie. En prenant conscience de ce pouvoir réel, la Francophonie du Sud, en accord avec le Canada et la Belgique, pourra obtenir qu'au sein de l'espace francophone il n'y ait plus un centre qui impulse et une périphérie qui exécute.

Le Cameroun, plus particulièrement, du fait des influences qu'il a subies de la germanophonie et de l'anglophonie peut largement contribuer à réformer l'espace francophone. Il pourrait en effet l'enrichir du dynamisme de l'anglophonie, si respectueux de la différence, si élégant sur le plan moral. C'est l'esprit *gentle*. De même, il pourrait la féconder de l'esprit allemand, si respectueux du travail, si téméraire ; un esprit fondé sur l'amour-propre, la volonté de conquête et de puissance.

Si l'on ajoute à cela les valeurs proprement camerounaises, qui sont des valeurs de fierté, de solidarité et de partage, on peut affirmer que le Cameroun, et par ricochet l'Afrique, peut contribuer à construire une Francophonie de la différence où les peuples se respectent et s'enrichissent mutuellement.

Cela veut dire que, pour nous, le problème le plus important n'est pas de savoir si le Cameroun doit ou non rester francophone ; il est plutôt de savoir comment être francophone ? Francophone, le Cameroun l'est déjà, de par son histoire. La Francophonie réelle, qui est à distinguer de la Francophonie officielle, est déjà inscrite dans son histoire. Sauf à gommer cette histoire, il appairait irrémédiablement que la langue française fait déjà partie de la personnalité camerounaise, du moins pour tous ceux qui, dès la maternelle, ont été éduqués en français.

Qu'y a-t-il à renier son passé, fût-il colonial ? Tous les pays du monde, à quelques exceptions près, ont connu la colonisation. L'Amérique, première puissance du monde, a bien connu la colonisation, pour ne pas dire des colonisations. Son mérite, c'est de n'avoir pas considéré la colonisation comme une fatalité historique. C'est plutôt de s'en être inspiré pour bâtir la grande civilisation qui s'impose aujourd'hui au monde entier, y compris à ses anciens colonisateurs.

Cela veut dire que l'Afrique doit assumer son passé colonial et comprendre qu'elle peut coopérer avec la France sans complexe, tout comme l'Amérique coopère avec l'Angleterre, et la France avec Rome. Elle doit sortir du *complexe de colonisé*, attitude qui consiste à justifier tous ses malheurs, tous ses errements par la colonisation, à ne pas pouvoir envisager de rapports sains avec l'ancienne puissance coloniale, à ne pas pouvoir lui opposer son point de vue, ses propres intérêts.

Le Canada et la Belgique ont bien été colonisés par la France. Mais a-t-on l'impression qu'ils subissent la Francophonie autant que l'Afrique ? Là est la preuve qu'ils sont guéris du complexe de colonisés et qu'ils ont fait de la Francophonie non pas un instrument d'aliénation, mais un puissant levier d'action et de positionnement dans l'échiquier international.

Au lieu donc de faire marche arrière, de chercher à quitter le bateau, il vaut mieux se battre, comme le Canada et la Belgique, pour en prendre les commandes ou tout au moins pour en contrôler le mouvement dans l'optique de la sauvegarde de l'exception culturelle dont la Francophonie est le porte-étendard et de ce principe d'unité dans la diversité qui permet de faire barrage à la mondialisation.

Bibliographie

Biya, Paul, *Pour le libéralisme communautaire*, Paris, P.-M. Favre, 1987.

Bruckner, Pascal, *Le Sanglot de l'Homme-Blanc : Tiers-monde, culpabilité et haine de soi*, Paris, Éditions du Seuil, « l'histoire immédiate », 1983.

Césaire, Aimé, *Une Tempête*, Paris, Éditions du Seuil, 1969.

États généraux de la francophonie scientifique, Montréal, Éditions Aupelf-Uref, 1995.

Etoga, Eily Florent, *Sur les chemins du développement, Histoire des faits économiques du Cameroun*, Yaoundé, Cepmae, 1971.

Godwe, Alain, Nkoum-Me-Ntseny, Louis Marie M. et Ngue, William, *Le Cameroun dans les relations internationales*, Yaoundé, Aes Éditions, 2006.

Ki-Zerbo, Joseph, *Histoire de l'Afrique*, Paris, Hatier, 1972.

Kom, Ambroise, *La Malédiction francophone : défis culturels et condition post-coloniale en Afrique*, Hambourg, Lit/Clé, 2000.

Levine, Victor T., *Le Cameroun : du mandat à l'indépendance*, Paris, Présence africaine, 1984.

Lugan, Bernard, *Cette Afrique qui était allemande*, Paris, Jean Picollec, 1990.

Mannoni, Octave, *Prospéro et Calihan, Psychologie de la colonisation*, Paris, Éditions universitaires, « Les enjeux de l'inconscient », 1984.

Mendo Zé, Gervais, *Le Français, langue africaine : enjeux et atouts pour la Francophonie*, Paris, Publisud, 1999.

Mongo Beti, « Les langues africaines et le néo-colonialisme en Afrique francophone », in *Peuples noirs-peuples africains*, n° 29, 1982, pp. 107-126.

Mongo Beti, *La France contre l'Afrique*, Paris, La découverte, 1993.

Moreau, Defarges, Philippe, *Les Relations internationales dans le monde d'aujourd'hui : conflits et interdépendances*, Paris, Sth, 1987.

Mouelle Kombi, Narcisse, *La Politique étrangère du Cameroun*, Paris, L'Harmattan, 1996.

Mveng, Engelbert, *Histoire du Cameroun*, Yaoundé, Ceper, 1985.

Ndam Njoya, Adamou, *Le Cameroun dans les relations internationales*, Paris, Lgdj, 1976.

Omgba, Richard Laurent, *La littérature anticoloniste en France de 1914 à 1960 : formes d'expression et fondements théoriques*, Paris, L'Harmattan, 2004.

Oyono, Dieudonné, *Avec ou sans la France ? La politique africaine du Cameroun*, Paris, L'Harmattan, 1990.

Rudin, Harry R., "Germans in Cameroun 1884-1914: A case study", in *modern imperialism*, New York, Greenwood Press, 1968.

Suissa, Charles, *Le livre d'or de Paul Biya*, Paris, CS Contacts, 2004.

Tabi Manga, Jean, *Francophonie et co-développement*, Paris, Conseil international de la langue française, 1989.

Zang Zang, Paul, « Évolution de l'attitude des locuteurs vis-à-vis du français », in *Écritures VII : Europe-Afrique le regard de l'autre*, Yaoundé, Éditions Clé, 1997, pp. 13-27.

Zang Zang, Paul, Linguistique et émergence des nations, Essai d'aménagement d'un cadre théorique, thèse de Doctorat d'État, Université de Yaoundé I, 2006.

Le temps de l'Afrique : approche littéraire d'une utopie[1]

Introduction

À la littérature afropessimiste qui a fait fortune en Occident de la seconde moitié du XIXe siècle à la fin du XXe siècle se substitue, de nos jours, une contre-littérature qui amène à redécouvrir le monde africain et à prédire son réveil. Cette vague nouvelle, qui trouve sa meilleure expression dans l'excellent roman du Djiboutien Abdourahman Waberi intitulé *Aux États-Unis d'Afrique*[2], fait écho aux discours prophétiques des hommes politiques, des économistes et des hommes d'église de notre temps. Dans l'ensemble, elle donne à croire que le temps de l'Afrique est venu et que, dans le cycle des civilisations, ce continent est appelé à jouer un rôle de premier plan dans le nouveau monde en construction.

I. Aux origines : une image dysphorique de l'Afrique

Pour comprendre la portée de la révolution des mentalités qui s'effectue sous nos yeux et qui nous vaut aujourd'hui un regard nouveau et bienfaisant sur l'Afrique, il faudrait savoir d'où l'on vient. L'histoire littéraire est en effet riche, depuis l'antiquité gréco-romaine, de récits sur l'Afrique et sur ses peuplades. Ces récits se nourrissent dans l'ensemble aux sources de la mythologie judéo-chrétienne et des fantasmes de quelques écrivains à l'imagination particulièrement fertile. Si l'on doit reconnaitre que la représentation de ce continent était bien souvent dualiste et nuancée chez les écrivains de l'antiquité, il faut bien avouer qu'elle a cessé de l'être à l'époque des conquêtes coloniales. En effet, comme l'affirme Simplice Ambiana, l'antiquité gréco-romaine représente *une Afrique de monstruosités et de splendeurs naturelles, une Afrique pleine de plantes et d'animaux fantastiques, capables de susciter et de nourrir un rêve plus ou moins exacerbé du tourisme sexuel*[3].

---

[1] Texte publié dans l'ouvrage de Richard Laurent Omgba et Désiré Atangana Kouna intitulé : *Utopies littéraires et création d'un monde nouveau*, Paris, L'Harmattan, 2012.

[2] Waberi, Abdourahman A. *Aux États-Unis d'Afrique*, Paris, Jean-Claude Lattès, « *Babel* », 2006.

[3] Ambiana, Simplice, *De l'Afrique noire dans la lyrique française du XVIIe siècle*, Yaoundé, Presses universitaires d'Afrique, 2004, p. II.

Cette imagologie, selon François Guiyoba, s'abreuvait *à la source du merveilleux féerique et monstrueux, merveilleux qu'entretient l'état de la cartographie qui n'incite pas, à proprement parler, à partir*[4].

On peut donc ne pas être surpris, dans ce contexte, par les invraisemblances des récits de cette époque et par le mystère entretenu autour de ce continent que très peu d'écrivains parvenaient à situer avec exactitude sur une carte. *L'Afrique des Grecs et des Romains* [comme le confie une fois de plus Simplice Ambiana], *partant, l'Afrique de Ptolémée, se confine jusqu'au bassin méditerranéen. À leurs yeux, un océan mystérieux s'étend au-delà des colonnes d'Hercule, en dehors des régions africaines qui bordent la méditerranée, de la Mauritanie en Egypte en passant par Carthage, le reste du continent est peuplé de Nubiens, de Libyens, de Négrites, de Garamantes, de Gétules, des Éthiopiens... et est limité dans sa partie sud par une colonne de feu infranchissable*[5].

À cet imaginaire débridé s'ajoute une mythologie peu favorable au continent. Ainsi, les Nègres, les principaux habitants de l'Afrique, seraient des descendants de Cham, second fils de Noé, maudit par ce dernier pour lui avoir manqué de respect alors qu'il se trouvait ivre. La littérature trouve ainsi dans ce motif mythique une source propice à tous les fantasmes ; d'où une représentation dysphorique de l'Afrique et des Africains.

Malgré ce lourd héritage culturel, on peut encore surprendre, chez quelques écrivains gréco-romains, des récits enthousiasmants sur le monde africain du fait d'une intuition éclairante et d'une imagination féconde qui comble les lacunes du savoir. Leur inspiration a pu sécréter *des légendes où se mêlent l'étrange, l'horrible et pourquoi pas l'exotique et le merveilleux*[6].

La tendance au dualisme, dans la représentation de l'Afrique, a traversé le Moyen Âge européen et s'est perpétuée jusqu'au terme du siècle classique dont les pratiques littéraires, comme on le sait, sont restées très proches de celles de l'Antiquité ; l'imitation des Anciens étant inscrite au cœur du classicisme. Visiblement, elle a considérablement disparu au siècle des Lumières pour faire place à une représentation très poétique de l'Afrique et même de l'ailleurs d'une manière générale. Cette représentation, qui s'accentuera à l'époque romantique avec l'éclosion de la littérature exotique, aura permis l'émergence de mythes nouveaux comme celui du bon sauvage, où le huron, ou tout simplement le Nègre, est présenté en exemple au soi-disant civilisé européen.

Dès le début des conquêtes coloniales qu'on situe dans la seconde moitié du XIXe siècle, on observe un assombrissement de ce tableau et le revirement de l'imagologie africaine dans le registre de l'apocalypse. Les

---

4 Guiyoba, François, *Regards sur Cham : essai d'imagologie africaine dans les relations de voyage (1899-1936),* Thèse de Doctorat de littérature générale et comparée, Nantes, 1993, p. 86.

5 Ambiana, Simplice, *op. cit.*, pp. 5-6.

6 *Ibid.*, p. 6.

titres des œuvres ne laissent guère trompeur : *Au Soleil* (Maupassant), *Terres de soleil et de sommeil* (Psichari), *Sous le zéro équatorial* (Briault), *Cœur des ténèbres* (Conrad) *Le Jugement des ténèbres* (Demaison), *L'Afrique fantôme* (Leiris), *Voyage au bout de la nuit* (Céline), *Les Blancs jouent et gagnent* (Chaumel).

Le plus curieux est que cette vague afropessimiste gagne les auteurs africains eux-mêmes et leur inspire des œuvres tout aussi dysphoriques, d'où des titres comme : *Les Damnés de la terre*[7] (Fanon), *Le Cercle des tropiques* (Fantouré), *Le Devoir de violence* (Ouologuem), *Le Monde s'effondre* (Achebe), *L'intérieur de la nuit* (Miano) etc.

En dehors de quelques titres dont la tournure ironique est indéniable, la majeure partie de cette production véhicule l'image d'une Afrique maudite, grillée au Nord par le soleil et étouffée au Sud par l'immense forêt. C'est une terre abandonnée des dieux. Comme le dit François de Négroni, c'est une *terra incognita, fermée à la marche de l'histoire et oubliée par la révolution chrétienne*[8]. L'homme qui y vit, l'Africain, représente *l'homme dans son immédiateté [...] c'est un homme à l'état brut*[9], encore dominé par ses passions. Cet homme trouve sa meilleure représentation dans un texte de Gobineau :

> *La variété mélanienne (le Noir) est la plus humble et gît au bas de l'échelle. Le caractère d'animalité empreint dans la forme de son bassin lui impose sa destinée, dès l'instant de sa conception. Elle ne sortira jamais du cercle intellectuel le plus restreint. Ce n'est cependant pas une brute pure et simple que ce nègre au front étroit et fuyant, qui porte dans la partie moyenne de son crâne, les indices de certaines énergies grossièrement puissantes. Ses facultés pensantes sont médiocres ou même nulles, il possède dans le désir et par suite de la volonté, une intensité souvent terrible*[10].

Avec une telle composante humaine, on comprend pourquoi l'Afrique, aux yeux de certains, était condamnée à rester dans la raque de l'histoire comme le dit Césaire. Si cela n'était qu'une affabulation littéraire ou la conséquence des errements d'un philosophe égaré, on se consolerait à l'idée que la réalité pourrait être tout autre. Mais quand une telle position est reprise par les gouvernants de ce monde et par des institutions politiques

---

[7] Frantz Fanon n'est peut-être pas africain, mais il est Nègre et a épousé le combat africain, particulièrement celui de l'Algérie jusqu'au sacrifice suprême. Il n'est donc pas curieux de le citer ici.

[8] Négroni, François de, *Afrique fantasmes*, Paris, Plon, 1992, p. 18.

[9] Hegel, cité par Bidja Ava Rachel, « Hégélianisme et africanitude : controverse autour des thèses hégéliennes sur l'Afrique », in *Écriture VII : Le Regard de l'autre, Afrique-Europe au XXe siècle,* Yaoundé, Clé, 1997, p. 115.

[10] Gobineau, cité par Hoffmann, Léon-François, *Le Nègre romantique : personnage littéraire et obsession, collective*, Paris, Payot, 1973, p. 181.

dont la notoriété n'est plus à démontrer, on réalise que la marginalisation de l'Afrique est effective. De ce point de vue, le discours du Président de la République française, Nicolas Sarkozy, au Sénégal, est tout à fait ahurissant. L'interprétation que cet homme d'État fait de l'histoire africaine et de la psychologie des Africains, en plein vingt et unième siècle, ne manque pas d'étonner. Il affirme en effet que :

> *Le drame de l'Afrique, c'est que l'homme africain n'est pas assez entré dans l'histoire. Le paysan africain, qui, depuis des millénaires, vit avec les saisons, dont l'idéal de vie est d'être en harmonie avec la nature, ne connaît que l'éternel recommencement du temps rythmé par la répétition sans fin des mêmes gestes et des mêmes paroles. Dans cet imaginaire où tout recommence toujours, il n'y a de place ni pour l'aventure humaine, ni pour l'idée du progrès. Dans cet univers où la nature commande tout, l'homme échappe à l'angoisse de l'histoire qui tenaille l'homme moderne mais l'homme reste immobile au milieu d'un ordre immuable où tout semble écrit d'avance. Jamais l'homme ne s'élance vers l'avenir. Jamais il ne lui vient à l'idée de sortir de la répétition pour s'inventer un destin*[11].

Nicolas Sarkozy reprend ici les thèses de l'immobilisme de l'Afrique, du primitivisme de ses populations et de leur manque d'influence sur la marche de l'histoire. En cela, il s'inscrit tout naturellement dans une forme de pensée qui consiste à dire que l'Afrique vit en marge du monde. Samuel Huntington la défendait déjà dans un livre publié, en 1996, et devenu un classique après les attentats du 11 septembre 2001 et dont le titre est *Le Choc des civilisations.* À force d'arguments, Huntington affirme qu'il n'existe pas de civilisation africaine :

> *A l'exception de Fernand Braudel (*soutient-il*) la plupart des grands spécialistes des civilisations ne reconnaissent pas la spécificité de la civilisation africaine. Le Nord du continent africain et sa côte orientale relèvent de la civilisation musulmane. Historiquement, l'Éthiopie formait une civilisation à part. Ailleurs, l'impérialisme et les peuplements européens ont apporté des éléments de la civilisation occidentale. En Afrique du Sud, les pionniers hollandais, français et anglais ont créé une culture européenne composite. L'impérialisme européen a par ailleurs implanté le christianisme dans la majeure partie du continent située au sud du Sahara*[12].

Les seules civilisations qui existent dans le monde moderne, d'après Huntington, sont les civilisations chinoise, japonaise, indienne, islamique et occidentale. À ces civilisations, on pourrait, à son sens, ajouter une sixième,

---

[11] Discours prononcé par Nicolas Sarkozy, le 26 juillet 2007, à l'Université de Dakar.
[12] Huntington Samuel, *Le Choc des civilisations,* Paris, Odile Jacob, 2007, p. 45.

celle de l'Amérique latine. L'Afrique, dit-il, aurait pu se revendiquer des civilisations égyptienne et éthiopienne, mais ces civilisations sont à nos jours mortes et ne comptent nullement dans la nouvelle politique globale du monde contemporain.

Face à des positions aussi tranchées et inscrites dans une longue tradition de pensée, il devient visiblement difficile de soutenir la thèse du réveil de l'Afrique. Une telle thèse semble relever du mirage et s'inscrire, à proprement parler, dans le registre de l'utopie. Pourtant, cette utopie prospère de plus en plus, quittant progressivement les sphères éthérées de la littérature pour s'inscrire dans les discours des hommes politiques, des leaders d'opinion et des grandes instances d'analyse économique et stratégique.

II. Le rêve africain : une contre-littérature en émergence

À quand faut-il situer le début de la littérature sur le réveil de l'Afrique ? Certainement à la Négro-renaissance de Harlem avec des poètes comme Langston Hughes, Countee Cullen, Claude Mac Kay. C'est d'eux qu'est venue une poésie revalorisant la race noire et magnifiant l'Afrique. La terre d'origine, la terre perdue, était d'autant plus magnifiée et mythifiée qu'elle était lointaine. Elle devenait l'objet de tous les rêves, de tous les espoirs et de tous les désirs. Cette poésie, qu'on situe autour des années 1920, a fait date et inspiré fortement les pères de la négritude.

Faut-il être surpris que ce soit de l'Amérique que nait une littérature célébrant l'Afrique et le Noir ? Non, parce que, contrairement à l'Europe, l'Amérique ne s'est pas lancée dans la conquête coloniale. Elle pouvait garder vis-à-vis de l'Afrique un regard moins agressif que celui des conquérants européens. Bien plus, l'Amérique disposait d'une diaspora noire suffisamment forte et évoluée qui ne pouvait éviter de rêver du paradis perdu, de l'innocence du monde de l'enfance.

Et puis est arrivé Césaire qui, dans *Le Cahier d'un retour au pays natal*, annoncera la grande révolution nègre dont l'épicentre sera l'Afrique. Césaire s'en prend au monde blanc dont il dénonce les mensonges. De façon prophétique, il annonce l'écroulement de la grande civilisation occidentale. On peut le lire dans ces vers :

Écoutez le monde blanc
horriblement las de son effort immense
ses articulations rebelles craquer sous les étoiles dures
ses raideurs d'acier bleu transperçant la chair mystique
écoute ses victoires prodigieuses trompeter ses défaites
écoute aux alibis grandioses son piètre trébuchement

pitié pour nous vainqueurs omniscients et naïfs[13].

L'écroulement de l'Occident a pour pendant, le réveil de l'Afrique, le triomphe de

ceux qui n'ont inventé ni la poudre ni la boussole
Ceux qui n'ont jamais su dompter la vapeur ni l'électricité
Ceux qui n'ont exploré ni les mers ni le ciel
mais ceux sans qui la terre ne serait pas la terre[14]

Ce dernier vers semble être le motif principal sur lequel va se construire la thématique de la revanche de l'Afrique sur l'histoire. Le discours des afro-optimistes consistera en effet à démontrer que l'Afrique représente la chance de survie d'une humanité menacée par la civilisation matérielle.

Le temps de l'Afrique se manifestera donc quand commenceront les désillusions de la grande civilisation occidentale, quand le monde éprouvera l'envie de revenir aux valeurs premières qu'il n'aurait jamais dû perdre, quand il retrouvera le paradis perdu.

Le paradis perdu est symbolisé, au plan littéraire, par l'Atlantide, le continent que l'on disait englouti par les eaux, mais que Pierre Benoît retrouve en Afrique[15], précisément dans le désert nord-africain. Vers cette *mer de sable* ayant échappé à la furie des eaux convergent tous les grands esprits du monde. Tous viennent se soumettre au charme et au savoir d'Antinéa, la princesse du Hoggar, qui se fait aimer et laisse mourir de langueur tous ses amants.

La mystérieuse princesse du Hoggar compte à son service des Blancs de nombreuses nationalités, elle dispose d'une collection prodigieuse des trésors de l'humanité et entretient l'une des bibliothèques les plus riches au monde. On ne peut parvenir à elle que sous la conduite de son *targui*, Cegheïr-ben-cheick. Pour les critiques, l'Atlantide de Pierre Benoît représente une Afrique qui mérite d'être redécouverte et qui a su préserver ses richesses. L'Europe est invitée à s'y ressourcer et à s'y inspirer si elle veut se donner une chance de survie.

---

[13] Césaire, Aimé, *Cahier d'un retour au pays natal,* Paris, Présence africaine, 1983, (le texte est écrit en 1939) p. 48.

[14] *Ibid*, p. 46.

[15] Monsieur le Mesge, l'un des savants au service d'Antinéa, explique que l'île prodigieuse, l'Atlantide, n'avait pas sombré comme le pensent certains : « *Il n'y a pas eu immersion. Il y a eu émersion. Des terres nouvelles ont émergé du flot atlantique. Le désert a remplacé la mer. Les sebkhas, les salines, les lacs Trions, les sablonneuses syrtes sont les vestiges désolés des flots mouvants sur lesquels cinglèrent jadis les flottes partant à la conquête de l'Attique [...] Aujourd'hui, de la belle île que la mer et les vents faisaient orgueilleuse et verdoyante il ne reste qu'un massif calciné. Seule a subsisté, dans cette cuvette rocheuse isolée à jamais du monde vivant l'oasis merveilleuse que vous avez à vos pieds, ces fruits rouges, cette cascade, ce lac bleu, témoignages sacrés de l'âge d'or disparu* ». Le Message fait ainsi la leçon au capitaine Morhange, venu à la découverte de l'Atlantide. Pierre Benoît, *L'Atlantide,* Paris, Alain Michel, 1920, p. 48.

Inversement à cette image qui présente une Afrique adamique, ayant conservé les charmes des premiers temps de l'humanité et susceptible d'assurer le ressourcement de l'humanité, Abdourahman Waberi nous fait miroiter le charme d'un continent à la pointe du développement. L'Afrique, dans son roman intitulé *Aux États-Unis d'Afrique*, est représentée comme un pays de cocagne, organisé en une florissante fédération d'États. Cette Afrique-là constitue un modèle pour toute l'humanité, ravagée par la maladie, la famine, les guerres et l'enténèbrement des consciences. Des milliers d'émigrants venus d'Euramérique risquent leur vie pour gagner cet El dorado. Le narrateur en parle en ces termes :

> *Aujourd'hui, plus qu'hier encore, nos terres d'Afrique attirent toutes sortes de gens accablés par la pauvreté. Catins aux pieds poudrés par la poussière de l'exode, opposants à la conscience saccagée, enfances galeuses et pulmonaires, vieillesses osseuses et rabougries. Des gens jetés sur les chemins d'ordalie, le long de la pierraille de l'errance. Des gens confrontés à leur crasse personnelle, fêlés de l'intérieur, une couronne d'ortie à la place du cerveau*[16].

Pour le narrateur, il en est ainsi : *Depuis que l'empereur Kankan Moussa, souverain de l'antique empire du Mali, l'un des plus prestigieux de notre Fédération, a effectué en 1324 un pèlerinage à la Mecque en répandant de l'or le long de son chemin*[17].

Depuis ce temps, dit le narrateur, *tout le malheur du monde a les yeux tournés vers notre félicité*. C'est en raison de cela qu'il recommande à nos dirigeants d'être aussi discrets que Nelson Mandela, le Président actuel des États-Unis d'Afrique ou son vice-président, Areski Babel, qui ne portent que des chemises chatoyantes dessinées par le couturier Pathé Ndiaye.

Au cœur des États-Unis d'Afrique se trouve l'État d'Érythrée, qui entretient de solides relations avec ses voisins, à l'instar du royaume hamitique du Tchad, riche en pétrole, de l'ex-sultanat de Djibouti, qui brasse des millions de Guinéens et surfe sur son boom gazier ou l'archipel de Madagascar, berceau de la conquête spatiale et du tourisme pour les enfants de la nouvelle finance.

Cette fédération compte des places aussi prestigieuses et symboliques que la *rue Desmond Tutu,* la place Lumumba, le pont de la reine Pokou, l'avenue Ray-Charles, la rue Habib Bourguiba, la place Abebe Bikila, le camp Abd-el-Kader, la rue Ben Barka, la rue Samory Touré, la rue Tousssaint Louverture, le Steve Biko Centro, le boulevard Fela Anikulapo Kuti.

On y retrouve des infrastructures et des institutions aussi prestigieuses que l'Aéroport Léopold Sédar Senghor d'Asmara, la Panafrican Airlines,

---

[16] Abdourahahman A. Waberi, *Aux Etats-Unis d'Afrique,* Pairs, Jean-Claude Lattès, 2006, pp. 28-29.

[17] *Ibid*, p. 30.

l'École élémentaire Ahmadou Kourouma, la Kenyatta school of Eeuropean and American Studies, l'Université Langston Hughes de Harar, l'Hôpital Alioune Diop, le Musée anthropologique d'Addis-Abeba, le Musée d'Art africain de Maputo au Mozambique, l'Institut neurologique Frantz Fanon de Blida, la librairie de Brazzaville, le Mémorial Édouard Glissant, la Banque de Carthage, le Musée Mongo-Beti de Massawa, l'orchestre Martin Luther King de Mogadiscio.

Cette Afrique, riche d'histoire et pourvoyeuse de bien-être, est opposée à une Europe encore appelée *Absurdistan*[18]. Maya, la jeune héroïne du roman, découvre le gouffre qui existe entre les deux mondes quand elle quitte l'Afrique où elle a été élevée et éduquée depuis son enfance par son père adoptif, le Docteur papa, pour aller à la recherche de sa mère en France. Elle décrit Paris comme une ville cauchemardesque : *Géographie mouvante, mal assurée sur ses rails. Quartiers barricadés, faubourgs fantomatiques, ultime royaume de neige mêlée à la gadoue. Rouille et béton. Est-ce l'œuvre d'un architecte épris de boisson ?*[19]

Au-delà de l'aspect géographique, l'aspect humain n'est guère reluisant. La France est présentée par la jeune fille désenchantée comme *un pays moisi sur pied qui sent l'urine et le manque*. On y voit *la misère, la peur et l'ennui se haussant du col*[20].

C'est alors qu'elle se rappelle les leçons de cosmogonie et d'histoire de son tuteur, le Docteur Papa, qui ne cessait de lui dire : *Tu retiendras l'essentiel : l'Afrique était déjà au centre et elle le reste encore. Depuis rien n'a changé ou si peu*[21].

Au bout de son parcours en Europe et devant le spectacle de la misère des Parisiens, il vient à Maya l'envie de dire aux Européens : *Levez-vous et suivez-moi sur les terres d'Afrique bénies par les dieux et par le soleil douze mois sur douze*[22].

Il va sans dire que d'aucuns pourraient trouver cette fantasmation littéraire tout à fait délirante au regard de la réalité quotidienne. L'Afrique présente encore aujourd'hui le spectacle d'un conglomérat d'États jaloux de leur indépendance et incapables d'assurer une vie décente à leur population. Pourtant, il ne faut pas négliger le pouvoir prophétique de l'œuvre littéraire parce que, comme le dit Alfred de Vigny, *le poète est celui qui lit dans les astres la route que montre le doigt du seigneur*[23].

C'est à ce niveau qu'il faut s'interroger sur l'accointance entre cette vision et le discours non moins prophétique des leaders d'opinion du monde actuel et particulièrement du Souverain pontife, le Pape Jean-Paul II. En

---

[18] *Ibid*, p. 46.
[19] *Ibid*, p. 147.
[20] *Ibid*, p. 148.
[21] *Ibid*, p. 54.
[22] *Ibid*, p. 168.
[23] Vigny, Alfred de, *Chatterton*, Paris, Bordas, 1969, p. 109.

1995, alors qu'il effectuait sa seconde visite au Cameroun, le Pape Jean-Paul II avait en effet sonné l'alarme en disant : *L'heure de l'Afrique est venue.* L'Afrique, ajoutait-il, *vit aujourd'hui un moment propice, un jour de salut*[24].

Beaucoup peuvent s'étonner que, plus d'une décennie après cette prophétie, le règne de l'Afrique ne soit pas encore venu, tant l'Afrique se trouve encore marginalisée dans le concert des nations. Penser ainsi, c'est ignorer le long travail du temps et croire que le temps de l'Afrique renvoie à un moment où *militairement et économiquement, ce continent va prendre le dessus sur les autres afin d'assurer sa revanche.* Il n'en est rien. Cette échéance correspond vraisemblablement à une période où les ressources culturelles, spirituelles et morales de l'Afrique seront un repère pour tous les continents[25], où le monde accèdera à un *plus-être et pas uniquement au plus-avoir.*

Bien sûr que tout cela nécessitera un minimum de bien-être matériel et de maitrise de l'environnement économique, social, culturel et politique. De ce point de vue, les spécialistes montrent bien que l'Afrique avance à grands pas. Dans leur livre intitulé justement *Le Temps de l'Afrique*, Jean-Michel Severino et Olivier Ray dévoilent aux yeux du monde les mutations profondes qui s'opèrent en Afrique et qui feront, dans un avenir proche, de ce continent le centre du monde. Les deux essayistes pensent que c'est du fait d'un aveuglement fatal que les Occidentaux ne réalisent pas que le monde change et que l'Afrique est entrée dans une dynamique qui en fera le point de mire du Nouveau, d'où cette interpellation :

> *Savons-nous que les économies africaines connaissent depuis le tournant du XXIe siècle une croissance économique annuelle bien supérieure à celles des États-Unis ou de l'Europe ?*[26]

S'appuyant sur des statistiques et sur des faits économiques, Jean-Michel Severino et Olivier Ray donnent davantage de contenu à leur interpellation et permettent de voir comment le glissement de la position dominante se fait progressivement en faveur d'une Afrique en émergence. Ils affirment à cet effet:

> *Beaucoup l'ignorent : les économies subsahariennes ont progressé à plus de 6 % en moyenne entre 2003 et 2008, contre moins de 5 % pour l'Amérique latine et moins de 2 % pour la zone euro. Cela représente*

[24] Cité par Omgba Richard Laurent, « D'une visite papale à l'autre : ruptures et permanences dans les messages pour l'Afrique de Jean-Paul II et Benoît XVI », in Messina Jean-Paul, *L'Église en Afrique au IIIe millénaire : les enjeux de la visite du pape Benoît XVI au Cameroun*, Yaoundé, Presses de l'Ucac, 2009, p. 127.

[25] *Ibid*, p. 128.

[26] *Ibid.*, p. 128.

plus de 4 points de croissance par habitant et par an. Or, à ce rythme, le niveau de vie moyen double en près de quinze ans[27].

Au-delà des facteurs purement économiques, les deux essayistes pensent que les principaux atouts de l'Afrique résident dans son boom démographique, ses ressources naturelles et environnementales et la disponibilité de ses terres. De leur point de vue, la démographie galopante, que d'aucuns considèrent comme un inconvénient au développement, va s'avérer, dans les prochains jours, comme une force inégalable face au vieillissement de la population occidentale et aux nécessités de production et de consommation des biens.

Il en est de même des ressources naturelles dont la rareté accroit la valeur. Or il apparait que l'Afrique a à peine entamé son potentiel en la matière. Ce continent aura donc intérêt à concevoir une politique conséquente à même de lui profiter.

D'un autre point de vue, les deux essayistes pensent que la nature de l'économie mondiale est en train de changer et que le modèle industriel montre de plus en plus ses limites, d'où l'importance de l'éco-développement qui fera de l'Afrique un monde convoité. Leurs propos sont sans équivoque

> *La crise environnementale globale entraînera une recomposition de la carte des échanges mondiaux. Or l'Afrique est amenée à jouer un rôle important dans ce nouveau modèle de l'économie post-pétrole : la relocalisation d'industries énergivores sur les gisements d'énergie peu chère et peu polluante permettra de réduire les coûts de production tout en faisant considérablement baisser les émissions de gaz à effets de serre*[28].

Or, du fait d'une industrialisation à outrance et d'une urbanisation vertigineuse, l'Occident et l'Asie ont fortement hypothéqué leur patrimoine écologique et sont obligés de se retourner vers l'Afrique, non seulement pour s'approvisionner en ressources naturelles, mais aussi et surtout pour garantir la survie des écosystèmes mondiaux. Cela, disent les essayistes:

> *Confère aux nations africaines une position singulière dont elles ont beaucoup à gagner. Car ce qui est rare est cher. L'Afrique recèle un trésor de ressources naturelles non exploitées, convoité par d'autres en ces temps de rareté. Dans un contexte de tension alimentaire croissante, le continent africain est celui où subsistent les réserves les plus importantes de surfaces agricoles. À une époque où nous découvrons la valeur du patrimoine génétique des espèces vivantes de*

---

[27] Severino, Jean-Michel et Olivier Ray, *Le temps de l'Afrique*, Paris, Odile Jacob, édition de poche, 2011 (1e édition en 2010), p. 8.
[28] *Ibid.*, p. 288.

la planète et prenons peur du rythme de leur extinction, il constitue le premier réservoir de biodiversité. Alors que les puits de carbone se font rares, les forêts équatoriales qu'il héberge forment le deuxième poumon de la planète. Le monde du XXIe siècle sera pris dans un tel étau que ce patrimoine naturel unique au monde conférera aux Africains une rente de premier ordre. Si l'Afrique parvient à préserver et à valoriser ce patrimoine, il constituera l'un de ses plus grands avantages comparatifs dans l'économie du XXIe siècle[29].

On pourrait donc dire que l'Afrique tirera sa force de ce qui a fait sa faiblesse durant la révolution industrielle. Du fait qu'elle ne s'est pas lancée dans une économie polluante et qu'elle n'a pas surexploité ses terres ou dévasté son environnement, elle se trouve convoitée. En cette ère où l'on parle tant de développement durable, elle est récompensée d'avoir préservé son écosystème.

Jean-Michel Severino et Olivier Ray peuvent ainsi aboutir à une conclusion inévitable : l'Afrique a aujourd'hui les moyens de prendre sa revanche sur le reste du monde : *Le temps de l'arrogance est révolu*[30]; de nouveaux équilibres se mettent désormais en place:

> *Continent oublié au XXe siècle, l'Afrique est projetée au XXIe siècle vers une nouvelle centralité, L'Afrique milliardaire n'échappera pas à ce recentrage sur la scène du monde, tout comme l'Afrique millionnaire fut contrainte de se contenter d'un rôle de spectatrice dans les affaires du siècle précédent*[31].

Le plus enthousiasmant dans cette évolution est que *le triomphe de l'Afrique arrive dans un contexte nouveau et obéit à une philosophie nouvelle. Il arrive à l'heure où l'on découvre la finitude de la planète*, où le modèle d'un développement fondé sur l'infini s'effondre :

> *L'Afrique arrive au banquet de la nature à l'heure de la pénurie. Depuis le début de l'ère industrielle, nos sociétés sont entrées dans une phase de décapitalisation accélérée, détruisant en deux siècles un capital naturel constitué au cours de plusieurs millions d'années. En épuisant ses ressources non renouvelables, en menaçant de disparition le trésor génétique de milliers d'espèces, en troublant les grands équilibres climatiques, l'humanité est en train de dresser un formidable piège écologique, dont elle commence à peine à prendre conscience.*

Ce constat conforte la thèse selon laquelle l'émergence de l'Afrique ne s'effectue pas sur le modèle de l'Occident et de l'Asie. Il s'agit d'un modèle

---

[29] *Ibid.*, p. 278.
[30] *Ibid.*, p. 328.
[31] *Ibid.*, p. 319.

alternatif fondé sur le respect de la nature, le respect de l'humanité et la régulation des désordres du monde. C'est en cela que, comme le dit si judicieusement Jean Tabi Manga, le temps de l'Afrique sera aussi le temps du monde[32].

III. Au-delà du rêve : les leçons de l'histoire

La confrontation du discours littéraire avec les prophéties des ecclésiastiques et les analyses des hommes politiques nous amènent très facilement au constat que, depuis que la civilisation matérielle a démontré toute sa barbarie à travers les deux grandes guerres mondiales, les hommes rêvent d'un nouveau monde. Il s'agirait d'un monde d'innocence, de pureté, semblable aux temps premiers de l'humanité. Au plan psychanalytique, c'est le monde de l'enfance, de la saine jouissance des biens de la nature. Un tel monde, pensent-ils, ne peut être retrouvé qu'en Afrique, le continent qui a été le moins corrompu par la civilisation matérielle.

On peut donc comprendre, au plan littéraire, l'émergence depuis 1920 du concept de décivilisation conçu par Charles Renel. Dans son roman intitulé *Le Décivilisé*[33], Renel met en scène un personnage, Adhémar Foliquet, qui quitte la civilisation occidentale pour renaitre culturellement chez les Betsimisarakas de l'ile de Madagascar. Son expérience lui permet de se débarrasser des oripeaux de sa civilisation d'origine pour épouser *la tranquillité d'âme des Betsi, que ne préoccupe en aucune façon le souci de l'au-delà, car ils ne connaissent ni l'angoisse du doute philosophique, ni l'horreur du néant, ni les affres de l'enfer et du purgatoire*[34].

La même thématique est reprise par Jean d'Esme dans un roman intitulé *Épaves australes*[35] et dont l'action se situe une fois de plus dans l'ile de Madagascar. Le personnage principal, Jacques de Clauze, est un jeune homme qui a subi les affres de la première guerre mondiale et qui décide de renaitre culturellement dans un autre monde. Le même type de personnage et de parcours est perceptible dans les romans de Victor Ségalen *Les immémoriaux* et Romain Gary, *Les Racines du ciel.*

Toute cette construction montre que, depuis la fin de la première guerre et surtout de la Deuxième Guerre mondiale, l'Afrique, jusque-là diabolisée et marginalisée, est revenue au centre de l'histoire ; elle est même devenue

---

[32] Tabi Manga Jean, Dans une conférence prononcée le 20 juillet 2011 à l'Institut des relations internationales du Cameroun et intitulée *Le temps de l'Afrique, le temps du monde : ou propos sur l'émergence de l'Afrique.*

[33] Renel, Charles, *Le Décivilisé,* Paris, Flammarion, 1923.

[34] Cité par Evoung, Jean Bernard, *Le processus de décivilisation et de recivilisation dans le roman colonial français du XXe siècle : une lecture de la Rose de sable d'Henry de Montherlant, Les Racines du ciel de Romain Gary et les Immémoriaux de Victor Segalen,* Thèse de Doctorat, Yaoundé, 2009, p. 5.

[35] Esme, Jean d', *Épaves australes,* Paris, L'Harmattan, 2005.

l'objet de tous les fantasmes, de tous les espoirs et de tous les rêves, ainsi que l'illustre fort bien François de Négroni :

> *L'Afrique noire constitue aujourd'hui pour l'Occident une terre privilégiée d'investissements mythologiques. Elle fait rêver et fabuler les sponsorisés de l'aventure, les consommateurs d'exotisme de masse, les grands et petits dégoûtés de la société technicienne, les chineurs de sagesse ancestrale, les fervents de l'occulte. Elle interpelle les belles âmes et les champions toutes catégories de l'humanitarisme et du tiers-mondisme institutionnels, chagrine les praticiens du sous-développement et les redresseurs de torts professionnels*[36].

Il y a donc à comprendre que la thématique du temps de l'Afrique ne relève pas seulement d'une utopie, mais qu'elle tend à se transformer en idéologie, c'est-à-dire en philosophie d'action propre à inspirer les décideurs politiques et la communauté internationale dans la recherche d'un nouvel ordre mondial qu'on veut plus juste et plus humain. De ce point de vue, le choix de l'Afrique comme épicentre de cette civilisation nouvelle n'est pas innocent et risible. Il se fonde certainement sur la place que l'Afrique occupe dans la carte des civilisations[37] et sur les potentialités décelables aujourd'hui dans ce continent. C'est ce qui advient quand l'idéologie vient au secours de l'utopie.

Conclusion

À tout prendre, la mystique construite autour de la thématique du *Temps de l'Afrique* est non seulement une manière fort habile de récuser la notion de fatalité, mais aussi et surtout un moyen d'illustrer la thèse de la réversibilité de l'histoire. Si la civilisation humaine est partie de l'Afrique et a fait le tour complet des continents, il semble tout à fait évident, aux yeux des défenseurs de cette thèse, qu'elle retourne de manière cyclique à l'Afrique en vue d'un nouveau départ. Dans une vision prophétique, les écrivains qui pressentent déjà ce nouveau temps donnent les conditionnalités de son avènement. Il en est ainsi du plus prolifique d'entre eux, Abdourahman Waberi, qui pense que ce n'est qu'une question de temps et que c'est certainement sur une forme unitaire que l'Afrique pourra relever ce défi qui constitue une véritable chance de survie pour elle-même et pour toute l'humanité.

---

[36] Négroni, François de, *Afrique fantasmes*, Paris, Plon, 1992, p. 11.

[37] Dans mon ouvrage intitulé *L'Image de l'Afrique dans les littératures coloniales et postcoloniales,* je m'interrogeais déjà sur la position de l'Afrique dans la carte du monde, Paris, L'Harmattan, 2007, p. 27.

Bibliographie

Abdourahman Waberi, *Aux États-Unis d'Afrique*, Paris, Jean-Claude Lattès, « *Babel* », 2006.

Achebe, Chinua, *Le Monde s'effondre,* Paris, Présence africaine, 1973.

Ambiana, Simplice, *De l'Afrique noire dans la lyrique française du XVIe siècle*, Yaoundé, Pua, 2004.

Benoît, Pierre, *L'Atlantide,* Paris, Albin Michel, 1920.

Briault, Maurice, *Sous le zéro équatorial : études et scènes africaines,* Paris, Librairie Blond et Gay, 1926.

Céline, Louis Ferdinand, *Voyage au bout de la nuit,* Paris, Gallimard, 1932.

Césaire, Aimé, *Cahier d'un retour au pays natal,* 1938-1939, Paris, Présence africaine, 1947.

Chaumel, *Les Blancs jouent et gagnent,* Paris, Henry Goulet, 1926.

Conrad, Joseph, *Au cœur des ténèbres,* Paris, Flammarion, 1890.

Demaison, André, *Le jugement des ténèbres,* Paris, Bernard Grasset, 1935.

Esme, (Jean d') *Épave australe*, Paris, L'Harmattan, 2005.

Evoung, Jean Bernard, *Les processus de décivilisation et de recivilisation dans le roman colonial français du XXe siècle : une lecture de la Rose de sable d'Henry de Montherlant, Les Racines du ciel* de Romain Gary et les *immémoriaux* de Victor Segalen, Thèse de Doctorat en littérature comparée, Yaoundé 2009.

Fanon, Frantz, *Les Damnés de la terre,* Paris, François Maspero, 1979.

Fanoudh-Siefer, Léon, *Le Mythe du Nègre et de l'Afrique noire dans la littérature française de 1800 à la Deuxième Guerre mondiale,* Abidjan, Nea, 1980.

Fantouré, Alioum, *Le Cercle des tropiques*, Paris, Gallimard, 1986.

Gary, Romain, *Les Racines du ciel.*

Guiyoba, François, *Regards sur Cham : Essai d'imagologie africaine dans les relations de voyage (1899-1936)*, Thèse de Doctorat de littérature générale et comparée, Nantes, 1993.

Hoffmann, Léon-François, *Le Nègre romantique : personnage littéraire et obsession collective,* Paris, Payot, 1973.

Huntington, Samuel, *Le choc des civilisations,* Paris, Odile Jacob, 2007.

Lebel, Roland, *L'Afrique occidentale dans la littérature française depuis 1970,* Paris, E. Larose, 1925.

Leiris, Michel, « L'Afrique fantôme », in *Miroir de l'Afrique*, Paris Gallimard, 1996.

Maupassant, Guy de, *Au Soleil,* in *Œuvres complètes,* Paris, Louis Conrad, 1902.

Négroni, François de, *Afrique fantasmes,* Paris, Plon, 1992.

Omgba, Richard Laurent « D'une visite papale à l'autre : ruptures et permanences dans les messages pour l'Afrique de Jean-Paul II et Benoît XVI », in Messina Jean Paul, *l'Église en Afrique au IIIe millénaire : les enjeux de la visite du pape Benoît XVI au Cameroun,* Yaoundé, Presses de l'Ucac, 2009.

Omgba, Richard Laurent et Atangana Kouna Désiré, *Utopies littéraires et création d'un monde nouveau*, Paris, l'Harmattan 2012.

Omgba, Richard Laurent, *La littérature anticolonialiste en France de 1914 à 1960 : formes d'expression et fondements théoriques,* Paris, L'Harmattan, 2004.

Psychari, Ernest, « Terre de soleil et de sommeil », in *œuvres complètes* (Tome 1) Paris, Éditions Louis Conard, 1948.

Renel, Charles, *Le Décivilisé*, Paris, Flammarion, 1923.

Sarkozy Nicolas, *Discours prononcés à l'Université de Dakar, 26 juillet 2007.*

Segalen, Victor, « Les Immémoriaux », in *Œuvres complètes*, Paris, Robert Laffont, 1995.

Severino Jean-Michel et Ray Olivier, Le temps de l'Afrique, Paris, Odile Jacob, 2010.

Vigny, Alfred de, *Chatterton,* Paris, Bordas, 1969.

La revanche de Caliban : une lecture contemporaine du théâtre d'Aimé Césaire[1]

Introduction

Aimé Césaire a conçu les pièces de théâtre qu'il a écrites de 1960 à 1970, c'est-à-dire pendant la période des décolonisations en Afrique, sous la forme d'un triptyque. Ce triptyque figure *Le drame des* Nègres *dans le monde moderne.* Ainsi, *La Tragédie du roi Christophe* représente le volet antillais du triptyque, *Une Saison au Congo* le volet africain tandis qu'*Une Tempête* met en scène le volet américain[2]. Dans cette troisième pièce, Césaire a voulu, de manière particulière, attirer l'attention de la communauté internationale sur l'éveil politique des Nègres d'Amérique et préparer les esprits aux conséquences qu'une telle situation peut entrainer. S'il situe la pièce dans une ile des Caraïbes, cela n'occulte en rien son dessein de représenter, d'une manière plus globale, le problème des Noirs dans la société américaine[3].

La situation des Noirs, dans cette pièce, pourrait porter à croire qu'ils sont condamnés à la servitude, ce qui créditerait la thèse défendue par Octave Mannoni dans son ouvrage intitulé : *Prospéro et Caliban : Psychologie de la colonisation,* où il démontre que la servitude du Nègre est atavique et même compréhensible. En confrontant cette œuvre aux deux autres citées plus haut, il s'avère qu'il n'en est rien et que l'œuvre théâtrale de Césaire, dans l'ensemble, est à lire comme une grande prophétie annonçant la revanche de Caliban et, à travers lui, celle des Noirs et des opprimés sur les oppresseurs.

---

[1] Texte publié dans l'ouvrage de Richard Laurent Omgba et André Ntonfo intitulé : *Aimé Césaire et le monde noir*, Paris, L'Harmattan, 2012.

[2] Ces détails sont donnés par Aimé Césaire lui-même dans un entretien accordé à Nicole ZAND le 07 octobre 1967 pour le compte du journal *Le Monde*. Cet entretien a été repris dans *Le Progressiste* du 19 octobre 1967. L'extrait qui est cité ici est tiré de l'ouvrage de Roger Toumson et Simone Henry-Valmore, *Aimé Césaire, le Nègre inconsolé*, Paris, Vents d'ailleurs, 2008, p. 237. Il affirme en effet : « *Il y a déjà deux volets du triptyque : Le roi Christophe est le volet antillais, Une saison au Congo est le volet africain et le troisième devrait être, normalement, celui des Nègres américains dont l'éveil est l'événement de ce demi-siècle* ».

[3] Il dit plus précisément : « *Il me semble que ce qui se passe à l'heure actuelle aux États-Unis, le réveil des Noirs-Américains, le Black Power, ce mouvement extraordinaire qui fait des étés chauds, ça mérite d'être traité théâtralement.* » (cité par Roger Toumson, p. 237).

I. À propos du « complexe de Caliban »

On n'a bien souvent vu, dans la confrontation entre Caliban et Prospéro, que l'opposition entre la force, l'intelligence, la volonté de puissance d'une part et le larbinisme, la veulerie et le verbiage d'autre part. Octave Mannoni a structuré cette opposition en parlant du *complexe de Prospéro* qui serait peut-être à opposer à *un complexe de Caliban.*

Le complexe de Prospéro, dit-il, *dessine pour ainsi dire du dedans la figure du paternalisme colonial, avec son orgueil, son impatience névrotique et son besoin de domination*[4]. Prospéro appartient donc à la race des vainqueurs. Sa domination sur Caliban est toute naturelle, parce qu'elle correspond à sa culture. C'est donc tout naturellement aussi que tous ceux qui sont de sa race n'ont qu'une seule ambition quand ils échouent dans l'ile de Caliban, c'est de la posséder et de soumettre ses habitants.

Il en est ainsi de Gonzalo et Alonso, deux Européens qui échouent dans l'ile au terme d'une forte tempête. À peine remis de leur naufrage avorté, Gonzalo s'empresse de confier à ses compagnons d'infortune : *Je veux dire que si l'île est habitée, comme je le pense, et que nous la colonisons, comme je le souhaite, il faudra se garder comme la peste d'y apporter nos défauts, ou, ce que nous appelons civilisation*[5].

La réaction de Gonzalo est tellement spontanée qu'on comprend qu'elle obéit à un trait de culture. Il s'agit en réalité d'un réflexe dicté par un trait psychologique particulier : l'instinct de domination.

En effet, c'est à peine si Gonzalo se rend compte du ridicule de sa situation. Il veut se poser en dominateur alors qu'il est dans une situation d'otage. C'est bien plus tard qu'il se rendra compte que ses compagnons et lui sont à la merci de Prospéro et qu'ils devront négocier fortement leur libération.

Le même réflexe est observable chez Stéphano et Trinculo, les deux éthyliques de la bande des naufragés. Alors même qu'ils ne parviennent pas à trouver leurs repères sur l'ile et qu'ils ne savent rien de la personnalité de Caliban, ils formulent déjà le projet de le capturer, de le civiliser et de le vendre plus tard dans une foire.

À l'observation, la colonie blanche débarquée sur l'ile est à l'image de ce type de personnage qu'Albert Memmi appelle *Le colonisateur de bonne volonté*, c'est-à-dire le conquérant généreux, le bienfaiteur, celui qui apporte la lumière au *Cœur des ténèbres*[6]. Memmi représente ce colonisateur comme :

> *Un homme de grande taille, bronzé par le soleil, chaussé de demi-bottes, appuyé sur une pelle – car il ne dédaigne pas de mettre la*

---

[4] Octave Mannoni, *Prospéro et Caliban : Psychologie de la colonisation*, Paris, Éditions universitaires, « *Les jeux de l'inconscient* », 1984, p. 110.

[5] Aimé Césaire, *Une Tempête*, Paris, Éditions du Seuil, 1969, pp. 40-41.

[6] *Cœur des ténèbres* est le titre d'un roman de Joseph Conrad.

main à l'ouvrage – fixant son regard au loin, sur l'horizon de ses terres ; entre deux actions contre la nature, il se prodigue aux hommes, soigne les malades, répand la culture, un noble aventurier, enfin, un pionnier[7].

En face de lui se trouve un homme vil, hideux et laid. Il est né pour servir et subir. Il a d'ailleurs pour nom Caliban, ce qui n'est pas loin de cannibales chez William Shakespeare[8]. Il est un personnage monstrueux et vil. C'est le fils de la sorcière Sycorax. Césaire ne gomme pas entièrement cet aspect, même s'il donne à son personnage une dimension plus humaine.

L'image que, d'emblée, on se fait de Caliban, c'est celle d'un vaincu, d'un bouffon dont la révolte n'est que verbale, d'un lâche qui ne parvient pas à se débarrasser de son maitre au moment où celui-ci s'offre à lui. Cette image est largement favorisée par la scène IV de l'acte III :

Prospéro (tendant la poitrine) :
Frappe, mais frappe donc ! Ton maître ! Ton bienfaiteur !
Tu ne vas quand même pas l'épargner !
(Caliban lève le bras, mais hésite) :
Allons ! Tu n'oses pas ! Tu vois bien que tu n'es qu'un animal ! Tu ne sais pas tuer.

Caliban :
Je ne suis pas un assassin

Prospéro (très calme) :
Eh bien tant pis pour toi. Tu as laissé passer ta chance. Bête comme un esclave ! Et maintenant, finie la comédie ![9]

À partir de cette scène peut se construire ce que nous dénommons *Le complexe de Caliban*, et qui est marqué par *l'habitude du malheur*, la servitude atavique, la paresse, la lâcheté, la veulerie ; autant de tares qui ne sont pas sans rappeler certains mythes et clichés comme le mythe de Cham qui illustre la malédiction originelle du Noir. Mannoni en prend donc prétexte pour démontrer qu'il y a des peuples qui, culturellement et historiquement, sont disposés à accepter la servitude et la dépendance. D'où la colère hystérique de Césaire qui s'en prend ouvertement à lui dans *Le Discours sur le colonialisme* :

Pour ce qui est de M. Mannoni, ses considérations sur l'âme malgache et son livre méritent que de lui on fasse grand cas.

---

[7] Albert Memmi « Portrait du colonisateur de bonne volonté », in *Temps modernes*, n° 134, 1957, p. 1449.
[8] Il est à rappeler que la pièce de Césaire est une adaptation, pour un théâtre nègre, comme il le dit lui-même, de celle de Shakespeare intitulée *La Tempête*.
[9] *Une Tempête*, p. 79.

Qu'on le suive pas à pas dans les tours et détours de ses petits tours de passe-passe, il vous démontrera clair comme le jour que la colonisation est fondée sur la psychologie ; qu'il y a de par le monde des groupes d'hommes atteints, on ne sait comment, d'un complexe qu'il faut bien appeler complexe de dépendance, que ces groupes sont psychologiquement faits pour être dépendants ; qu'ils ont besoin de la dépendance, qu'ils la postulent, qu'ils la réclament, qu'ils l'exigent ; que ce cas est celui de la plupart des peuples colonisés, des Malgaches en particulier[10].

Césaire pense retrouver, dans cette thèse de Mannoni, l'argument qui a permis de justifier la colonisation et de la présenter comme une entreprise humanitaire. Les colonisateurs pouvaient ainsi se donner bonne conscience en prétendant sauver une partie de l'humanité de la déperdition ; d'où ce que l'on a appelé *l'humanitarisme colonial.* Cet argument est sans cesse convoqué par Prospéro quand il se plaint de l'ingratitude de Caliban.

Dans cette logique, la révolte de Caliban peut paraitre insensée et même condamnable. Prospéro serait ainsi mal payé de sa générosité et de son altruisme. C'est à lui d'exiger le salaire de sa grande sollicitude à l'endroit de Caliban.

Le rapport de forces que Césaire établit dans sa pièce entre Caliban et Prospéro montre qu'il a voulu ruiner cette thèse. Caliban est contre le principe même de la colonisation et de l'aide de Prospséro. C'est en raison de cela qu'il revendique sans cesse son ile. Son indocilité permanente montre bien que l'esclavage, comme la colonisation, découle d'un rapport inégal des forces et non d'une quelconque volonté de dépendance. Ils sont des actes de violence et même des viols de l'intégrité physique, morale et psychologique des peuples soumis et ne pourraient être, en aucun cas, défendables.

La fin de la pièce de Césaire confirme effectivement que Caliban n'a jamais accepté le principe de sa dépendance. C'est ainsi qu'il saute sur l'occasion qui lui est offerte par le vieillissement de Prospéro pour proclamer sa liberté. Cette prise de liberté peut apparaitre comme une revanche sur l'histoire, une victoire de la patience sur la force, une victoire à l'usure.

II. À propos de la victoire de Caliban

La pièce de Césaire, il faudrait l'avouer, nous prive du plaisir du triomphe de Caliban, parce qu'elle s'achève au moment où ce dernier proclame sa liberté. On imagine bien que cette prise de liberté, devant un Prospéro devenu vieux, faible et par conséquent dépendant, va entrainer un

[10] Aimé Césaire, *Discours sur le colonialisme*, Paris, Présence africaine, 1989, pp. 37-38.

nouveau rapport de forces où Caliban deviendra le maître et Prospéro le subordonné.

La victoire de Caliban, contrairement à ce qu'on aurait pu envisager au début de la pièce, n'a pas été une victoire par les armes. Les tentatives de l'insurgé, de ce point de vue, ont été vaines d'autant plus que, même dans sa vieillesse et sa dépendance, Prospéro reste seul possesseur d'une arme à feu. On le voit d'ailleurs tirer dans toutes les directions au moment où il se sent abandonné et envahi par les forces de la nature. Cependant, il apparait clairement que cette arme ne peut, à elle seule, le sortir de sa nouvelle situation de dépendance. Il a besoin inévitablement de l'aide de Caliban qui, malheureusement, n'est plus disposé à lui faire du feu, à lui porter assistance au moment où le froid de la solitude, de l'angoisse et de la vieillesse l'assaillit. La victoire de Caliban est donc d'abord psychologique et c'est pour cela que ce dernier ne ressent plus la nécessité d'affronter Prospéro qui, affolé, tire désespérément dans tous les sens.

S'il proclame sa liberté alors que Prospéro dispose encore d'une arme à feu, c'est qu'il comprend bien que Prospéro est pris de panique, qu'il est atteint par le désespoir de constater qu'il ne peut plus lui en imposer. D'ailleurs, ses appels tragiques et angoissés à Caliban témoignent de sa défaite. Lui, si brutal, si condescendant et si arrogant dans le passé, se montre subitement altruiste et tendre. On l'entend dire :

> *Mais fait froid. C'est drôle, le climat a changé... Fait froid dans cette île... faudrait penser à faire du feu... eh bien, mon vieux Caliban, nous ne sommes plus que deux sur cette île, plus que toi et moi. Toi et moi ! Toi-Moi ! Moi-Toi. Mais qu'est-ce qu'il fout ?*[11]

Il ne fait aucun doute que le froid qui s'empare de Prospéro est le froid de la solitude, de l'abandon, de la peur. C'est le froid du manque de chaleur humaine, de l'envahissement de la grotte par la jungle, de la revanche de la nature sur la prétendue civilisation. C'est pour cela que Prospéro se met à hurler en disant : *Je défendrai la civilisation*[12].

Prospéro sent en effet la civilisation, c'est-à-dire lui-même et toute son œuvre, en danger. Il n'a pas pu l'imposer définitivement à Caliban ni à la nature sauvage de l'ile qui reprend ses droits à l'heure de la vieillesse du conquérant. Et c'est parce qu'il le comprend que Prospéro en veut à Caliban, cet irréductible qui l'a amené à douter de lui-même ; d'où ces propos amers :

> *Eh bien moi aussi je te hais !*
> *car tu es celui par qui pour la première*
> *fois j'ai douté de moi-même*[13].

[11] *Une Tempête*, p. 92.
[12] *Idem.*
[13] *Ibid.*, p. 90.

Prospéro échoue face à un Caliban aux mains nues, il échoue malgré sa lourde artillerie et les *sortilèges* de sa civilisation. Lui, qui a *déraciné le chêne, soulevé la mer, ébranlé la montagne en bombant (sa) poitrine contre le sort contraire* ; lui, qui a *répondu à Jupiter foudre contre foudre*, n'a pas réussi, selon ses propres termes, à *trouver le chemin du cœur de l'homme,* à gagner l'amour et la reconnaissance de Caliban.

C'est à ce niveau que Caliban apparait comme un grand psychologue, parce qu'il a compris que Prospéro a viscéralement besoin de lui, que Prospéro n'est rien sans lui et, qu'en vérité, il colonise parce qu'il a peur. Cette analyse rejoint celle d'Octave Mannoni qui soutient que :

> *L'Europe colonise parce qu'elle a peur. Ses victoires la rassurent. Elle est fille de Descartes qui, pour triompher de l'angoisse (d'avoir été condamné à mourir jeune parce que malade), s'installe au centre de l'angoisse (en assumant cette condition par une recherche effrénée)*[14].

Pour une fois, Césaire peut être en accord avec Mannoni. C'est ainsi qu'il s'interroge :

> *Ou veux-je en venir. A cette idée que nul ne colonise innocemment. Que nul non plus ne colonise impunément : qu'une nation qui colonise, qu'une nation qui justifie la colonisation – donc la force – est déjà une civilisation malade, une civilisation moralement atteinte qui, irrésistiblement, de conséquence en conséquence, de reniement en reniement, appelle son Hitler, je veux dire son châtiment*[15].

Le châtiment de Prospéro, c'est l'ingratitude de Caliban, l'écroulement de son monde, *vieux monde foire* comme le dit Caliban. Son châtiment, c'est également l'incapacité de rentrer en Europe malgré l'offre qui lui est faite par Gonzalo et Alonso. Comme le dit une fois de plus Caliban, Prospéro est *comme ces mecs qui ont fait les colonies et qui ne peuvent plus vivre ailleurs*. Il est à son tour devenu prisonnier de l'ile[16], victime de ses propres montages. Caliban le lui avait pourtant prédit :

> *Tu veux le savoir ?*
> *C'est parce que je sais que je t'aurai :*
> *Empalé ! Et au pieu que tu auras*
> *toi-même aiguisé ! Empalé à toi-même.*

---

[14] Octave Mannoni, *op. cit.* p. 143.

[15] Aimé Césaire, *Discours sur le colonialisme*, pp. 15-16.

[16] Tel est l'avis de Césaire lui-même quand il affirme : « *Prospéro est prisonnier de son œuvre [...] Caliban et lui font un couple indissociable. Pas plus que les Nègres et les Blancs ne peuvent se séparer en Amérique, Prospéro ne peut se séparer de Caliban, et c'est cela l'histoire. C'est le caractère indissoluble de cette union qui fait le drame* », cité par Roger Toumson et Henry Valmore, *op. cit.*, p. 238.

Prospéro subit en effet les contrecoups du système qu'il a bâti lui-même et qui est fondé sur la violence, le mépris de l'autre. Il a échoué à bâtir une civilisation fondée sur l'amour et la fraternité et c'est pour cela qu'il ne reçoit de Caliban qu'injures et mépris. Il est vrai qu'il a accordé sa liberté à Ariel, l'autre esclave, mais on ne voit point Ariel voler à son secours à l'heure finale. Tout porte à croire qu'une fois libre, Ariel a choisi de quitter son maître et de faire bande à part, ce qui est également un échec pour Prospéro parce qu'il aurait pu jouir de la reconnaissance d'Ariel à la fin de sa vie.

L'absence d'Ariel au moment du dénouement permet de focaliser toute l'attention sur le couple Caliban-Prospéro. Ainsi, le suspens créé par Césaire au moment où Caliban proclame sa liberté peut-être dissipée en partie. Il pourrait d'ailleurs l'être davantage si l'on acceptait de lire *Une Tempête* à la lumière d'une *Saison au Congo* et de *La Tragédie du roi Christophe*, ce qui confirme l'unité structurelle et thématique du triptyque. La confrontation du personnage de Caliban à ceux de Christophe et de Lumumba permet ainsi de se représenter ce que Césaire souhaite éviter au Caliban devenu roi et ce qu'il lui trace comme voie.

III. À propos de la revanche de Caliban

Contrairement à Ariel qui, devenu libre, a choisi de s'éloigner de Prospéro, Caliban a préféré l'affronter et attendre patiemment le temps de le tenir en dépendance, c'est-à-dire de le dominer. Sa revanche consiste donc en une situation où, ayant acquis sa liberté, il dispose de lui-même, de son ile et de Prospéro. Cette situation n'est pas représentée dans la pièce, mais elle semble inéluctable du fait de l'évolution de l'intrigue.

On peut donc dire que Césaire accorde à Caliban une victoire à l'usure, par là il entend indiquer que le temps saura trouver remède à la situation coloniale et qu'il faudra au colonisé patience et méthode pour parvenir à sa libération. Le Caliban qui criait *Freedom now* ne l'avait pas compris, mais celui qui, au bout de longues et dures années, s'exclame *La liberté, ohé, la liberté* en saisit toute la portée. Cette évolution du personnage montre que Césaire est contre la brutalité. À la brute, il refuse d'opposer une brute mais une humanité généreuse qui donne mauvaise conscience à la brute. Lui-même nous conforte dans cette lecture en commentant ainsi sa pièce : *Devant la domination de Prospéro, il y a plusieurs façons de réagir. Il y a l'attitude violente et la non violence. Il y a Martin Luther King et Malcom X et les Black Panthers*[17].

Visiblement, l'évolution psychologique du personnage de Caliban et même la libération d'Ariel nous portent à croire que c'est la seconde voie qui

---

[17] Aimé Césaire, dans une interview accordée au *Magazine littéraire*, n° 34, novembre 1969, sous le titre « *un poète politique* ». Repris par Roger Toumson, *op. cit.* p. 238.

est la plus porteuse et la plus proche des convictions de Césaire. C'est pour cela que les personnages de Christophe et de Lumumba se posent dans ce triptyque en contre-modèles.

Le Caliban libre et devenu roi de son ile est dans la même situation historique que les deux autres personnages de Césaire : Christophe et Lumumba.

L'un, Christophe, le cocher devenu roi, l'ancien compagnon de lutte de Toussaint Louverture a sombré dans une dictature impitoyable. Il s'est ainsi éloigné de son peuple qu'il voulait pourtant défendre. Abandonné par les siens et assailli par ses ennemis, il a finalement trouvé la mort. Christophe avait l'impatience du Caliban des premiers jours. Il voulait avoir tout au même moment. Il était sourd à tout le monde et avait raison contre tout le monde. Sa situation de vainqueur lui donnait tous les droits sur les vaincus et c'est sans ménagement qu'il traitait les siens.

L'autre, Lumumba, l'illuminé, l'idéologue sans expérience, a confondu gesticulation et action. Revanchard, il n'a pas échappé au piège de l'intolérance, ce qui l'a isolé et fragilisé. Trahi lui aussi par les siens, il a subi la mort. Lumumba a pensé qu'il suffisait d'avoir raison pour tout se permettre. Il n'a pas compris que l'indépendance entrainait non pas une rupture, mais un nouveau type de rapports avec les anciens colonisateurs ; rapports d'interdépendance et de complémentarité.

À travers ces deux *personnages,* Césaire veulent montrer que :

> *La liberté, c'est très bien, la gagner, c'est très bien ; mais quand on y réfléchit c'est toujours plus facile de conquérir sa liberté – Il ne faut que du courage – seulement, une fois qu'elle est obtenue, il faut savoir ce qu'on va en faire. La libération, c'est épique, mais les lendemains sont tragiques*[18].

En condamnant Christophe et Lumumba[19] qui sont, par leur intolérance et leur impétuosité, proches de Malcom X[20], Césaire semble accorder sa sympathie à Martin Luther King, l'apôtre de la non-violence qui, tout en revendiquant sa liberté, tend la main à son adversaire parce qu'il comprend que leurs sorts sont liés. Ariel aurait pu incarner cette position beaucoup plus

---

[18] Aimé Césaire, cité par David Alliot, *Aimé Césaire, le Nègre universel*, Paris, Infolio Éditions, « *Illico* », 2008, p. 158.

[19] Interprétant ces échecs, Romuald Fonkoua déduit que le théâtre de Césaire « *expose au monde l'histoire des vaincus nègres, qui n'ont jamais été considérés comme des figures de l'histoire* ». p. 340. Par rapport à Christophe et Lumumba, il reconnaît que la défaite de Caliban, si défaite il y a, n'est pas totale, parce que Caliban est celui qui, pour la première fois, a amené Prospéro à douter de lui-même. Il peut donc conclure en affirmant que Césaire n'a réécrit la pièce de Shakespeare que pour « *démonter la thèse de l'incapacité des Noirs à conduire ou gérer eux-mêmes leurs propres affaires* » (p. 345) Romuald Fonkoua, *Aimé Césaire (1913-2008)*, Paris, Perrin, 2010.

[20] C'est le même sort d'ailleurs qui est réservé au Rebelle, le personnage central de la pièce intitulée *Et les chiens se taisaient*, Paris, Présence africaine, 1956.

que Caliban, mais sa non-violence se confond au larbinisme. C'est lui qui exécute les projets diaboliques de Prospéro et qui se charge de malmener Caliban. Il manque à Ariel la fierté et l'orgueil de Caliban comme il manque à Caliban la patience et l'altruisme d'Ariel.

De façon tout à fait habile, Césaire effectue une synthèse entre ces deux représentants de la race nègre en faisant de Caliban, à la fin de l'œuvre, non pas un guerrier intrépide mais un habile stratège qui comprend qu'il faut éviter tout affrontement inutile et savoir tirer parti des circonstances. On pourrait dire que cette métamorphose a été payante et qu'aux yeux de Césaire, elle constitue la meilleure chance que l'histoire donne aux Noirs d'Amérique de s'affranchir et de s'imposer. De ce point de vue, l'histoire semble lui avoir donné raison quand elle a fait surgir, non pas par la force des armes, mais par l'habileté politique, à la tête des États-Unis d'Amérique, un Noir.

Il devient ainsi possible de lire la consécration de Barack Obama, le premier Président Noir des États-Unis d'Amérique, comme la revanche de Caliban,[21] d'un Caliban qui s'est beaucoup métamorphosé à l'épreuve des échecs, de la souffrance et des leçons de l'histoire et qui ne rêve plus d'expulser Prospéro de son ile, parce qu'il a compris que son destin est lié à celui de ce dernier. Ce Caliban-là a beaucoup appris d'Ariel, c'est pour cela qu'à la violence de Prospéro qui tire dans tous les sens, il oppose la non-violence, le chant de la liberté et de la dignité retrouvée.

Conclusion

À travers son triptyque, Césaire a voulu exposer à la face du monde *le problème de l'homme noir assailli par l'indépendance*[22] et en même temps faire une prophétie sur le problème racial en Amérique. Ce qu'on en retient est que ce grand dramaturge et poète de la renaissance nègre s'est employé à briser les chaines de la fatalité historique qui faisait du Nègre un être condamné à la servitude. Ce faisant, il a su éviter le piège de ce que Jean-Paul Sartre appelle *un racisme anti-raciste*[23] et montrer que *qu'il veut, c'est pour la faim universelle, pour la soif universelle*[24]. C'est pour cela qu'il s'est fait l'apôtre d'une société réconciliée où la violence, la haine et le mépris n'ont pas de place. Cette société, qu'il appelle de tous ses vœux, est

[21] Nous sommes tout à fait conscient que cette thèse est très discutable d'autant plus que certains analystes politiques estiment que Barack Obama n'est pas un descendant d'esclave et qu'il ne saurait être présenté comme le meilleur représentant de la race noire, mais nous pensons qu'au plan symbolique, le fait qu'il soit noir constitue un affichage suffisamment parlant et à même de témoigner de l'évolution de la condition du Nègre dans la société américaine.

[22] Aimé Césaire, cité par David Alliot, *op. cit.*, p. 58.

[23] Jean-Paul Sartre, *Orphée noir*, in *Situations III*, Paris, Gallimard, 1949.

[24] Aimé Césaire, *Cahier d'un retour au pays natal*, Paris, Présence africaine, 1939.

proposée en projet à Caliban afin qu'il puisse véritablement prendre sa revanche sur l'histoire.

Bibliographie

Alliot, David, *Aimé Césaire, le Nègre universel*, Paris, Infolio Éditions, 2008.

Césaire, Aimé, *Cahier d'un retour au pays natal*, Paris, Présence africaine, 1939.

Césaire, Aimé, *Discours sur le colonialisme*, Paris, Présence africaine, 1989.

Césaire, Aimé, *Et les chiens se taisaient*, Paris, Présence africaine, 1956.

Césaire, Aimé, *La Tragédie du roi Christophe*, Paris, Présence africaine, 1963.

Césaire, Aimé, *Une Saison au Congo*, Paris, Éditions du Seuil, 1967.

Césaire, Aimé, *Une Tempête*, Paris, Éditions du Seuil, 1969.

Conrad, Joseph, *Au Cœur des ténèbres*, Paris, Flammarion, 1890.

Fonkoua, Romuald, *Aimé Césaire (1913-2008)*, Paris, Perrin, 2010.

Mannoni, Octave, *Prospéro et Caliban : psychologie de la colonisation*, Paris, Éditions universitaires, 1984.

Memmi, Albert, « Portrait du colonisateur de bonne volonté » in *Temps modernes*, n° 134, Paris, T.M., 1957.

Omgba, Richard Laurent, *La Littérature anticolonialiste en France de 1914 à 1960 : formes d'expression et fondements théoriques*, Paris, L'Harmattan, 2004.

Sartre, Jean-Paul, *Orphée noir* in *Situations III*, Paris, Gallimard, 1949.

Toumson, Roger, Henry-Valmore, Simone, *Aimé Césaire, le Nègre inconsolé*, Paris, Vents d'ailleurs, 2008.

Pour une critique oragraphique[1]

Introduction

Depuis le colloque de 1973 à Yaoundé, dont le thème était : *Le critique africain et son peuple comme producteurs de civilisation,* les spécialistes de la littérature africaine ont entrepris de doter cette littérature d'un appareil critique adéquat. Ils ont ainsi élaboré des grilles d'analyse aussi ingénieuses les unes que les autres, ce qui a permis une meilleure approche du texte littéraire africain. Malgré cette avancée, il s'avère, de jour en jour, que la question est loin d'être close, parce que d'aucuns récusent ces grilles en argüant qu'elles ne sont que des ersatz d'appareils forgés à la mesure d'autres littératures alors qu'on se serait attendu à voir émerger un appareil autonome fondé sur ce qui fait l'essence de cette littérature ; d'où la nécessité d'ouvrir à nouveau le débat sur l'existence ou non d'une littérature africaine et sur la possibilité de doter une telle littérature d'un appareil critique autonome.

I. Existe-il une littérature africaine ?

Il n'est pas superfétatoire de revenir sur cette question, parce que l'existence d'une critique est consubstantielle à celle d'une littérature ; la critique étant, dans le champ littéraire, *le lieu de légitimation de la valeur*[2]. Le débat préalable sur l'existence d'une littérature africaine s'impose donc parce que nombreux sont ceux qui estiment que la thèse de l'existence d'une littérature africaine n'est pas défendable du fait que cette littérature n'est pas autonome. Dans la mesure où elle s'exprime dans des langues étrangères que sont le français, l'anglais, l'espagnol ou le portugais et qu'elle emprunte ses codes esthétiques à ces langues, elle ne peut être au plus qu'un sous-champ des littératures française, espagnole et portugaise. À ce titre, elle peut bien s'accommoder des appareils critiques propres à ces littératures.

---

[1] Texte publié dans la Revue *Écritures n°XII* : *Le Texte africain et satirique*, Yaoundé, Clé, 2015.

[2] Jean Dérive, « Champ littéraire et oralité africaine : problématique », in Romuald Fonkoua et Pierre Halen, *Les Champs littéraires africains*, Paris, Karthala, 2001, p. 91.

Par contre, d'autres théoriciens soutiennent mordicus que la littérature africaine existe bel et bien. Elle n'est ni une virtualité, ni un sous-champ de quelque autre littérature. Il s'agit d'une pratique esthétique consacrée par le temps, fondée sur des canons qui lui sont propres et jouant un rôle social bien déterminé.

Le fait est, disent-ils, qu'on a voulu apprécier la littérature africaine, fût-elle d'expression française ou anglaise, d'après des canons qui ne lui sont pas propres et dont le plus saillant est l'écriture[3]. Du fait qu'elle a accédé tardivement à l'écriture et que cette dernière lui a été transmise par l'Occident, la littérature africaine a du mal à s'absoudre de ce péché originel et à prouver son autonomie dans la République des lettres ; d'où les appellations plus ou moins controversées qu'on lui attribue : Littérature africaine d'expression française, littérature française d'Afrique, littérature négro-africaine, littérature nègre, littérature francophone.

Toutes ces appellations, bien évidemment, sont révélatrices d'une crise d'identité et d'un soupçon de bâtardise. Elles permettent aussi de comprendre pourquoi les dates sur la naissance de cette littérature fluctuent d'un théoricien à l'autre, puisqu'il faut savoir à partir de quand les premiers africains lettrés ont pu produire des œuvres écrites dignes de figurer dans les annales de la littérature mondiale[4].

Pourtant, si l'on voulait bien revenir à une définition simple et logique du phénomène littéraire, on se rendrait compte de l'imposture de cette thèse. Qu'est-ce donc finalement que la littérature sinon un art du langage par lequel les hommes expriment leurs sentiments et leur imaginaire ?

Cet art est commun à tous les peuples. Il peut relever d'un langage écrit ou parlé[5]. La littérature n'est donc pas qu'écrite, elle est aussi parlée. On doit à la vérité de dire qu'elle a d'abord été parlée avant d'être écrite. La littérature orale précède de ce point de vue la littérature écrite. Elle n'est ni une infra-littérature, ni une para-littérature ni une contre-littérature. Elle est une littérature à part entière.

Si l'on part de ce principe, on ne peut pas soutenir qu'il n'existe pas de littérature africaine, puisqu'on occulterait de ce fait toute la tradition littéraire qui a précédé l'introduction de l'écriture en Afrique. Les griots, les bardes, les conteurs de l'Afrique précoloniale n'étaient-ils pas des créateurs littéraires ? Nul ne peut le nier, d'autant plus que certaines de leurs œuvres

---

[3] Locha Mateso, dans son ouvrage intitulé, *La littérature africaine et sa critique,* Paris, Karthala-ACCT, 1986, p. 26, parle à cet effet de « *fétichisme de l'écriture* ».

[4] Les historiens de la littérature africaine situent de ce point de vue le début de cette littérature autour des années 1920. cf. Locha Mateso, *op. cit*, p. 12.

[5] Bien que les puristes soutiennent, qu'étymologiquement, littérature vient de « littera » qui signifie lettre. La lettre étant essentiellement écrite, ils estiment que le concept de littérature orale est une incongruité. Cette thèse est bien évidemment recevable, mais elle ne prend pas en compte l'évolution du phénomène littéraire qui, en intégrant l'aspect esthétique, s'est historiquement constitué comme un art, principalement un art du langage.

ont bravé l'injure du temps et sont devenues aujourd'hui des classiques de notre littérature. Pourrait-on dire qu'elles ne sont devenues littéraires qu'à l'instant où elles ont été transcrites ? Que non !

La littérature africaine existe donc. Elle s'est d'abord exprimée dans les langues locales avant d'emprunter le français, l'anglais, l'espagnol ou le portugais comme mode de communication. Elle est restée fortement ancrée dans les traditions esthétiques africaines et est tributaire des langues d'origine dont les sociolinguistes perçoivent bien les résurgences et les interférences dans la langue française ou anglaise.

Cette littérature est et reste fortement marquée du sceau de l'oralité. Pour emprunter une expression à la mode de nos jours, nous dirions qu'elle est initialement une *orature*[6] et c'est en cela qu'elle se distingue de la littérature occidentale qui est essentiellement écrite. Elle est une orature qui accède à l'écriture ; d'où son ambivalence.

Il suffit à cet effet de lire les textes des écrivains tels qu'Ahmadou Kourouma, Were-Were Liking, Ferdinand Oyono, Sony Labou Tansi, pour se rendre compte de cette ambivalence. *Les Soleils des indépendances* d'Ahmadou Kourouma sont-ils le fait d'un griot, d'un conteur ou d'un romancier ?

La conclusion qu'on peut tirer d'une telle observation est que, dans ces œuvres, et de manière perceptible ou implicite, l'écriture n'est qu'un prétexte qui permet à la parole de se déployer. La parole est partout présente, elle structure, informe et dévoile tout, elle est parfois le principal et le seul enjeu de l'œuvre.

La combinaison entre la parole et l'écrit induit que la littérature africaine n'est pas marquée du seul sceau de l'orature, elle est une parole écrite, nous devrions dire plus précisément qu'elle est une *oragraphie*[7]. Qu'on nous permette de forger ce néologisme pour rendre compte de la manière dont l'écrit restitue la parole, la consacre et la légitime dans un contexte où elle pouvait être récusée. L'oragraphie, concept construit à partir de deux notions : *ora* (renvoyant à ce qui est oral) et *graphie* (renvoyant à ce qui est écrit), nous semble être la caractéristique fondamentale de cette littérature qui s'est développée depuis la colonisation et qui se perpétue de nos jours.

Pour évidente que paraisse cette assertion, nous devons tout de même admettre que cette oragraphie est beaucoup plus remarquable chez les écrivains africains de la première et de la seconde génération, dont le rapport avec les traditions est encore étroit. On ne dira jamais assez ce que des

---

[6] Le terme orature désigne initialement l'ensemble du patrimoine qui se transmet de bouche à oreille, sans recours à l'écrit. Ce terme, inventé par l'Ougandais Pio Zirimu, a été remis au goût du jour par Rémy Dor et Claude Hagège pour faire la différence entre la littérature orale, qui renvoie aux textes écrits pour être dits et l'orature littéraire qui est un prolongement écrit des textes oraux.

[7] Nous préférons ce terme à l'expression « orature littéraire » proposée par Rémy Dor et Claude Hagège.

écrivains comme Njemba Medou, Birago Diop, Ferdinand Oyono, Mongo Béti, Amos Tutuola, Sony Labou Tansi, Chikaya U'Tamsi, Were-Were Liking, Ahmadou Kourouma, Guillaume Oyono Mbia, doivent à l'art oratoire africain et aux pratiques esthétiques ancestrales. Tel n'est manifestement pas le cas pour des écrivains tels que Calixthe Beyala, Léonora Miano, Gaston Paul Effa, Eugène Ebodé, Fatou Diome, Alain Mabanckou, qui occupent la scène littéraire africaine depuis la dernière décennie du XXe siècle.

Cette réserve n'est pas à prendre à la légère, d'autant plus que la plupart de ces écrivains, qui sont pourtant d'origine africaine, semblent de moins en moins nostalgiques d'une Afrique des origines et revendiquent une citoyenneté mondiale[8]. Le manifeste de la littérature-monde auquel certains d'entre eux ont participé est là pour le témoigner. Soit !

Mais, peut-on dire, à la lecture d'Abdourahman Wabéri, Alain Mabanckou, Thierno Monénembo, Patrice Nganang et même de Calixthe Beyala, qui sont des têtes de proue de cette littérature que leurs écrits ne portent pas les stigmates de la littérature ou des pratiques artistiques africaines telles qu'elles apparaissent dans la littérature orale ? Cela est difficile à soutenir.

En effet, et bien qu'ils s'en défendent, ces écrivains sont des héritiers de Mongo Béti, Birago Diop, Chinua Achebe, Wole Soyinka, Sony Labou Tansi, Chikaya U'tamsi ou Ahmadou Kourouma, dont ils perpétuent l'originalité littéraire. Nous pourrions même dire que, quand on s'aventure en profondeur dans leurs textes et particulièrement dans ceux des écrivains qu'on classe dans la catégorie de la *migritude*, on constate, aussi bien dans les procédés narratifs, la diégèse que dans la titrologie ou simplement dans les noms que se donnent les auteurs, un désir douloureux d'Afrique et un ancrage bien perceptible dans l'esthétique littéraire africaine. C'est dire qu'on ne se débarrasse pas si facilement du marquage identitaire et d'une tradition séculaire.

II. À propos de la critique littéraire africaine

Si la littérature africaine existe comme nous le postulons, cela veut dire qu'il lui faut un appareil critique spécifique, propre à rendre compte de son originalité. Ainsi, elle ne sera plus abordée à partir de grilles taillées à la mesure d'autres types de littératures et répondant à des principes idéologiques et artistiques qui lui sont étrangers. C'est à cette *coupure épistémologique* que nous appelle Locha Mateso dans son ouvrage intitulé

---

[8] À l'exemple de Gaston Kelman, auteur du brulot intitulé *Je suis noir et je n'aime pas le manioc,* Paris, Éditions Max Milo, 2003.

La littérature africaine et sa critique[9]. Sans cette coupure épistémologique, lui semble-t-il, il sera difficile de défendre et d'illustrer la littérature africaine et de l'imposer au plan mondial.

Le drame de nos intellectuels et de nos chercheurs, continue Mateso, est qu'ils *n'ont pas encore tranché le cordon ombilical les reliant à l'Europe*[10]. Bon nombre d'entre-eux ont tellement été subjugués par la révolution structuraliste qu'il leur est difficile d'envisager une quelconque approche en dehors de cette grille. Pourtant, de nombreux autres sont à la recherche de voies nouvelles. Depuis le colloque de Yaoundé en 1973 et le Congrès de Lubumbashi en 1975, on les voit à la recherche d'une grille d'analyse appropriée, construite à partir de ce qui fait l'essentiel de la littérature africaine et est susceptible de démontrer son originalité et sa pertinence.

Et de fait, des propositions audacieuses ont été faites dans ce sens, même si elles apparaissent bien souvent comme des appendices de celles qui existent déjà, quand elles ne constituent pas des tropicalisations de celles-ci. Il en est ainsi de la sociologie du roman africain, de la critique topologique, de l'ethnostylistique, de l'ethnocritique ou de la sociopragmatique.

S'il faut reconnaitre que ces approches éclairent déjà suffisamment la pratique littéraire en Afrique et qu'elles constituent des avancées dans la recherche d'une méthode critique, appropriée au champ d'études concerné, il reste tout de même qu'elles ne consacrent pas la coupure épistémologique sollicitée ; d'où la nécessité d'aller au-delà.

III. De la critique oragraphique

Dans ce sens, nous nous permettons de dire à la suite de Mohamadou Kane que si l'oralité constitue l'élément structurateur de la littérature africaine, c'est principalement autour d'elle qu'il faut bâtir son modèle théorique. Nous irons plus loin en affirmant que si l'oragraphie constitue l'essence de la littérature africaine moderne, comme nous le postulons, c'est autour de cette notion qu'il faut bâtir l'appareil critique tellement attendu. Fort de cela, nous osons proposer, qu'à cette littérature précédemment décrite comme étant essentiellement marquée du sceau de l'oragraphie corresponde, dès à présent, une critique dite oragraphique.

La critique oragraphique dont nous célébrons en ce jour l'avènement est un modèle qui combine les deux pôles structurateurs de la littérature africaine moderne : l'oral, qui convoie les ressources du discours traditionnel, et l'écrit, qui prend en charge l'apport de la modernité. Son objectif est d'analyser *le travail transformateur*[11] réalisé par l'écrivain lors

[9] Locha Mateso, *op. cit.*, p. 361.
[10] *Ibid*, p. 360.
[11] *Ibid*, p. 30.

de son passage de l'oral à l'écrit. C'est en fait ce que Mohamadou Kane appelait *critique de réinsertion*[12], c'est-à-dire cette critique qui *interroge la littérature orale traditionnelle pour y découvrir le secret de la constitution du roman africain*[13].

Le travail du critique, dans cette optique, consistera donc *à souligner la continuité relative du discours traditionnel oral au discours écrit et à examiner la survie de la tradition dans un contexte de modernisation.* De la même manière que la critique dite intertextuelle rechercherait dans un discours second dit hypertexte les traces d'un discours premier dit hypotexte, la critique oragraphique scrutera les marques du discours traditionnel préexistant au texte dans le discours écrit.

Cette critique, pourrait-on dire, a déjà préexisté dans de nombreux travaux scientifiques de manière presque intuitive sans qu'on ait à lui trouver une dénomination véritable ou qu'on ait défini son modèle opératoire. N'est-ce pas ce que fait Mohamadou Kane dans son ouvrage intitulé *Roman africain et tradition* ? ou Jacques Fame Ndongo dans l'ouvrage consécutif à sa thèse de Doctorat d'État et dont le titre est : *L'esthétique romanesque de Mongo Beti* : essai sur *les* sources traditionnelles de l'écriture en Afrique ou encore Gervais Mendo Zé dans sa thèse intitulée *La Prose romanesque de Ferdinand Oyono : essai de stylistique textuelle et d'analyse ethnostructurale ?*

Les limites de ces études, qui sont par ailleurs de très bonnes factures, se situent dans le fait qu'elles sont toutes limitées au roman et par conséquent qu'elles n'englobent pas l'ensemble de la production littéraire africaine. De plus, elles se fondent essentiellement soit sur la stylistique (Mendo Zé) soit sur la sémiotique (Fame Ndongo), soit sur la sociologie de la littérature (Sunday Anozie). De ce fait, elles ne peuvent s'intégrer que partiellement dans la nouvelle approche que nous proposons et qui se veut globale.

Étant donné que la production littéraire traditionnelle est polymorphe et multifonctionnelle et qu'elle engendre une littérature écrite également polymorphe et multifonctionnelle, l'appareil critique qui devra la prendre en charge ne pourra être qu'électique ; elle prendra à la fois en compte les aspects formels liés à la poétique, à l'écriture et les aspects idéologiques liés à la représentation du monde imaginé par l'écrivain. Tous ces aspects seront pris en charge par des processus dits d'oragraphisation.

À ce stade d'élaboration de notre théorie critique et de la méthode qui en découle, nous distinguons trois processus principaux d'oragraphisation. Ces processus peuvent bien évidemment être démultipliés selon le génie du critique ou la nature des textes à étudier. Ils sont les suivants :

---

[12] Mohamadou Kane, *Roman africain et tradition*, Abidjan, Nea, 1983, cité par Locha Mateso, *op. cit.*, p. 348.
[13] *Idem.*

l'oragraphisation générique ou structurelle, l'oragraphisation stylistique et l'oragraphisation idéologique.

III.1. L'oragraphisation générique ou structurelle

Il est indéniable que l'une des particularités les plus visibles de la littérature africaine est la transgénéricité. Celle-ci est proéminente aussi bien dans le roman que dans la poésie et le théâtre. Aucun genre n'y échappe, encore qu'il est difficile, au terme du travail transformateur de l'écrivain, de se déterminer véritablement sur la nature des différents textes.

La révolution réalisée par les écrivains africains au moment où ils accèdent à l'écriture est qu'ils ont réussi à faire imploser les genres littéraires jusque-là connus et à imposer des genres hybrides issus de la combinaison des genres traditionnels et des genres hérités de l'Occident. C'est ce qui porte Josias Sémujanga[14] à affirmer que cette littérature est marquée du sceau de la transculturalité. Jacques Fame Ndongo[15], Sewanou Dabla[16] et Mohamadou Kane[17], dans leurs travaux respectivement, illustrent, pour ce qui est principalement du roman, les différents aspects de cette transculturalité qui donne à la littérature africaine toute son originalité.

À la différence de l'intertextualité, qui évoque les relations entre différents textes littéraires et qui se confond à l'interdiscursivité, *la transculturalité constitue un champ largement ouvert aux différents types de relation entre toutes les productions culturelles*[18] ; Le texte littéraire africain convoie de ce fait plusieurs types de productions culturelles que l'écrivain combine afin de faire imploser les catégories littéraires jusque-là connues. Ainsi, comme le dit encore Mohamadou Kane : *Au sein du même conte, le récit et le chant, la musique et le jeu du conteur créent vite l'impression d'un véritable théâtre. L'histoire et la légende se marient intimement, la poésie et le chant sont partout présents*[19].

Aucun genre n'échappe à cette implosion. Ainsi, le roman africain est fortement marqué du sceau de l'oralité, puisqu'il reprend bien souvent la structure du conte. Il est loisible à cet effet de constater que la relation romanesque entre l'auteur, le narrateur et le personnage, se confond dans le roman africain à la relation entre le conteur et son auditoire.

---

[14] Josias Semujanga, « De l'africanité à la transculturalité : éléments d'une critique dépolitisée du roman », in *Études françaises* vol. 37, 2001, p. 143.

[15] Jacques Fame Ndongo, *L'esthétique romanesque de Mongo Beti : essai sur les sources traditionnelles de l'écriture en Afrique*, Paris, Présence africaine, 1985.

[16] Sewanou Dabla, *Nouvelles écritures africaines : romanciers de la seconde génération,* Paris, L'Harmattan, 1986.

[17] Mohamadou Kane, « Sur les formes traditionnelles du roman africain », in *RLC*, n°s 3-4, XLVIII, 1974.

[18] Josias Semujanga, *op. cit.* p. 143.

[19] Mohamadou Kane, *op. cit.*, p. 566.

De même, l'on constate, dans l'œuvre romanesque, l'imbrication des genres traditionnels tels que les proverbes, les dictons, les énigmes, les devinettes, etc. L'ouvrage de Jacques Fame Ndongo préalablement cité constitue de ce point de vue une brillante illustration de l'intrusion des genres traditionnels dans l'écriture d'un auteur comme Mongo Beti qui a pourtant été à l'école classique.

La même observation peut être faite dans le genre dramatique où l'on retrouve bien souvent un conteur qui narrativise en quelque sorte un genre qui, par essence, est conçu pour être représenté. Ce théâtre est dit total dans la mesure où il ne connait point de rupture entre le conteur-acteur et son public qu'il interpelle sans cesse et qui, par moments, se transforme en acteur.

La poésie non plus n'y échappe pas. Elle est bien souvent jouée, mimée et dite dans une mise en scène qui va au-delà de la simple déclamation. Il lui arrive parfois d'adopter une structuration qui n'est pas loin d'évoquer certains mythes ou certains rites.

Il apparait donc clairement qu'une critique du texte littéraire africain doit s'appesantir prioritairement sur l'aspect esthétique pour rendre compte du processus de production du texte et des composantes qui rentrent en ligne de compte dans ce processus.

II.2. L'oragraphisation stylistique

Elle consiste à voir comment la langue d'emprunt, qui peut être le français, l'anglais, l'espagnol ou le portugais, prend en charge l'expression des identités culturelles de l'écrivain et surtout comment l'oral parvient à s'insérer dans l'écrit pour construire une œuvre dite moderne.

Historiquement, ce processus est à rapprocher de la démarche ethnostylistique initiée par le professeur Gervais Mendo Zé et son équipe. Entendue comme *l'étude de la langue en tant qu'expression d'une culture et en relation avec la situation de communication*[20], l'éthnostylistique nous semble propre à étudier les particularités de la littérature africaine par un mouvement de va-et-vient entre l'hypoculture traditionnelle et l'hyperculture moderne.

Il suffit de ce point de vue de se référer aux études faites par les promoteurs de cette approche sur les textes de Ferdinand Oyono[21] et d'Ahmadou Kourouma[22] pour voir tout le bénéfice qu'on peut tirer de celle-ci. L'étude du contexte d'énonciation de l'œuvre, l'analyse des

---

[20] Gervais Mendo Ze, Alphonse Tonyè et Gérard Noumssi, *S. comme stylistique : propositions pour l'ethnostylistique*, Yaoundé, L'Harmattan, 2009, p. 226.

[21] Gervais Mendo Zé, *La Prose romanesque de Ferdinand Oyono : essai d'analyse ethnostylistique*, Yaoundé, Presses universitaires d'Afrique, 2006.

[22] Gérard Noumssi, *La Créativité langagière dans l'œuvre d'Ahmadou Kourouma,* Paris, L'Harmattan, 2009.

ethnostylèmes, des modalités du style et de la significativité du texte permettent en effet de montrer toute la richesse de la littérature ainsi décrite.

Bien évidemment, l'étude stylistique du texte littéraire africain ne peut se limiter à la seule ethnostylistique, il faudra également y associer la rhétorique, la pragmatique, la sociolinguistique, la sémiologie et la poétique d'une manière générale, si l'on veut arriver à des résultats de portée générale.

III.3. L'oragraphisation idéologique

Il est de notoriété publique que le texte littéraire africain, du fait de son contexte d'émergence, comporte une importante charge idéologique. Les écrivains de la première génération ont produit essentiellement une littérature de revendication et de dénonciation. Dénonciation des abus de la colonisation et revendication de la liberté perdue, afin que les Africains puissent, comme tous les autres peuples, assumer eux-mêmes leur destin. Cette littérature est d'une très grande violence verbale et laisse peu de place à l'aspect esthétique.

La deuxième génération, celle qui vient après les années soixante-dix, a par contre développé une littérature de la désillusion, avec des œuvres comme *Les Soleils des indépendances* d'Ahmadou Kourouma, *Le Pleurer-rire* d'Henri Lopès, *Le Cercle des tropiques* d'Alioum Fantouré. Celle-ci montre comment les nouveaux maîtres abusent du pouvoir pour asservir leurs compatriotes, à la manière des anciens colons. Cette littérature est également d'une très grande violence verbale, à la différence qu'ici, l'ironie se substitue à l'invective et à une satire crue des réalités africaines.

La troisième génération, qu'on situe dans la dernière décennie du XXe siècle, est peut-être plus orientée vers des problématiques mondiales, mais elle ne porte pas moins les stigmates de la violence historique qui l'a façonnée, à travers des meurtrissures telles que le racisme, l'immigration, la crise identitaire, l'exil ou l'errance. De façon presque inconsciente, cette génération reproduit une violence qui se traduit quelquefois par un discours névrotique portant à l'autoflagellation.

L'ensemble de cette littérature est donc à lire sous le prisme de l'idéologie, parce qu'elle est porteuse d'un nouveau projet social. Ce dernier a beau paraître utopique à bien des égards, mais il est tout de même révélateur des aspirations d'une communauté qui revendique son droit à l'existence. Il serait par conséquent judicieux, dans l'analyse, de combiner ici les apports de la critique thématique, de la sociocritique et même de la psychocritique pour arriver à cerner toutes les aspirations de la communauté dont les écrivains sont des hérauts.

Conclusion

En définitive, il apparait que le pari de l'élaboration d'une critique endogène du texte littéraire africain peut être relevé à partir de toutes les études qui ont été conduites depuis le colloque de 1973 à Yaoundé et des propositions que nous venons de faire. Celles-ci, dans leur ensemble, trouvent leur point d'assomption dans ce que nous avons nommé critique oragraphique et dont le cadre théorique et les modalités opératoires mériteront certainement d'être mieux explicités dans les productions scientifiques ultérieures.

Bibliographie

Anozié Sunday, *Sociologie du roman africain : réalisme, structure et détermination dans le roman moderne ouest-africain*, Paris, Aubier-Montaigne, 1970.

Dérive, Jean « Champ littéraire et oralité africaine : problématique », in Romuald Fonkoua et Pierre Halen, *Les Champs littéraires africains*, Paris, Karthala, 2001, pp. 87-111.

Fame Ndongo, Jacques, *L'Esthétique romanesque de Mongo Béti : essai sur les sources traditionnelles de l'écriture en Afrique*, Paris, Présence africaine, 1985.

Kane, Mohamadou, *Roman africain et tradition*, Abidjan, Nea, 1983.

Kane, Mohamadou, « Sur les formes traditionnelles du roman africain », in *RLC*, n°3-4, XLVIII, 1974.

Kelman, Gaston, *Je suis noir et je n'aime pas le manioc*, Paris, Éditions Max Milo, 2003.

Mateso, Locha, *La Littérature africaine et sa critique*, Paris, Karthala-ACCT, 1986.

Mendo Zé, Gervais, *La Prose romanesque de Ferdinand Oyono : essai d'analyse ethnostylistique*, Yaoundé, Pesses universitaires d'Afrique, 2006.

Mendo Zé, Gervais, *S... comme stylistique : propositions pour l'ethnostylistique*, Yaoundé, L'Harmattan, 2009.

Nol Alembong, *Standpoints on african orature*, Yaoundé, Les Presses universitaires de Yaoundé, 2001.

Noumssi, Gérard, *La Créativité langagière dans l'œuvre d'Ahmadou Kourouma*, Paris, L'Harmattan, 2009.

Semujanga, Josias, « De l'africanité à la transculturalité : éléments d'une critique dépolitisée du roman », in *Études françaises*, vol. 37, 2001.

Sewanou Dabla, *Nouvelles écritures africaines*, romanciers de la seconde génération, Paris, L'Harmattan, 1986.

Société africaine de culture, *Le Critique africain et son peuple comme producteur de civilisation*, Actes du colloque de Yaoundé, Paris, Présence africaine, 1977.

L'enseignement du français en Afrique et ses nouveaux défis à l'ère de la mondialisation

> *...il ne saurait y avoir* [...] *de langue française sans la France, mais la langue française n'est pas autant la langue des seuls Français. Et son avenir, dès lors, se joue essentiellement hors de France* (Boutros Boutros-Ghali).

Introduction

La réflexion engagée ici s'articule autour de *la problématique de l'enseignement/apprentissage du français dans un contexte de crise.* Elle se nourrit des nombreuses recherches effectuées par d'éminents linguistes, didacticiens et acteurs politiques sur l'évolution de la langue française dans nos pays depuis quelques années. Parmi ces recherches scientifiques, nous pouvons mentionner les États généraux de l'enseignement du français en Afrique subsaharienne francophone, tenus du 17 au 20 mars 2003 au Gabon, et de nombreuses publications aux titres évocateurs telles que : *Le Français, langue africaine* (Dumont, 1990), *Le français en Afrique: normes, tendances évolutives, dialectisation* (Zang Zang, 1998) ; *Une Crise dans la crise, le français en Afrique noire francophone* (Mendo Zé, 1990), *Le français, langue africaine. Enjeux et atouts pour la francophonie* (Mendo Zé, 1999) ; *Les Politiques linguistiques au Cameroun. Essai d'aménagement linguistique* (Tabi Manga, 2000), *Quel français parlons-nous* (Mendo Zé, 2003), etc.

La particularité de ces études est qu'elles insistent sur le contexte sociolinguistique où le français est enseigné. Elles mettent un accent particulier sur ses statuts, ses fonctions, les conditions didactiques (formation des formateurs, manuels et contenus didactiques, crise économique, etc.). Dans leur ensemble, elles dressent des tableaux sombres sur l'enseignement/apprentissage du français, tel qu'on peut le constater dans ces propos d'Ambroise Queffélec (2007 : 281) : *Les crises politiques et économiques des années 1980, conjuguées à la massification de l'enseignement, ont entraîné une quasi-faillite de l'appareil scolaire. Il s'est ensuivi une baisse de niveau considérable en français non seulement chez les élèves, mais aussi chez les maîtres dévalorisés socialement.*

Il est donc admis que l'enseignement/apprentissage du français est en crise. Étant donné qu'il n'y a de crise que par rapport à un âge d'or, mon propos consistera à revisiter les indicateurs qui ont fait la fortune de l'enseignement du français en Afrique francophone, puis à sonder les causes de cette crise réelle ou fantasmée avant de se demander si elle est irréversible.

I. À propos de l'âge d'or de l'enseignement du français

Il y aurait donc eu un âge d'or de l'enseignement de la langue française en Afrique ; un âge dont tous les chercheurs et les didacticiens sont nostalgiques et par rapport auquel on estime qu'on est en crise. De l'avis de nombreux chercheurs, cet âge d'or reposait sur trois indicateurs principaux

I.1. Les indicateurs pédagogiques et didactiques

Lorsque la langue française arrive en Afrique, par le biais de la colonisation, elle obéit principalement à une norme prescriptive. Dans ces conditions, le principal enjeu fut d'interdire l'usage des langues africaines en milieux scolaires et d'imposer un français standard. Il était alors interdit aux élèves d'utiliser, dans des salles de classe ou des cours de récréation, leur langue maternelle. Les propos de Jules Carde cités par Bitjaa Kody (1999 : 83) montrent cet impérialisme linguistique : *ne peuvent être reconnues comme écoles privées que celles qui donnent exclusivement l'enseignement en langue française et appliquent le programme [...] conçu à la métropole.* Jules Carde signe le 26 décembre 1924 un arrêté qui précise que *la langue française est la seule en usage dans les écoles. Il est interdit aux maîtres de se servir avec leurs élèves des idiomes du pays* (Bitjaa Kody, 1999 : 84).

On comprend que c'est par une méthode coercitive que la langue française et ses normes prescriptives se sont imposées en Afrique à l'époque coloniale. Elle y était enseignée selon la méthode directe, comme on le ferait dans un contexte où le français est la langue maternelle des apprenants.

Les apprenants étaient contraints d'imiter leurs maîtres qui étaient des modèles de locuteurs. Dans ce contexte où les langues locales étaient prohibées, on ne pouvait pas avoir des pratiques langagières hybrides (langues locales et français), encore moins des parlers mixtes comme le camfranglais. Toute tentative d'usage des langues locales était sévèrement sanctionnée. Les langues locales et le français étaient donc en emploi parallèle. Quand les premières pouvaient être utilisées dans le cadre familial, la seconde était exclusivement employée à l'école, dans les administrations et les manifestations officielles.

C'est ainsi que le français devint la langue de l'élite intellectuelle et administrative. Cette nouvelle élite intellectuelle va pérenniser les méthodes d'enseignement/apprentissage du français pendant près de trois décennies après l'obtention des indépendances. L'enseignement du français portait essentiellement sur la vulgarisation d'une norme monolithique. De nos jours, didacticiens, pédagogues et parents, continuent d'exprimer « la nostalgie d'une compétence linguistique acquise dans le contexte d'une politique d'assimilation réussie [qui] est toujours prégnante et sert de référence pour caractériser les usages contemporains. Le sentiment de la dégradation du français découle de cette appréciation » (Rapport, 2003 : 61).

I.2. Les indicateurs socioprofessionnels

Pendant l'époque coloniale, l'enseignement du français était assuré par des colons ayant pour langue maternelle le français. Ces encadreurs avaient rapidement formé une petite élite intellectuelle qui devait s'occuper de l'enseignement du français dans des écoles de brousse. Selon Mouralis (1981 : 73),

> *L'enseignement primaire se caractérisait par l'existence de trois types d'école. Au niveau le plus bas tout d'abord, l'école de village, dirigée par un moniteur indigène et située dans les villages d'une certaine importance. [...] La durée du cycle est de trois ou quatre ans, selon les écoles et le programme comporte l'acquisition des rudiments de français et de calcul et une initiation aux travaux agricoles. [...] A l'issue de l'année scolaire, un certain nombre d'élèves de la dernière division sont proposés pour l'école régionale. Située au chef lieu du cercle, l'école régionale comprend, répartis sur un cycle de six ans, les cours préparatoires et élémentaires, assurés par un instituteur adjoint et le cours moyen assuré par un instituteur européen, directeur de l'école. Elle prépare au Certificat d'Études Primaires Élémentaires indigène, diplôme d'un niveau différent du C.E.P. métropolitain et n'offrant pas les mêmes débouchées, ainsi qu'aux écoles d'apprentissage et aux écoles professionnelles. L'école régionale est fréquentée essentiellement par les enfants de la localité, les fils de chefs ou de notables et les meilleurs élèves des écoles de village.*

L'instituteur indigène, détenteur d'un certificat d'aptitude pour enseigner, devrait avoir une formation polyvalente, telle que le stipule Roume, Gouverneur général de l'Aof, cité par Mouralis (1981 : 72) :

> *il ne s'agit plus seulement de doter nos écoles de maîtres indigènes destinés à suppléer au manque de maîtres européens. Il s'agit encore de doter toutes les branches de l'administration, de l'industrie, de l'agriculture, des services d'hygiène et d'assistance, d'un personnel indigène apte à seconder un personnel européen trop restreint et, dans une certaine mesure, à le remplacer le cas échéant. [...] De même qu'il nous faut des intermédiaires, appartenant aux milieux*

indigènes par leurs origines et au milieu européen par leur éducation, pour faire comprendre aux gens du pays et pour leur faire adopter cette civilisation étrangère pour laquelle ils manifestent, sans qu'on leur en puisse retenir rigueur, un misonéisme bien difficile à vaincre.

L'instituteur indigène était donc celui-là même qui enseignait non seulement la langue française à ses élèves, mais aussi les rudiments scientifique, industriel, agricole, sanitaire et administratif. L'apprenant recevait donc une formation multiforme mais superficielle. Quoi qu'il en soit, l'enseignement du français était assuré par des instituteurs qui avaient pour devoir de former des élèves à la bonne maitrise de la langue de Molière. La maitrise de celle-ci était alors un signe de distinction sociale ou une forme d'élitisme. Au moment où les colonies françaises deviennent indépendantes, les lois coloniales régissant le fonctionnement de l'éducation n'avaient pas été rapidement abrogées. C'est pourquoi, après les indépendances, l'idéal monolithique du français était toujours de mise. Par ailleurs, à cette époque, l'État demeure le principal pourvoyeur d'emplois. Devenir un col blanc nécessitait une bonne maitrise de la langue française. Le processus de libération de certains secteurs tels que l'éducation, la santé, etc. était encore dans une phase embryonnaire.

I.3. Les indicateurs socioéconomiques

À l'époque coloniale, les systèmes éducatifs des pays de l'Afrique francophone ne sont pas encore sujets à des effectifs pléthoriques. On n'assiste pas encore à une très forte concentration des populations dans des agglomérations urbaines, venues de plusieurs régions du pays. Les métropoles postcoloniales présentent ainsi une discrimination sociale et professionnelle. Cette dernière était un legs de la colonisation (quartier des Noirs, symbole de l'indigénat et le quartier des Blancs, qui incarnaient l'opulence, le bien-être, l'intellectualisme, etc.). Dans ces conditions, les interactions entre les composantes socioprofessionnelles étaient encore très faibles.

De même, le développement technologique est absent dans ces pays devenus indépendants. On utilise encore des moyens de communication comme la lettre, la radio et le télégramme, et la référence est encore la norme monolithique au détriment des normes plurielles. Cette situation va s'estomper dans les deux dernières décennies du XXe siècle avec l'avènement de la crise économique et l'implosion du système scolaire.

II. La dégradation de la qualité de la langue française

De l'avis des observateurs, la qualité du français s'est considérablement dégradée depuis la fin des années quatre-vingt. D'aucuns le constatent à partir du niveau d'expression des apprenants ; d'autres à partir des performances des enseignants. Cette mauvaise qualité est consécutive à plusieurs facteurs dont les plus cités sont: la mauvaise qualité des manuels inscrits dans les programmes scolaires, l'influence des TIC, des langues locales, la crise économique des années 1980, la situation sociolinguistique des pays de l'Afrique francophone, les méthodes didactiques, le manque ou l'insuffisance des infrastructures, la quasi-absence des bibliothèques adéquates, l'absence des laboratoires de langues, etc. C'est pourquoi, dans l'une des résolutions des états généraux de l'enseignement du français, tenus au Gabon en 2003, il est mentionné que *les programmes témoignent parfois plus d'académisme que d'une réflexion sur le rôle du français pour les élèves* (2003 : 74). Dans la galaxie de ces causes, un doigt accusateur est principalement tourné vers les aspects névralgiques que sont : les errements didactiques, l'instabilité des normes, le rôle trouble des Tic. Il y a donc visiblement une régression dont il faut sonder les causes profondes et mesurer l'ampleur.

II.1. Les errements didactiques

La plupart des systèmes éducatifs des pays de l'Afrique francophone se sont lancés, depuis les deux dernières décennies, à l'expérimentation de nouvelles méthodes d'enseignement/apprentissage du français. Pour le cas du Cameroun, on a assisté à l'adoption, en 1994, de l'Approche par Objectifs Pédagogiques ainsi que la lecture méthodique, en lieu et place de la lecture expliquée.

Toujours dans le cadre du Cameroun, depuis 2014, l'expérimentation de l'Apc-Esv (Approche par les compétences avec une entrée par les situations de vie) est en cours dans des lycées et collègues. L'objectif primordial est de mettre en œuvre

> *une école soucieuse d'outiller les apprenants afin qu'ils puissent faire face à des situations de vie réelles [sic] ; complexes et diversifiées. À la place d'une école coupée de la société, s'est installée une école intégrée, soucieuse du développement durable, et qui prend en compte les cultures et les savoirs locaux* (Programmes d'études de 6e et 5e : Français, 2014 : 1).

Dans ces conditions, il faut dorénavant envisager un enseignement/apprentissage du français contextualisé. Il s'agit de l'adapter aux conditions de vie sociale. Certaines contributions de ce colloque font un état des lieux de cette approche didactique.

II.2. L'intrusion des langues nationales

Depuis quelques années, certains États de l'Afrique francophone tentent de changer de politique éducative, en introduisant l'enseignement des langues locales à l'école. Les thèses scientifiques et quelques expérimentations montrent que la maitrise de la L1 doit favoriser celle du français. Il faut préciser que cette initiative émane de l'une des résolutions de la Conférence d'Addis-Abeba, en 1961. Les articles 18 et 19 précisent que :

> *Les États africains reconnaissent la nécessité de développer les langues africaines afin d'assurer leur promotion culturelle et accélérer leur développement économique et social. À cette fin, les États africains s'attachent à élaborer et à mettre en œuvre des politiques linguistiques locales appropriées* (Article 18).

Les États africains devront préparer et mettre en œuvre les réformes nécessaires pour l'introduction des langues africaines dans leur cursus d'éducation. À cette fin, chaque État devra élargir l'utilisation des langues africaines en tenant compte des impératifs de la cohésion sociale, du progrès technologique et de l'intégration régionale et africaine (Article 19).

Dans le même sillage, les participants aux *États généraux de l'enseignement du français en Afrique subsaharienne francophone,* de mars 2003 au Gabon, reconnaissent l'importance de l'enseignement des langues nationales dans le processus didactique du français. La proposition 14 stipule que l'enseignement/apprentissage du français doit

> *veiller à offrir aux enfants une scolarisation initiale qui fasse de la langue du milieu l'instrument de la scolarisation primaire, le ressort cognitif des premiers comportements et qui évite la rupture intellectuelle et psychosociale entre le milieu [...], élaborer une méthode d'intégration pédagogique de la langue nationale et de la langue seconde [et] enseigner conjointement le français et nos langues* (2003 : 163).

De nombreuses expériences sont faites en Afrique au sujet de l'introduction des langues locales dans des systèmes scolaires. Mais l'on note toujours la dégradation du français dans l'espace francophone. Deux facteurs peuvent justifier cette situation didactique : l'échec des méthodes didactiques ou les orientations erronées de l'enseignement/apprentissage du français dans un contexte de mondialisation. Ce qui nécessite alors d'envisager de nouveaux enjeux didactiques.

En attendant que les expériences en matière d'introduction des langues locales devant favoriser la maitrise du français deviennent de véritables processus didactiques, le constat qu'on peut faire est que, malgré le changement des méthodes d'apprentissage et même des politiques éducatives, l'on assiste de plus en plus à la dégradation du français.

II.3. L'instabilité des normes

Contrairement à l'époque coloniale et au lendemain des indépendances des pays colonisés par la France, l'on assiste, de nos jours, et à la faveur de la mondialisation, à l'émergence de ce qu'il est convenu d'appeler les *endonormes* qui circulent dans l'espace francophone. À titre d'illustration, on peut citer la francographie africaine et les discours des réseaux sociaux.

La francographie africaine véhicule parfois des usages du français qui s'écartent considérablement des règles-standard. À cet égard, on peut mentionner les productions littéraires d'Ahmadou Kourouma, Calixthe Beyala, etc. Pour certains, il s'agit d'une écriture d'appropriation du français, langue « copropriétaire » (Daff Moussa, 2004) à toute la communauté francophone. Pour d'autres, ces pratiques constituent l'expression d'une subversion linguistique, et partant idéologique. Pour d'autres encore, elles reflètent l'univers sociolinguistique dans lequel s'inscrivent ces textes, en termes de diglossie et de plurilinguisme. Malgré la richesse thématique, culturelle et esthétique que présentent ces œuvres ; il reste qu'elles ne contribuent pas à la maitrise d'une langue standard.

Outre ces pratiques langagières littéraires, on peut mentionner l'influence d'une certaine presse écrite francophone, surtout celle qui n'appartient pas à l'État. Elle véhicule généralement des usages ou normes du français calqués sur le modèle des pratiques langagières populaires. Au niveau du Cameroun, on a le cas de *Le Popoli*.

Les médias constituent de nouveaux moyens de communication qui favorisent la démocratisation et la polyphonie sociolangagière. On y observe une hétérogénéité linguistique et langagière, allant du plurilinguisme externe (contact de langues) au plurilinguisme interne (variation d'une même langue). Ces plurilinguismes (Maingueneau, 2004) se manifestent donc par le mélange des langues sous forme d'alternances codiques, langues hybrides (camfranglais, nouchi, pidgin-english, etc.). L'apprenant qui doit s'approprier la norme standard ou prescriptive côtoie et utilise quotidiennement ces pratiques langagières dans plusieurs contextes de communication. Le temps de l'école, pendant lequel il s'efforce de s'exprimer en français standard est minime, d'autant plus que dans ce cadre, lorsqu'il est en interaction avec ses pairs, il n'utilise guère le code langagier inculqué par l'école.

Ce ne sont pas toujours les normes académiques qui permettent à un apprenant d'interagir avec son environnement, de communiquer avec ses pairs ou de comprendre l'environnement technologique, principal facteur de l'époque contemporaine. Les Tic constituent ainsi un secteur où l'innovation langagière est récurrente. C'est ce que l'on observe dans des réseaux sociaux ou dans les discours des internautes. Dans cette optique, les pratiques langagières des jeunes ne peuvent pas échapper aux écarts linguistiques. Que l'on privilégie le français standard ou non, les Tic imposent, consciemment ou non, à tous les locuteurs du français, des emprunts lexicaux (non encore adoptés dans le lexique de la langue française), des troncations de mots, etc. C'est le cas de Whatsapp, Facebook, Sms, etc. C'est pour cette raison que ces Tic sont stigmatisées par certains adultes, car les apprenants du français privilégient des codes qu'elles véhiculent. Malgré cette préférence, ces apprenants sont conscients de la norme prescriptive, qu'ils s'efforcent d'appliquer dans des situations d'enseignement/apprentissage.

Les cadres socio-urbains permettent aussi de saisir la variation langagière. Celle-ci est tributaire de la mobilité et de l'urbanisation poussée, favorisant ainsi des usages du français par des locuteurs ayant des paramètres différents : niveau d'instruction, âge, conditions de communication, influence de la L1, statut socioprofessionnel, etc. Tous ces locuteurs sont appelés à interagir dans l'espace urbain. À cet égard, il serait un leurre de penser que le français aura une configuration monolithique dans des pratiques langagières. Ces différents paramètres favorisent plutôt l'émergence des normes d'usage qui se stabilisent et se propagent à travers toutes les composantes ou couches sociales. Placé au carrefour de toutes ces influences et innovations, l'enseignant de français des temps modernes est désemparé. Il peine à trouver la bonne articulation entre les exigences de la norme, les pratiques linguistiques marginales qui tendent à s'institutionnaliser et les vestiges des approches pédagogiques : d'où la nécessité d'une réflexion tendant à proposer une démarche pédagogique appropriée.

III. Les nouveaux défis de l'enseignement du français

Loin de promouvoir les pratiques langagières qui s'écartent considérablement des règles basiques de la langue française, ou même du rejet de l'idéologie normative, il convient de souligner, dans une perspective fonctionnelle, les enjeux que l'enseignement/apprentissage du français devrait dorénavant privilégier.

Le premier défi de l'enseignement/apprentissage en Afrique francophone est de ne plus se focaliser uniquement sur la norme centrale du français. Face à l'évolution des habitus langagiers, des TIC et surtout de l'évolution sociale, la didactique du français doit s'adapter au nouveau contexte marqué par des facteurs linguistiques et idéologiques d'ordre endogène et exogène, mais aussi par des paramètres du monde moderne. La diversité langagière du français devrait être prise en compte dans les programmes du français. Vouloir la rejeter est une fuite en avant. Objectivement, il est difficile de privilégier uniquement la norme prescriptive dans le processus pédagogique. L'accent devrait être mis, non pas sur la distinction des niveaux de langues, mais sur l'existence des normes d'usages ou fonctionnelles contextualisées. Cette orientation didactique avait d'ailleurs été préconisée lors des États généraux de l'enseignement du français en Afrique subsaharienne. L'une des résolutions émanant de l'axe de réflexion « Quel français enseigner » précise que :

Le temps du purisme élitiste est bien définitivement révolu. L'Afrique doit tourner la page et proposer de nouvelles normes, car sans normes il ne peut y avoir d'enseignement, allant dans le sens d'une simplification des usages et des pratiques, et par conséquent des représentations. C'est le seul moyen de débarrasser le locuteur africain de son insécurité linguistique et, peut-être de lui redonner le goût de l'apprentissage de la langue française (langue de développement) quand il a disparu. Cette nouvelle norme africaine ne doit pas se limiter aux seuls emprunts et néologismes lexicaux mais s'étendre à la syntaxe du français. Dans ce domaine, les États généraux souhaitent que l'Afrique prenne ses responsabilités et qu'elle devienne le moteur d'une réforme dont même la France et ses propres locuteurs, natifs ou non, seraient les premiers bénéficiaires. C'est par une attitude de tolérance raisonnée et intelligente à l'égard de tous les phénomènes d'appropriation linguistique que l'Afrique francophone pourra enfin, après des décennies de soumission, de conflit et de révolte, se réapproprier l'enseignement de la langue française, gommer son inquiétude et croire véritablement en la Justice, en la Démocratie, en l'Égalité des Droits de l'Homme et en l'interculturalité (2003 : 72).

Il s'agit donc de briser le mythe monolithique et de se tourner résolument vers une idéologie polynomique. Car la langue française n'est pas figée, elle est *au contraire, un organisme vivant, en perpétuelle évolution. Et c'est précisément cette évolution qu'il nous faut tenter de maîtriser et d'orienter à la lumière de quelques réalités essentielles* (Boutros Boutros-Ghali, 2002 : 60).

Le recours à la seule norme monolithique est donc impossible. Il est nécessaire de privilégier les normes d'usage ou objectives, garantes de la contextualisation et de la fonctionnalisation de l'enseignement/apprentissage du français. Cela exige donc la révision des méthodes d'enseignement/apprentissage du français et les modes d'évaluation des sous-disciplines comme la dictée, l'expression écrite, etc. Cet idéal polynomique doit être inséré méthodiquement et progressivement dans des programmes éducatifs. *Aux cycles maternel, primaire et secondaire (premier cycle), la didactique peut insister sur la norme prescriptive, permettant d'installer chez l'apprenant des structures fondamentales de la langue*. À ce niveau, pour éviter de frustrer les jeunes apprenants, il faudrait concevoir les processus grammaticaux simplifiés, **élaborer des zones de tolérance** et surtout revoir le système d'évaluation. Car, plus les apprenants se sentiront à l'aise dans le processus didactique, plus ils seront disposés à apprendre la langue française. Par la suite (second cycle de l'enseignement général et technique et universitaire), l'on pourrait intégrer progressivement la dimension fonctionnelle des normes objectives, en mettant un point d'honneur sur leur contextualisation. C'est à ce niveau que le Fos (Français par Objectifs Spécifiques) ou le Fou (Français par Objectifs Universitaires) trouveront leur place dans les systèmes éducatifs de l'Afrique francophone. La dynamique interne de la langue française étant irréversible, l'on peut également introduire **l'approche différentielle**. Sa pertinence est qu'elle permettrait aux apprenants de faire une distinction entre les usages normatifs du français et des écarts sur lesquels reposeraient les zones de tolérance. Ces écarts, qui se différencieraient des fautes, devraient être admis dans certaines circonstances de communication. Il ne s'agit donc pas de mettre fin à l'enseignement des normes du français.

Dans ces conditions, l'enseignement du français ne devrait plus mettre uniquement l'accent sur les savoirs déclaratifs ou préfabriqués (normes prescriptives) par les livres. Il faudrait concomitamment privilégier un enseignement de la grammaire et un enseignement grammaticalisé (normes objectives) privilégiant l'observation des faits langagiers et intégrant non seulement des dogmes linguistiques ou normes prescriptives, mais aussi des usages contextualisés (Cuq et Queffélec, 2005 :76). Ces normes objectives émanent de l'autorégulation du français aux niveaux phonétique/phonologique, morphosyntaxique et lexico-sémantique en termes de tendances majeures du système. C'est à ce prix que les normes prescriptives et objectives seront présentes dans des processus didactiques, au lieu d'éviter les unes et privilégier les autres. Ce qui permettra de mettre en application cette résolution des États généraux de l'enseignement du français en Afrique subsaharienne francophone : favoriser une compétence communicative, plus éloignée de la théorie et de la normativité, plus proche de la pratique quotidienne et authentique *de la langue dans sa diversité géographique et sociale* (2003 : 62). L'enseignement du français pourrait par conséquent viser trois objectifs adaptés au contexte contemporain.

III.1. Enseigner le français pour savoir comprendre

Les apprenants formés au principe d'un français polynomique seraient capables de s'adapter au contexte de la mondialisation qui impose la circulation des normes, donnant lieu à un environnement communicationnel complexe et varié. Ces apprenants font face à une exigence : comprendre leur environnement afin de pouvoir s'y insérer harmonieusement et efficacement. Or le constat est que même si l'on est dépositaire des normes prescriptives ou standard, on n'est pas sûr de comprendre, de nos jours, les facteurs du contexte émanant de la mondialisation ou de l'évolution sociale, technologique et scientifique. Nous en voulons pour preuve l'évolution des Tic qui nécessite une bonne maitrise des codes langagiers qui ne sont pas nécessairement ceux du français standard. Parmi ces innovations, on peut citer le lexique, la sémantique, la morphologie, etc. Les adultes formés à l'idéologie monolithique ne sont pas nécessairement ceux qui maitrisent mieux ces codes ; pourtant ils leur sont utiles pour une insertion réussie dans ce nouveau contexte. Ce qui pourrait expliquer la répulsion des Tic par certains adultes ou des critiques acerbes qu'ils adressent aux jeunes en lien avec l'usage de ces outils.

Les adultes qui font un effort d'adaptation sont en mesure de comprendre et agir dans ce nouvel environnement. Ils peuvent même utiliser, dans le cadre de leur profession ou de la communication sociale, des outils qu'offre Internet tels que, Twitter, WhatsApp, etc. et des langues attribuées aux jeunes (parlers jeunes ou hybrides dont la langue matrice est le français). C'est le cas de leur usage par des acteurs sociopolitiques lors des campagnes électorales. À cet égard, l'usage ou non de ces moyens et langues peut entrainer, dans certains contextes, l'exclusion ou l'intégration au réseau communicationnel. Il s'agit donc des codes et des normes de l'époque contemporaine. Vouloir s'en passer peut être à l'origine de l'inadaptation à l'époque actuelle.

III.2. Enseigner le français pour savoir-faire

Si les didacticiens et les pédagogues fustigent les nouvelles normes du français, on peut penser que c'est parce qu'ils ont du mal à s'y adapter, et surtout à utiliser les Tic qui les véhiculent. Pour certains, la baisse du niveau des apprenants en français s'explique par l'usage quotidien de ces Tic : ce qui est difficile à admettre, car on ne peut pas prouver que tous les apprenants d'autrefois, formés à la norme prescriptive du français, sont suffisamment intégrés dans la complexité du monde moderne.

Il n'est donc pas pertinent d'appliquer la didactique discriminatoire dans le contexte socioéducatif de l'Afrique francophone. Car toutes les catégories de normes peuvent favoriser des savoir-faire dans des domaines spécifiques tels que la communication sociale, commerciale, technologique, politique, etc., dans une optique de la performativité communicationnelle. Il va sans dire que l'usage des Tic dans n'importe quel secteur n'épargne pas des locuteurs du français des écarts linguistiques ; quel que soit le niveau de scolarisation. Un pédagogue qui veut utiliser ces Tic dans ses enseignements ne peut pas échapper à l'usage des emprunts ou des structures morphologiques non conventionnelles de la langue française. Compte tenu des indicateurs du monde moderne, les savoir-faire sont tributaires de la maitrise de plusieurs normes du français.

III.3. Enseigner le français pour savoir être

Le défi ultime de l'enseignement/apprentissage du français devrait être le savoir être. Si la didactique du français tient compte, non seulement des structures linguistiques (grammaire, morphologie, syntaxe, sémantique, lexicologie, etc.), mais aussi de la littérature africaine d'expression française, cette dernière peut permettre d'inculquer aux apprenants des valeurs éthiques, culturelles, etc. Il s'agit donc de relativiser le critère fondamental d'évaluation des œuvres des écrivains africains, qui tient particulièrement à l'esthétique (Mouralis 1981 : 163) : les éditeurs et critiques *ont eu tendance, comme il était prévisible, à juger les œuvres des auteurs africains en fonction des critères esthétiques prévalant dans leur propre société. Il fallait en particulier que les œuvres puissent s'inscrire dans l'évolution générale de la littérature européenne pour ne pas trop dérouter le public.*

Ces œuvres littéraires véhiculent des valeurs multiformes. Elles permettent donc à l'écrivain de *retrouver le contact avec son peuple*. La langue utilisée devient ainsi un code fondamental pour assurer la communication. C'est dans cette optique que les programmes de langue française et de littérature (1994 : 3) du Cameroun stipulent que l'enseignement de la langue française doit permettre à un apprenant de

> *Former sa personnalité, d'exprimer sa culture et comprendre celles des autres grâce à des activités qui assurent son ouverture d'esprit : lectures, théâtre, cinéma.* Ensuite, *par leurs portées sociales et leurs valeurs esthétiques, par toutes les richesses qu'ils véhiculent, les œuvres et les textes littéraires au programme doivent permettre aux élèves de tirer à la fois plaisir et profit, de manière à susciter chez eux un goût durable par la lecture* (1994 : 4).

De même, les discours des internautes, portant sur les questions d'actualité (nationale et internationale) transmettent des valeurs culturelles, sociale, éthique, sociopolitique, etc. Leur exploitation dans une classe de français peut être une opportunité d'analyser ces différentes valeurs. On peut bien les exploiter dans le cadre d'une lecture méthodique et de commentaire composé. Ils peuvent aussi être un support pour les cours de langue française dans une optique de l'enseignement grammaticalisé. La prise en compte de cette catégorie de praxis peut permettre la contextualisation de l'enseignement/apprentissage du français. On comprend donc que ce n'est pas uniquement la langue pure, intégrée dans des programmes scolaires, qui peut aider à former des apprenants sur divers plans de la vie sociale et professionnelle.

Pour ce qui est des structures linguistiques du français, l'idéologie polynomique, synonyme de la multi-compétence/performance linguistique, permettrait aux apprenants, sortis du système éducatif, de savoir être langagièrement dans des situations de communication spécifiques. Savoir être dans un cadre institutionnel nécessite la maitrise de la norme standard, savoir être dans un cadre populaire exige la maitrise des codes langagiers du milieu, savoir être dans un cadre de réseaux sociaux nécessite l'appropriation des normes langagières du réseautage, etc. Dans ces conditions, l'enseignement/apprentissage du français, pour être efficace, utile et fonctionnel, ne saurait négliger ce que Charaudeau (2001) appelle *communauté de discours* et qui suppose l'existence des normes spécifiques ou contextuelles, contrairement à la communauté linguistique qui privilégie les normes prescriptives ou standard, visant l'uniformisation des pratiques de la langue française. Cette uniformisation est un leurre, car la langue française a une essence polynomique. Point n'est plus besoin de redouter les normes objectives contemporaines. Il est temps, comme le dit Boutros Boutros-Ghali (2002 : 60), de ne plus considérer la variabilité du français comme un des facteurs destructeurs de la qualité de la langue française, mais davantage comme *une richesse, un aiguillon pour la réflexion et pour l'action [...], dans la mesure où elle est, pour nous, une invitation à dépasser un certain nombre d'idées reçues, de comportements, de blocages.* Dans tous les cas, la possession de plusieurs compétences (Charaudeau, 2002 : 344) est nécessaire: la compétence situationnelle *stipulant que tout locuteur qui communique et interprète doit être apte à construire son discours en fonction de l'identité des partenaires de l'échange, de la finalité de l'échange et du propos qui est en jeu* ; la compétence sémiologique qui recommande que tout interactant de la communication reconnaisse et manipule efficacement les formes des signes utilisés et la compétence sémantique basée sur le partage des schèmes cognitifs communs ou des savoirs partagés.

Conclusion

En somme, il n'y a pas lieu de s'épouvanter devant les mutations que subit la langue française et que d'aucuns assimilent à une grave crise par un regard nostalgique sur un ordre ancien, marqué par un purisme sacralisé. Il faudrait plutôt comprendre que l'évolution des systèmes éducatifs en Afrique francophone, corrélée à la mondialisation, nécessite un renouvèlement des processus de la didactique du français. Au regard du caractère irréversible de la dynamique interne du français en Afrique, couplée aux mutations sociales et technologiques, il n'est plus pertinent de privilégier, dans certains domaines, l'idéologie de la norme monolithique. Si cette idéologie a prévalu à l'époque coloniale et au lendemain des indépendances des pays de l'Afrique francophone, de nos jours, les facteurs du contexte de mondialisation exigent des changements d'ordre didactique. À l'idéologie du purisme linguistique devrait se substituer une philosophie polynomique dont le résultat serait la multicompétence/performance des apprenants du français. C'est par cette flexibilité que l'anglais a pu s'enrichir sans cesse de ses variantes au point de devenir la langue la plus parlée des temps modernes.

Bibliographie

Bitjaa Kody Z. D., « Problématique de la cohabitation des langues », in Mendo Zé, G. (dir.), *Le Français, langue africaine. Enjeux et atouts pour la Francophonie,* Paris, Publisud, 1999, pp. 80-95.

Boutros Boutros-Ghali, *Émanciper la Francophonie*, Paris, L'Harmattan, 2002.

Bulot, T., « Variation et normes d'une langue », in Bulot, Th. Et Blanchet, Ph., *Une introduction à la sociolinguistique. Pour une étude des dynamiques de la langue française dans le monde*, Éditions Archives Contemporaines, 2013, pp. 43-71.

Carmarans, Ch., *Les Français de plus en plus fâchés avec l'orthographe*, RFI, entretien avec Pierre Colignon et Yvan Amar, à l'occasion de la Journée Internationale de la Francophonie du 20 mars 2015.

Charaudeau, P., « Langue, discours et identité culturelle », in Études de linguistique appliquée, n°123-124, 2001, pp. 341-348.

Cuq J.-P. et Queffelec, A., « Enseignement de la grammaire et enseignement grammaticalisé en français, langue seconde », in *Le Français dans le monde*, Numéro spécial, 2005, pp. 75-84.

Inspection de pédagogie chargée de l'enseignement des lettres, arts et langues, 2014, *Programmes d'Études de 6e et 5e : Français*, 2014.

Daff, M., 2004, « Vers une francophonie africaine de la copropriété et la cogestion linguistique et littéraire », in *Glottopol*, n°3, pp. 89-96.

Dumont, P., *Le Français, langue africaine*, Paris, L'Harmattan, 1990.

Maingueneau, D., *Le discours littéraire. Paratopie et scène d'énonciation*, Paris, Armand Colin, 2004.

Mendo Zé, G. (dir), « Quel français parlons-nous ? », in *Revue Langues et communication*, n° 2, 2003.

Mendo Zé, G., (dir.), *Le Français, langue africaine. Enjeux et atouts pour la Francophonie,* Paris, Publisud, 1999.

Mendo Zé, G., *Une Crise dans les crises: le français en Afrique francophone*, Paris, ABC, 1990.

Ministère de l'Éducation nationale, *Programmes de Langue française et de littérature, 2nd, Enseignement secondaire général et technique,* 1994.

Mouralis, B., *Littérature et développement. Essai sur le statut, la fonction et le représentation de la littérature négro-africaine d'expression française*, Paris, Honoré Champion, 1981.

Rapport général des états généraux de l'enseignement du français en Afrique subsaharienne francophone, 17-20 mars 2003, Libreville, Gabon.

Rapport final de la conférence d'États africains sur le développement de l'éducation en Afrique, Addis-Abeba, 15 au 15 mai 1961.

Tabi Manga, J., *Les Politiques linguistiques du Cameroun. Essai d'aménagement linguistique,* Paris, Éditions Karthala, 2000.

Queffelec, A., « Les parlers mixtes en Afrique francophone subsaharienne », *Le français en Afrique,* n° 22, 2007, pp. 277-291.

Zang Zang, P., *Le Français en Afrique, normes, tendances évolutives, dialectalisation*, Lincom Europa, München, 1998.

Identité culturelle, civilisation de l'universel et mondialisation[1]

Un parcours de l'œuvre de Léopold Sédar Senghor permet de distinguer assez aisément deux aspirations profondes qui semblent à première vue contradictoires : il y a, d'une part, la volonté de repli sur soi, de réappropriation, de retour aux sources de la tradition africaine, d'affirmation en somme de ce qu'il appelle la Négritude ; d'autre part, le souci de s'ouvrir aux autres, de communier avec les autres et de prendre part à ce grand concert des nations qu'il appelle la civilisation de l'universel. Trois volumes de ses essais politiques et littéraires rendent admirablement compte de cette dualité. Il s'agit spécifiquement de *Liberté I : Négritude et humanisme, Liberté II : Négritude et civilisation de l'universel, Liberté III: Le Dialogue des cultures.* Une relecture de ces essais nous permettra ici de montrer comment Senghor concilie ces deux aspirations. Occasion nous sera également donnée de nous interroger sur ce concept fondateur qu'est la civilisation de l'universel, concept que nous mettrons en rapport avec un autre qui lui est apparenté, sinon semblable, celui de mondialisation.

I- La quête identitaire chez Senghor

Léopold Sédar Senghor, selon ses biographes, est arrivé en France en 1928. Il avait l'âge de vingt-deux ans, c'est-à-dire l'âge des incertitudes. Il y est arrivé précisément à un moment où sévissait encore, au quartier latin, la théorie du primitivisme nègre et de la mentalité prélogique. Le maître Lévy Brühl faisait encore figure d'autorité.

On peut imaginer que, d'emblée, le jeune Senghor a souffert de ces préjugés et qu'il a ressenti au fond de lui-même la nécessité de s'affirmer comme homme et d'affirmer sa culture. Ce sursaut d'orgueil était d'une nécessité vitale. Lui-même décrit la situation d'inconfort psychologique dans laquelle il se trouvait avec ses camarades, situation qui les a portés à lancer la revue *L'Étudiant noir,* organe d'expression de la Négritude.

---

[1] Texte publié dans l'ouvrage de Marcellin Vounda Etoa, *Le Siècle de Senghor,* Yaoundé, Presses universitaires de Yaoundé, 2003.

Nous étions alors plongés, avec quelques autres étudiants noirs, dans une sorte de désespoir panique. L'horizon était bouché. Nulle réforme en perspective et les colonisateurs légitimaient notre dépendance politique et économique par la théorie de la table rase. Nous n'avions, estimaient-ils, rien inventé, rien créé, ni sculpté, ni peint, ni chanté... Pour asseoir une révolution efficace, il nous fallait d'abord nous débarrasser de nos vêtements d'emprunt, ceux de l'assimilation et affirmer notre être, c'est-à-dire notre négritude[2].

C'est ainsi qu'est née la Négritude, le point d'ancrage de la révolution culturelle qu'il va entreprendre avec ses compagnons de lutte que sont Césaire, Damas, Birago Diop et bien d'autres. Cette Négritude, que le poète des *Hosties noires* définit comme *l'ensemble des valeurs de civilisation du monde noir*[3], consiste en *un enracinement en soi et à une confirmation de soi, de son être*[4].

On peut donc comprendre que l'essentiel de la poésie de Senghor ait consisté à chanter la beauté de sa terre natale et à exalter les valeurs culturelles de son terroir. Dans la logique de la confrontation culturelle, cette poésie s'est même quelquefois montrée agressive, dénonciatrice et corrosive à l'endroit de la civilisation française.

Dans un texte intitulé *Négritude et modernité ou la Négritude est un humanisme, du XXe siècle*, Senghor se montre fier de cette fougue, et même de la violence qui l'a porté à l'assaut de la civilisation française. Il ne regrette ni le ton, ni le caractère outré de ses propos, ni ses mystifications sur l'Afrique ancestrale. Il y affirme :

Je suis un défenseur et un partisan de la Négritude dans la mesure où je vois dans ce mouvement une volonté de retour à soi. Je l'accepte même en tant que narcissisme positif, absolument nécessaire. Je pense qu'il faudrait même l'exagérer, lui donner des dimensions qui soient en proportion de l'aliénation[5].

Senghor est donc conscient de la nécessité de se montrer agressif vis-à-vis du colon et d'exagérer l'exaltation de sa culture et de sa race. C'est là, curieusement, que le bât blesse. Alors même qu'il s'emploie à pourfendre l'Occident, les siens semblent le trouver plutôt tendre et conciliant. On lui reproche de ne pas être suffisamment dur, suffisamment blessant vis-à-vis du colon. D'aucuns l'accusent de vouloir le ménager en portant des coups mous. En même temps, on trouve l'exaltation qu'il fait de sa race tout à fait

---

[2] Léopold Sédar Senghor cité par Jean Jacques de Chevrier, *Littéraire nègre*, Paris, Armand Colin, 1974, p. 42.
[3] Léopold Sédar Senghor, *Liberté III : Négritude et civilisation de l'universel*, Paris, Éditions du Seuil, 1977, p. 20.
[4] *Ibid*, p. 69.
[5] *Ibid*, p. 216.

exagérée, sinon ridicule. Il en est ainsi de sa fameuse thèse sur l'âme noire qu'il présentait comme essentiellement émotive et magique[6].

Il n'est pas question pour nous de revenir ici sur ces thèses largement exploitées du reste par ses contradicteurs mais de montrer comment, historiquement, a commencé à se fragiliser le discours théorique de l'auteur de *Chants d'ombre.*

Malgré ces contradictions de plus en plus nombreuses, Senghor développe sa pensée en soutenant plus tard que la négritude, malgré sa nécessité historique, n'est qu'une étape qui doit être dépassée. Autant dire qu'à la vieille négritude devait se substituer une nouvelle, qui soit ouverture au monde, fût-il celui de l'ancien colonisateur. Il soutient notamment cette thèse dans un article intitulé « la Francophonie comme contribution à la civilisation de l'universel ». On peut y lire ceci :

> *Dans ce monde en pleine mutation, il est évident que l'autarcie n'a plus sa raison d'être. Les relations internationales ne peuvent plus être ramenées au niveau des nationalismes étroits ou de l'opposition entre idéologies qui se disputent la domination du monde avec l'âpreté et la violence que l'on sait. L'heure est désormais à la coopération*[7].

L'évolution qui s'opère ici dans le discours senghorien ne manque pas de le rendre davantage suspect, d'autant plus qu'on n'a pas la nette impression que la colonisation est véritablement achevée et que l'ancien colon est disposé à traiter d'égal à égal avec les colonisés. On semble même percevoir, dans les propos de l'idéologue, une certaine légitimation de la colonisation dont il tend à minimiser les effets néfastes et à montrer les bienfaits. En effet, dans une conférence prononcée dans les universités nordiques en mai 1970, il affirme :

> *Nous savons que la colonisation est un phénomène universel qui, à côté de ses aspects négatifs, a certains aspects positifs. D'autant que, depuis l'avènement de l'Homo sapiens, les peuples, quand ils se rencontrent, se combattent certes, mais ne s'anéantissent plus : ils se métissent. Et surtout, ils métissent leurs civilisations. Ce qui est le plus important, car il n'est de véritable culture que de l'âme*[8].

Le mouvement d'ouverture amorcé par Senghor va structurer le second aspect de sa pensée dont le concept central est la civilisation de l'universel. Le poète-philosophe soutient en effet que malgré tout le bien qu'il pense de lui-même, le Noir doit éviter de s'enfermer dans une *Négritude de ghetto*, il

---

[6] Au rang de ces contradicteurs figurent Marcien Towa, Franz Fanon, Stanislas Adotevi, Tidjani Serpos.

[7] *Liberté III*, p. 194.

[8] *Ibid*, p. 241.

doit éviter de se claquemurer dans *le Musée négro-africain*[9] pour animer le monde.

Autant dire que le repli sur soi, la revendication de l'identité culturelle n'étaient pour Senghor qu'une opération tactique préparant une nouvelle manière d'être au monde. Sa négritude n'était donc, en fin de compte, qu'un mouvement de ressourcement préfigurant *une certaine présence active dans le monde*. Elle devait, selon les mots de l'écrivain lui-même, se concevoir comme *relation avec et mouvement vers le monde, contact et participation avec les autres*[10].

C'est par cette double opération d'enracinement et de déracinement que devait naitre la culture nouvelle et que la Négritude pouvait se présenter comme un humanisme. Senghor résume cette double opération en ces termes : *La vraie culture est toujours déracinement, assimilation active des valeurs étrangères. Mais elle est d'abord enracinement dans le sol natal, culture des valeurs autochtones*[11].

Il va de soi que Senghor aborde ici un aspect particulièrement important de sa pensée. En effet, l'option de déracinement ameute à nouveau ses contradicteurs qui auraient bien voulu le voir s'affirmer en s'opposant à l'Occident, d'autant plus qu'ils n'ont pas l'impression que l'Occident amorce le même mouvement de déracinement. Senghor, d'après Fanon, pose l'homme noir comme manque, comme incomplétude, comme un être dont l'accomplissement est à venir[12]. Senghor n'ignore pas ces arguments, mais il soutient que tôt ou tard, l'Occident sera également contraint de tendre vers l'universel. L'avènement de la civilisation de l'universel lui semble donc être une échéance inéluctable pour l'humanité, une révolution qui se fera malgré les réactionnaires de tous bords.

II. La civilisation de l'universel

Le terme civilisation de l'universel est emprunté au théologien et philosophe français Pierre Teilhard de Chardin qui tentait de montrer, dans l'entre-deux-guerres, que le mouvement général des civilisations les portait vers une convergence panhumaine. Cette convergence, qui correspond aussi aux étapes de la personnalisation de chaque individu, s'opère, selon Teilhard, en trois étapes principales :

---

[9] *Ibid.*, p. 47.

[10] *Ibid.*, pp. 69-70.

[11] *Liberté II : Nation et voie africaine du socialisme*, Paris, Éditions du Seuil, 1971, p. 195.

[12] Dénonçant la thèse de Senghor qui est, elle-même, une reprise des idées de Sartre dans *Orphée noir,* Fanon affirme : « *La conscience noire est immanente à elle-même. Je ne suis pas une potentialité de quelque chose, je suis pleinement ce que je suis. Je n'ai pas à rechercher l'universel, en mon sein, nulle probabilité ne prend place. Ma conscience nègre ne se donne pas comme manque. Elle est adhérente à elle-même* », in *Peau noire, masques blancs*, Paris, Éditions du Seuil, 1952, p. 109.

1. La centration sur soi : opération de repli permettant, dans une situation d'agitation dispersive. Elle permet de se posséder en vue de mieux s'estimer et de pouvoir grandir de manière harmonieuse.

2. *La décentration sur autrui* :qui est une manière d'échapper à l'égoïsme subtil pour rencontrer autrui, étant entendu que, dans la nature, tout est liaison, interdépendance, solidarité d'éléments et poussée vers l'unification des individus. Cette étape suppose amour et don, sacrifice et renoncement.

3. La *surcentration sur autrui* : Il s'agit d'un prolongement et d'un dépassement de la seconde étape. Elle commande d'aller au-delà des cercles ou des groupes fermés vers la création d'une humanité parfaitement unifiée et unanime.

On voit très bien comment cette démarche a pu structurer la pensée de Senghor qui voulait, lui-même, concilier son désir douloureux de revendiquer son identité nègre et d'assumer la séduction que la civilisation française exerçait sur lui. La théorie de Teilhard de Chardin lui permettait de concilier ces contraires, de sortir d'une aventure ambigüe et de pouvoir à la fois se revendiquer de Diogoye Senghor, son père, le lion affamé, de Tokô Waly, son oncle maternel, le mystique, et de Descartes, le rationaliste, de Péguy ou de Claudel.

Teilhard l'avait déjà précédé dans cette voie en concevant sa philosophie comme une *conjonction entre la raison discursive et la raison intuitive, par-delà la dialectique marxiste*[13]. Senghor adapte simplement cette dialectique à la situation nègre.

La raison intuitive du nègre et la raison discursive du blanc peuvent, selon lui, parfaitement se féconder pour assurer plus d'équilibre à l'homme. Cette symbiose a connu des précédents dans l'histoire. Senghor le rappelle en montrant comment la rencontre et le métissage des peuples sur les bords de la Méditerranée avaient autrefois permis le rayonnement des civilisations égyptienne et arabe, en passant par la gréco-romaine. Ces grandes civilisations n'ont, à son sens, été démembrées et dispersées que par les sociétés closes qui s'y sont substituées.

L'avènement de la civilisation de l'universel lui semble donc à la fois salutaire et inéluctable. Elle sera salutaire pour l'Afrique qui pourra véritablement s'enrichir au contact des autres en leur volant pour ainsi dire le secret de leur puissance et pour l'Euramérique qui pourra réapprendre le sens de l'humain. Elle sera le carrefour du donner et du recevoir. Le service nègre, dans cette optique, sera *de contribuer, avec d'autres peuples, à refaire l'unité de l'homme et du monde, à lier la chair à l'esprit, l'homme à son semblable, le caillou à Dieu. En d'autres termes, le réel au surréel*[14].

---

[13] Teilhard de Chardin, cité par Senghor, *Liberté III*, p. 87.

[14] *Liberté I*, p. 38.

Cette civilisation est aussi inéluctable. Elle se fera en dépit de l'Euramérique, qui tente maladroitement d'imposer la sienne comme modèle unique. Senghor la voit déjà fleurir sur le plan culturel où les apports de la Négritude et de l'art nègre en général ont réussi à révolutionner, depuis les années vingt, la sculpture, la peinture, la tapisserie, la musique et la danse dans toute l'Europe.

Sur les plans politique et économique, elle est déjà en marche à travers des regroupements comme la Francophonie, l'Anglophonie, la Lusophonie, etc. Il ne fait pas, selon lui, de doute que ces entités finiront par se fondre dans un espace plus grand, qu'elles finiront par tendre et par s'accomplir dans l'universel.

Mais de quel universel s'agit-il ? Est-ce de celui que le monde actuel nous donne à voir ou nous impose sous l'appellation de mondialisation ou d'un autre dont l'avènement est toujours attendu ?

III. Civilisation de l'universel et mondialisation

La question posée plus haut est d'autant plus pertinente que Teilhard de Chardin, dans ses prémonitions, affirmait que le XXIe siècle serait celui de la civilisation de l'universel. Le moins que l'on puisse dire est que cette prémonition semble se réaliser sous nos yeux et en ces jours où l'on note comme une prééminence de la pensée unique, où l'on semble observer une uniformisation des valeurs et une unipolarisalion du monde. Il y a aujourd'hui une espèce de consensus politique et économique qui donne l'impression que l'humanité tout entière converge vers un but commun, vers ce que Teilhard appelait le point oméga.

Il n'y a pas de doute qu'une telle perception de l'histoire consacrerait l'assomption de la vision politique de Senghor, mais l'expérience quotidienne de la mondialisation nous montre qu'elle est fort éloignée des aspirations du penseur sénégalais. Selon les termes d'Ambroise Kom, cette mondialisation n'est qu'un *ethnocentrisme porté vers l'universel*[15]. Autant dire qu'au lieu de consacrer l'avènement de la « civilisation de l'universel », la marche de l'histoire a plutôt consacré une « civilisation universelle », situation que redoutait fortement Senghor. Le penseur sénégalais faisait en effet une nette distinction entre civilisation de l'universel conçue comme le carrefour du donner, et du recevoir et civilisation universelle, perçue comme la modélisation d'une certaine culture, en l'occurrence la culture occidentale.

Senghor semble ainsi avoir été piégé par l'histoire et particulièrement par l'Occident qui reste dans la logique de l'impérialisme culturel et politique. Heureusement que, par instinct de conservation, on constate que divers

---

[15] Ambroise Kom, *La Malédiction francophone : défis culturels et condition post-coloniale en Afrique,* Yaoundé,-Hambourg, Lit-Clé, 2000, p. 6.

peuples du monde refusent encore de se laisser assimiler, d'où les nombreux replis identitaires notés ces dernières années dans le globe. La tendance actuelle est plutôt au regroupement des entités ayant des affinités culturelles, ce qui, de toute évidence, conduit à des blocs de civilisations et non à l'émergence d'une seule civilisation. De plus en plus, on voit s'opposer à la mondialisation un monde multipolaire et multicivilisationnel, pour emprunter une terminologie chère à Samuel Huntington. Par ces reconstitutions culturelles, la nature semble en effet revendiquer ses droits en opposant au fantasme universaliste des arguments géographiques, historiques, génétiques, culturels, psychologiques, spirituels, linguistiques, etc.

Autant dire que la nature reste ici jalouse des diversités raciales géographiques, culturelles et spirituelles et que toute alchimie qui prétend anéantir cette grande diversité contrarie dame nature et semble appeler d'elle-même la fin de l'histoire ; étant entendu que l'histoire n'évolue que de façon dialectique.

En somme, l'itinéraire intellectuel de Senghor est édifiant à plus d'un titre. En même temps qu'il nous prévient contre le piège de l'enfermement racial et culturel, il nous convie au dialogue culturel, au rendez-vous du donner et du recevoir. Dans l'ensemble, il nous révèle un penseur très euphorique, pour ne pas dire excessivement généreux, d'une générosité par trop chrétienne, dans un monde, encore hélas, guidé par la loi des intérêts et des positionnements stratégiques.

Bibliographie

Abéga, Prosper, « Identité nationale, mythe ou réalité ? », in *Annales de la Faculté des Lettres et Sciences Humaines,* vol IV, n° 7, Yaoundé, 1976, pp. 49-53.

Adotevi, Stanislas, *Négritude et Négrologues,* Paris, Union Générale d'Éditions, « 10/18 », 1972.

Chevrier, Jacques, *Littérature nègre,* Paris, Armand Colin, 1974.

Fanon, Frantz, *Peau noire, masques blancs,* Paris, Éditions du Seuil, 1952.

Fonkoua, Romuald Blaise, « L'Afrique en Khâgne : contribution à une étude des stratégies senghoriennes du discours dans le champ littéraire francophone », in *Présence Africaine, n° 154 : Dossier spécial Senghor,* Paris Présence africaine, 1998, pp. 130-175

Huntington, Samuel P., *Le Choc des civilisations*, Paris, Éditions Odile Jacob, 1997.

Kom, Ambroise, *La Malédiction francophone : Défis culturels et conditions post-coloniale en Afrique,* Yaoundé-Hambourg, Lit/Clé, 2000.

Omgba, Richard L., *L'Anticolonialisme dans la littérature française : formes d'expressions et fondements théoriques 1914-1960,* Thèse de Doctorat d'État, Yaoundé, 2002.

Rideau, Émile, *La Pensée du père Teilhard de Chardin,* Paris, Éditions du Seuil, 1965.

Senghor, Léopold Sédar, *Liberté I : Négritude et humanisme,* Paris, Éditions du Seuil, 1964.
Senghor, Léopold Sédar, *Liberté II : Nation et voie africaine du socialisme,* Paris, Éditions du Seuil, 1971.
Senghor, Léopold Sédar, *Liberté III : Négritude et civilisation de l'universel,* Paris, Éditions du Seuil, 1977.
Senghor, Léopold Sédar, *Liberté V : Le Dialogue des cultures,* Paris, Éditions du Seuil, 1993.

Existe-t-il une littérature francophone ? Statut et ambigüités de l'écriture en francophonie[1]

Poser le problème de la réception de la littérature francophone suppose un préalable, à savoir, l'attestation de l'existence d'une littérature dite francophone, car, s'il est indéniable que la Francophonie institutionnelle, pour ne pas dire la Francophonie politique, constitue une réalité, il n'est pas tout à fait évident que la Francophonie culturelle existe, tant les éléments qui la composeraient sont disparates. Autant ces éléments peuvent se revendiquer d'une culture particulière, telle que la culture française ou la culture camerounaise ou congolaise, autant ils peuvent s'inscrire dans la Francophonie.

De façon concrète, peut-on dire des écrivains comme Mauriac, Bernanos, Montherlant, qu'ils sont des écrivains francophones ? Ces écrivains ont-ils jamais eu le sentiment d'appartenir à une telle nomenclature ? Dans le même esprit, Ahmadou Kourouma, Alioum Fantouré, Birago Diop, Sembène Ousmane, Mongo Beti, sont-ils des écrivains francophones ou simplement des écrivains africains de langue française ? D'où la question de savoir s'il existe, à proprement parler, une littérature francophone, constituée en champ, dans le sens que Pierre Bourdieu accorde à cette notion. À partir des catégories énoncées par ce dernier, nous allons essayer de répondre à cette question et d'apprécier la viabilité d'une telle production.

I. Du champ littéraire francophone

Selon Pierre Bourdieu, *Le champ est un réseau de relations objectives (de domination ou de subordination, de complémentarité ou d'antagonisme, etc.)* entre des positions[2].

Le champ littéraire, par conséquent, est perçu comme un espace organisé et/ou homogène ou des acteurs (écrivains, éditeurs, lecteurs, libraires, etc.) entrent en interaction ou en interrelation en vue d'acquérir un profit matériel

[1] Texte publié dans l'ouvrage coordonné par Alphonse Tonyé, *Critiques et réception des littératures francophones*, Paris, L'Harmattan, 2013.
[2] Pierre Bourdieu, *Les Règles de l'art : genèse et structure du champ littéraire*, Paris, Éditions du Seuil, Nouvelle édition revue et corrigée, 1992, p. 378.

ou symbolique. Cet espace, d'après Bourdieu, comporte nécessairement les caractéristiques suivantes :

1. Il doit être clos, c'est-à-dire doté d'un certain degré d'autonomie à l'égard des déterminations externes et des sollicitations émanant des pouvoirs, surtout des pouvoirs politiques et religieux ;
2. Il doit comporter un système de relations à l'intérieur duquel toutes les positions occupées ou occupables s'entre-déterminent et interdisent, de ce fait, toute analyse parcellaire ou figée ;
3. Il doit posséder un code de comportement et d'actions, une règle de jeu, plus ou moins légalisée, mais aussi des enjeux et des intérêts partagés par l'ensemble des agents qui en relèvent ;
4. Il constitue un lieu de luttes, de concurrence, de rivalités en vue de la captation, de l'accumulation ou de la conservation des capitaux qui lui sont propres.

En application de cette théorie de Bourdieu, Pascal Durand[3] propose une critériologie d'appréciation de l'émergence ou du dynamisme d'un champ littéraire. Cette critériologie compte cinq étapes.

La première consiste à *faire le repérage des institutions les plus instituées qui sont à la disposition des écrivains concernés*. Il s'agit principalement des instances de reproduction et de diffusion, telles que les maisons d'édition, les collections, des instances de consécration telles que les revues, les académies, les prix, les fauteuils, etc., et des instances de sociabilité qui sont les lieux de connivence et de prise de contact (quartiers, cafés, campus universitaires, musées, espaces de colloques).

Il s'agit, en d'autres termes, de prouver qu'il existe, dans l'espace en question, une véritable « institution littéraire »[4], en ce que ce terme, proposé par Jacques Dubois, désigne « l'infrastructure du système », c'est-à-dire l'ensemble des instances de fonctionnement d'un espace littéraire.

La deuxième étape consiste à recenser les auteurs, sinon en totalité, du moins par un échantillonnage fondé sur les tranches d'âge ou générations, les genres pratiqués, les maisons d'édition adoptées.

La troisième consiste à établir l'itinéraire individuel des auteurs à l'intérieur du champ et à définir préalablement leur *habitus* à l'entrée : origine sociale et géographique, formation scolaire, capitaux économiques et culturels.

La quatrième consiste à mesurer le degré d'autonomie du champ, à savoir l'étroitesse ou l'élasticité des liens de dépendance qu'il entretient d'une part

---

[3] Pascal Durand, « Introduction à la sociologie des champs symboliques », in Fonkoua Romuald Blaise, Pierre Halen, *Les Champs littéraires africains*, Paris, Karthala, 2001, pp. 19-38.

[4] Les notions de champ littéraire et d'institution littéraire sont en effet des notions concurrentes. Pascal Durand propose pour ce faire de réserver l'expression institution littéraire à l'infrastructure du système : maison d'édition et de diffusion, revues, journaux, cénacles très ritualisés, académies, et de réserver par contre celle de champ littéraire à tout ce qui, dans l'espace littéraire, relève du relationnel et de l'interactionnel, in Fonkoua Romuald B., *op. cit.*

avec le pouvoir économique, d'autre part avec les pouvoirs politiques et ou religieux. Ce degré d'autonomie peut être mesuré en fonction de critères précis : l'imposition ou non de la censure, l'exercice ou non d'une violence juridique à l'égard des auteurs et de leurs éditeurs. La capacité du champ à imposer ses propres normes et critères de sélection ou de promotion peut par ailleurs être mise en évidence en tenant compte de ce que Bourdieu appelle le *coefficient de diffraction.*

La cinquième étape consiste à déterminer le système des codes esthétiques et des régimes rhétoriques. Il s'agit en fait de construire, pour un moment donné, la hiérarchie des genres littéraires. Les régimes rhétoriques, à savoir les codes d'écriture, les formes et les catégories de figures privilégiées, sont d'un apport essentiel.

À partir de cette grille d'analyse, peut-on dire qu'il existe un champ littéraire francophone ?

Notre réponse, on le comprendra, est très mitigée, car si l'on peut concéder à la littérature dite francophone de revendiquer un certain nombre d'auteurs, écrivant en français ou dans les langues dérivées, si l'on peut établir les itinéraires des auteurs à l'intérieur de l'espace francophone[5] ; si l'on peut attester l'existence d'une infrastructure permettant de croire en l'existence d'une institution littéraire, il est difficile d'admettre que le champ ainsi imaginé dispose d'une quelconque autonomie ou qu'il comporte un système cohérent de codes esthétiques et rhétoriques.

En effet, on note au sein de la Francophonie un effort indéniable de constitution d'une institution littéraire comportant des appareils de production et de diffusion ainsi que des instances de consécration. De plus en plus, on voit se créer, au sein de certaines maisons d'édition, des collections destinées aux écrivains francophones. Des prix sont créés et attribués, des festivals, colloques et séminaires sont organisés. Des bibliothèques et centres de recherche spécialisés se multiplient. Des filières de formation existent ainsi que des espaces de sociabilité. Des instances comme l'Agence Universitaire de la Francophonie (Auf) et l'Université francophone d'Alexandrie confèrent, à l'ensemble de la structure, une autorité académique indéniable.

Cependant, il reste visible que la littérature dite francophone n'échappe pas totalement au soupçon du contrôle politique. S'il est évident qu'elle est très peu dépendante des intérêts religieux et économiques et qu'elle ne subit pas le poids de la censure ou d'une quelconque violence juridique, il reste qu'elle est politiquement marquée avec un centre, Paris, d'où part l'impulsion, et une périphérie, les colonies, où l'on essaie de s'ajuster; d'où

---

[5] On peut consulter, pour se convaincre de l'existence de cette catégorie d'écrivains, les anthologies de la littérature francophone qui se multiplient où des auteurs français côtoient des auteurs canadiens, belges, antillais et africains.

l'impression que l'espace littéraire francophone est un *espace dialectique*[6]. Le fait que la plupart des maisons d'édition se trouvent à Paris, que les instances de légitimation et de consécration soient logées à Paris, et que ce soit Paris qui garantisse la légitimité des pratiques fait de la littérature francophone le lieu de l'exercice d'une violence symbolique, en tant qu'elle est l'émanation d'une tutelle intellectuelle.

De plus, peut-on dire qu'il existe, au sein de la littérature dite francophone, des codes esthétiques et des régimes rhétoriques homogènes ? Nous en doutons, d'autant plus qu'il y a l'hypothèque de la langue. Quelle est la langue de la Francophonie? Est-ce le français de France ? Sont-ce les français dits régionaux ou les langues apparentées ? Une littérature peut-elle exister sans une langue particulière qui la détermine et en exprime l'esprit ? Les écrivains qui se revendiquent de la Francophonie ont-ils le sentiment d'utiliser la même langue ? Ahmadou Kourouma utilise-t-il la même langue que François Mauriac, Sartre, Malraux, Bernanos, Montherlant ? Ont-ils tous le sentiment d'appartenir à une même communauté linguistique ?[7]

Il va de soi que les écrivains de la Francophonie ne partagent pas les mêmes de codes esthétiques et rhétoriques. Le théâtre africain, même quand il est rendu en français, ne partage pas le même code de valeurs que le théâtre français.

Le roman africain, encore que l'Afrique ne connaisse pas véritablement ce genre dans ses traditions littéraires, est fort éloigné du roman français. Il est un genre hybride associant les genres oraux que sont le conte, l'épopée, la fable.

Au niveau rhétorique, les ressources et les codes ne sont pas les mêmes. Des travaux très spécialisés en stylistique, en rhétorique, en sémiotique, en pragmatique ont montré combien l'éloquence africaine, par exemple, est éloignée des traditions discursives françaises[8].

À tout prendre, la littérature francophone nous semble être beaucoup plus une virtualité qu'une réalité vivante[9]. Cette virtualité ne peut se traduire en réalité que si certaines hypothèques sont levées.

---

[6] P. Aron, « Le fait littéraire francophone » in Fonkoua, *op. cit.*, p. 46.

[7] On se souvient à cet effet que le manuscrit du roman d'Ahmadou Kourouma *Les Soleils des indépendances*, a été boudé par la plupart des éditeurs français, sous prétexte qu'il était écrit en mauvais français et qu'il n'a dû sa survie que parce qu'il a été accepté par un éditeur canadien. Pourtant ce roman constitue aujourd'hui un classique africain.

[8] On pourrait consulter à cet effet les travaux de l'équipe constituée autour de Gervais Mendo Zé, notamment l'ouvrage intitulé : *Le Français, langue africaine, enjeux et atout pour la francophonie*, Paris, Publisud, 1994.

[9] Pierre Halen partage le même doute quand il affirme : *« On peut aussi montrer que les littératures francophones ne forment pas un champ, mais un système de plusieurs champs et que les littératures du sud connaissent de ce système des conditions de possibilités spécifiques. »*

II. Conditions d'émergence d'une littérature francophone

La première hypothèque à l'existence d'une littérature francophone concerne bien évidemment le problème de la langue. Tant que la Francophonie vivra dans un système de diglossie ou de polyglossie, il sera fort naturellement difficile de parler d'une littérature francophone. Peut-être parlera-t-on des littératures francophones mais pas, à notre sens, d'une littérature francophone. En d'autres termes, il n'y aura de littérature francophone que le jour où les différents parlers de la Francophonie se rapprocheront, s'enrichiront mutuellement au point de consacrer l'avènement d'un parler médian, compréhensible par tous, disposant des mécanismes de régularisation connus de tous. Peut-être que ce parler médian, cette langue dont on perçoit les bourgeons dans les dictionnaires de la Francophonie qui se multiplient ces derniers temps, sera ce que Pabé Mongo appelle si opportunément « le francophonien »[10].

La deuxième hypothèque concerne les infrastructures du système. Tant qu'il y aura monopolisation des instruments de diffusion et de légitimation par le centre qu'est Paris, la littérature francophone n'aura qu'une existence virtuelle, parce que les opérateurs du champ n'auront pas l'autonomie nécessaire à la production des savoirs. Il y aura toujours une littérature de référence, la littérature française, dont le souci sera de s'imposer aux autres et de les phagocyter. Autant dire, en réalité, que ce que l'on présente aujourd'hui comme une littérature francophone n'est rien d'autre qu'un sous-champ du champ littéraire français. De même que Bourdieu niait l'existence d'un champ littéraire belge en affirmant que *la littérature belge est un sous-champ culturel français séparé du centre par une frontière politique*[11], de même nous sommes fondé à croire que la littérature dite francophone ne constitue pas un champ autonome ; elle pourra peut-être y parvenir si elle revendique et conquiert son autonomie.

La troisième hypothèque nous semble être celle de la critique, car comme le souligne Jean Dérive, *dans la constitution du champ littéraire, l'instance critique est un élément fondamental, comme lieu de légitimation de la valeur*[12]. Au vieux débat qui, en littérature comparée, oppose les universalistes dont la position est qu'avec une science du texte et ou de la société, toute œuvre littéraire, quelle qu'en soit l'origine, est réductible à l'analyse, et les culturalistes qui estiment que les seules approches légitimes sont les approches *émiques*, c'est-à-dire celles qui s'appuient sur des critiques endogènes, nous

---

[10] L'écrivain camerounais Pabé Mongo, dans son *Manifeste de la nouvelle littérature camerounaise* (Nolica) définit le francophonien comme une langue née du croisement du français d'origine avec les limons locaux d'Afrique. Yaoundé, 2005, p. 127.

[11] Pierre Bourdieu, « Existe-t-il une littérature belge ? », in *Limites d'un champ et frontières politiques*, cité par Paul Aron, *op. cit.*, p. 46.

[12] Jean Dérive, « L'approche critique des littératures en langues africaines », in *Notre librairie : la critique littéraire*, n°160, décembre 2002-février 2006.

prenons parti en soutenant que tout champ littéraire comporte ses spécificités qu'une critique spécifique doit reconstituer.

Cela implique que la littérature francophone en émergence doit se doter d'un appareil critique approprié, autant d'ailleurs que les littératures africaines. Il est, certes, vrai que certaines approches critiques fort bien connues ont tenté de prendre en compte les spécificités des contextes d'énonciation des œuvres afin de pouvoir interpréter celles-ci avec pertinence, mais il s'avère, à l'observation, qu'elles restent jusque-là dépendantes de leur lieu de production. Il en est ainsi de la sociocritique et de la sociopoétique.

La sociocritique fut en effet la première à étudier les dynamiques sociales et culturelles mises en jeu dans l'espace du discours afin d'interpréter les œuvres en fonction des codes de la société qui les génère. Elle fut de ce point de vue relayée par la sociopoétique d'Alain Viala qui associait la sociologie historique à la poétique formelle, mettant ainsi en *corrélation des causalités externes, les faits sociaux et les états de la poétique*[13].

Ces approches, on ne saurait le nier, eurent un très grand succès au cours du siècle dernier. Elles ont eu le mérite de révéler la richesse de certaines œuvres, surtout celles qui étaient très socialement marquées. Mais la sociocritique, comme la sociopoétique, souffre de leur très grande accointance avec la scolastique marxiste. On y retrouve une lecture très politique des œuvres et une approche très européanisée des phénomènes sociaux. On ne dira pas assez sûr ce qu'elles doivent à Durkheim, Marx, Bourdieu et bien d'autres.

Dans le même registre des approches sociologisantes se trouve la sociopragmatique développée par Justin Bisanswa. Celle-ci se propose, elle aussi, *d'articuler la spécificité interne du texte sur ses conditions de production*[14]. Sa particularité est cependant qu'elle se construit comme un contre-discours en ce qu'elle recherche essentiellement *ce qui paraît constituer la différence avec la culture occidentale*[15]. En cela, elle s'avère appropriée à l'étude non pas de la littérature francophone qui, elle, intègre l'Occident comme l'une de ses composantes structurelles, mais de la littérature africaine.

III. Propositions pour une ethnocritique

Dans la galerie de ces approches, il nous semble qu'il y a de la place pour une critique plus ouverte et plus globale, en ce qu'elle ne sera ni exclusivement formelle ni exclusivement idéologique ni exclusivement externe à l'œuvre. Cette critique, dont nous souhaitons l'avènement, pourrait

---

[13] Alain Viala, « Sociopoétique », in *Approches de la réception*, Paris Puf, 1993, p. 147.

[14] Justin Bisanswa, « D'une critique l'autre : la littérature africaine au prisme de ses lectures » in Notre librairie, *La critique littéraire*, n°160, Décembre 2005, 2006, p. 72.

[15] *Ibid.*, p. 68.

être une ethnocritique, c'est-à-dire une critique qui prend en compte l'écologie culturelle du producteur, les particularités de son milieu, les structures conscientes ou inconscientes qui interagissent au moment de l'écriture, tout cela tendant à féconder une étude globale du littéraire. Elle sera une critique culturaliste, illustrant la diversité des apports et les richesses d'une Francophonie qui prône l'unité dans la diversité.

En prenant le risque d'une telle proposition, nous ne fermons pas les yeux sur l'anathème qui frappe la science ethnologique au profit bien évidemment de la sociologie. Tandis que la première a été confinée à l'étude des peuples primitifs, la seconde a été élevée à celle des sociétés modernes et industrialisées, comme si l'on ne pouvait pas faire l'ethnologie des sociétés avancées ou occidentalisées. Là n'est évidemment pas le débat.

En définissant l'ethnologie comme *la branche de l'anthropologie qui se propose d'analyser et d'interpréter les similitudes et les différences entre les sociétés et les cultures*, on comprend bien que cette science humaine peut enrichir une critique qui veut à la fois mettre en exergue la différence et la similitude.

Il nous semble en effet que le drame de l'écrivain francophone, c'est celui de vouloir à la fois exprimer son appartenance à une culture particulière qui serait celle de son terroir et de s'inscrire dans la mouvance d'ensemble imprimée par la Francophonie. L'écrivain francophone est donc essentiellement un homme écartelé, au carrefour des cultures, un être biculturel, pour ne pas dire plural.

Par voie de conséquence, la critique la mieux à même de rendre compte de sa trajectoire est celle qui, tout en prenant en compte les données de son terroir, apprécie son intégration dans le marché culturel commun qu'est la Francophonie. Cette critique sera d'autant plus pertinente qu'elle sera une critique d'écoute et d'ouverture et non une critique qui viendrait imposer une scolastique toute faite, taillée à la dimension d'autres contextes.

L'ethnocritique ne sera donc pas, comme les sociocritiques, une lecture politique des œuvres, mais une critique souple qui s'informe du génie de chaque écrivain et de chaque peuple. Elle ne sera pas essentiellement formelle comme l'ethnostructuralisme et l'ethno-stylistique que défend Gervais Mendo Zé, mais s'intéressera à la fois à la structure de l'œuvre et à son contenu. Elle se voudra à la fois descriptive en ce qu'elle accordera une place primordiale à l'étude des formes, à l'écriture, et interprétative en ce qu'elle devra dévoiler la vision du monde des écrivains.

Elle empruntera donc, non sans raison, à l'ethnostylistique en ce qu'une bonne analyse littéraire, même si elle est purement de type thématique, ne peut se passer de l'étude des faits de langue. Comment retrouver les motifs qui structurent un thème ou les métaphores obsédantes qui conduiront au « mythe personnel » si l'on ne s'intéresse pas aux faits de langue ?

C'est dire que cette approche partira des formes vers les significations, à la manière de celle de Jean Rousset. Elle combinera les approches stylistiques, narratologiques, psychanalytiques à l'approche thématique pour donner naissance à une approche globale de l'œuvre. Sa particularité sera qu'elle accordera une place privilégiée au contexte d'énonciation et qu'elle interprètera l'œuvre en fonction de son « ethnotope », étant entendu que, dans la circulation des idées, le lieu d'où l'on parle est une donnée essentielle de la construction du sens. De façon concrète, l'ethnocritique, qui est, comme on peut le percevoir, une approche synthétique, pourra opérer en trois phases.

3.1. L'étude des codes rhétoriques et stylistiques de l'œuvre

Cette étude part du fait que l'œuvre est un construit, un tissu dont il faut retrouver les filaments. Dans cette optique, le critique s'efforcera de retrouver l'architecture d'ensemble de l'œuvre, de révéler les combinaisons qui permettent à l'écrivain de produire son œuvre, de montrer le degré de créativité de celui-ci. Il accordera un intérêt particulier à l'écriture de façon à dégager les traits de style et le génie propre de chaque écrivain.

Les codes rhétoriques et esthétiques ainsi décrits seront étudiés en rapport avec les pratiques littéraires du milieu de production afin de voir le degré d'imprégnation et aussi de distanciation de l'écrivain d'avec son « ethnotope ».

3.2. L'analyse des réseaux de signification

II s'agit ici d'une étude à la fois stylistique et thématique dans la mesure où, à travers la constitution de champs lexicaux et de champs sémantiques, on arrive à montrer comment se tisse le discours de l'écrivain.

La constitution des champs sémantiques commande que l'on s'intéresse à ce que Charles Mauron appelle « les métaphores obsédantes »[16], c'est-à-dire, aux mots, aux images, aux symboles, aux situations et aux figures répétitives dont la récurrence et la congruence permettent d'entrer au cœur des préoccupations de l'écrivain et, au-delà, de sa société.

3.3. Le dévoilement de la vision du monde

Il s'agit d'une étape interprétative dans laquelle on étudie le positionnement de l'écrivain par rapport aux problèmes de sa société, son temps ou du monde en construction.

La vision du monde ainsi recherchée ne sera pas exclusivement celle de l'écrivain mais aussi celle du groupe, pour ne pas dire celle de l'ethnie dont il est le médiateur, le porte-parole. C'est en ce sens qu'on peut aboutir à l'idéologie, surtout lorsqu'il est question des écrivains dont les positions politiques sont bien perceptibles.

---

[16] Charles Mauron, *Des Métaphores obsédantes au mythe personnel : introduction à psychocritique*, Paris, José Corti, 1988.

Au total, l'ethnocritique, qui pourrait tout aussi bien s'appliquer à la littérature africaine, a le mérite, à notre sens, de concilier les approches purement formelles et les approches purement interprétatives, de même qu'elle permet de distinguer ce qui est commun de ce qui ne l'est pas encore dans l'espace francophone.

En conclusion, il apparait qu'au-delà de cette méthode qui est encore à construire et à consolider, du problème de la langue que l'usage et le temps sauront fixer, le défi de l'existence d'une littérature francophone peut être relevé si les principaux acteurs de ce champ nouveau prennent conscience des enjeux et évitent de retomber dans le piège de l'assistanat intellectuel et culturel qui n'est qu'un pendant du néocolonialisme.

Biographie

Aron P., « Le Fait littéraire francophone », in Fonkoua Romuald et Halen Pierre, *Les Champs littéraires africains,* Paris, Karthala, 2001.

Bisanswa J., « D'une critique à l'autre : la littérature africaine au prisme de ses lectures », in *Notre Librairie, La critique littéraire,* n° 160, 2005.

Bourdieu P., *Les Règles de l'art: genèse et structure du champ littéraire,* Paris, Éditions du Seuil, 1992.

Dérive J., « L'approche critique des littératures africaines » in *Notre Librairie : La critique littéraire,* n° 160, 2005.

Durand P., « Introduction à la sociologie des champs symboliques » in Fonkoua Romuald et Halen Pierre, *Les Champs littéraires africains,* Paris, Karthala, 2001.

Goldmann L., *Pour une sociologie du roman,* Paris. Gallimard, 1964.

Halen P., « Les littératures africaines ne tombent pas des nues », in *Notre Librairie, La critique littéraire,* n° 160, 2005.

Mauron Charles., *Des métaphores obsédantes au mythe personnel, introduction à la psychocritique,* Paris, José Corti, 1988.

Mendo Zé G., *La Prose romanesque de Ferdinand Oyono : Essai de stylistique textuelle et d'analyse ethnostructurale,* Paris, Abc, 1984.

Mendo Zé G., *Le Français, langue africaine : enjeux et atouts pour la Francophonie,* Paris, Publisud, 1999.

Mendo Zé G., *Propositions pour l'ethnostylistique, Langues et communications,* n° 4, vol. 1, 2004.

Molinié G. et Viala A., *Approche de la réception : sémiostylistique et sociopoétique de Le Clezio,* Paris, Puf, 1993.

Pabe Mongo, *La Nolica (nouvelle littérature camerounaise) : du maquis à la cité,* Yaoundé, Presses universitaires de Yaoundé, 2005.

Richard J.-P., *L'Univers imaginaire de Mallarmé,* Paris, Éditions du Seuil, 1961.

Rousset J., *Forme et signification : essai sur les structures littéraires de Corneille à Claudel,* Paris, José Corti, 1992.

Troisième partie : témoignages et hommages aux hommes de culture

Le legs d'Aimé Césaire à l'Afrique[1]

Quel intérêt y aurait-il, pour des Africains, à célébrer la mémoire d'Aimé Césaire, l'Antillais, le député français d'outre-mer ? Césaire n'était pas un Africain et il a à peine séjourné en Afrique. Bien plus, il a choisi, pour son pays, un statut de Département français, en dépit de ses thèses anticolonialistes.

Que de fois n'a-t-on entendu des intellectuels africains faire à Césaire le procès de ses choix politiques et de sa distance physique vis-à-vis d'un continent qui occupe pourtant une place centrale dans son œuvre ! Autant ils étaient subjugués par la poésie révolutionnaire de l'auteur du *Cahier d'un retour au pays natal*, autant ils semblaient déçus par l'homme politique qui n'a pas su réaliser dans la pratique la prophétie inscrite dans ses écrits.

Ce malentendu entre le culte que l'on voue à Aimé Césaire en Afrique pour ses idées et le dépit qu'il inspire pour ses actions ne pouvait nous laisser indifférent alors que l'heure était venue de faire le point sur la contribution de cet écrivain à la construction de la société de notre temps. Nous avons voulu le dissiper en réunissant les spécialistes et les amateurs de son œuvre ; d'où l'idée d'organiser le colloque international qui s'est tenu à l'Université de Yaoundé I du 08 au 10 juin 2010.

Fidèle à sa tradition de porte-étendard de la recherche et de l'enseignement des littératures africaines et de la diaspora nègre[2], la Faculté des Arts, Lettres et Sciences Humaines de l'Université de Yaoundé I a abrité cet événement qui a compté une trentaine de participants.

À la faveur des échanges, il est apparu clairement qu'aucun Africain, à l'exception peut-être de Cheikh Anta Diop, n'a autant fait pour l'Afrique au plan des idées que le poète Aimé Césaire. Au cœur de l'œuvre de cet écrivain exceptionnel se trouve l'Afrique. Elle y est présente de façon ostensible, latente, figurative, symbolique. L'Afrique, c'est la métaphore obsédante, au sens de Charles Mauron, de la création littéraire de Césaire, c'est le fantasme persistant à la lumière duquel il faut interpréter le reste. Quand Césaire parle des Nègres des Antilles, il entrevoit ceux de l'Afrique, quand il évoque ceux de l'Amérique, il a en esprit ceux de l'Afrique.

---

[1] Avant-propos de l'ouvrage intitulé : *Aimé Césaire et le monde noir*, Paris, L'Harmattan, 2012.

[2] Il faudrait signaler à cet effet que la Faculté des Arts, Lettres et Sciences Humaines de l'Université de Yaoundé I fut l'un des premiers établissements des universités africaines à créer un Département de littérature négro-africaine. C'était en 1973.

L'une des meilleures preuves de cette obsession pour l'Afrique pourrait être trouvée dans la *Tragédie du roi Christophe*, pièce de théâtre que le dramaturge consacre à la révolution haïtienne. On y voit le roi Christophe, au soir de sa vie, invoquer l'Afrique, pourtant lointaine, pour qu'elle accueille en dernier ressort son âme ; ce qui traduit un désir douloureux de retour à la terre des origines. Il en est de même, dans *Le Cahier d'un retour au pays natal*, quand le poète-combattant cite les parties du monde qu'il prend sous sa protection et pour lesquelles il entend livrer combat, il n'oublie pas l'Afrique. On peut y lire :

> *Ce qui est à moi, ces quelques milliers de mortiférés qui tournent en rond dans la calebasse d'une île et ce qui est à moi aussi, l'archipel arqué comme le désir inquiet de se nier, on dirait une anxiété maternelle pour protéger la témérité plus délicate qui sépare l'une de l'autre Amérique [...]. Et mon île non-clôture, sa claire audace debout à l'arrière de cette polynésie, devant elle, la Guadeloupe fendue en deux de sa raie dorsale et de même misère que nous, Haïti où la négritude se mit debout pour la première fois [...] et la comique petite Floride où d'un nègre s'achève la strangulation, et l'Afrique gigantesquement chenillant jusqu'au pied hispanique de l'Europe, sa nudité où la Mort fauche à larges andains*[3].

L'histoire de l'Afrique est également évoquée dans ce poème comme objet de fierté pour l'homme noir. De façon ironique, le poète s'en sert pour discréditer la thèse de ceux qui pensent et soutiennent que le Nègre n'a pas d'histoire. On peut de ce fait apprécier sa bonne connaissance de l'histoire des peuples africains. Il affirme notamment :

> *Non, nous n'avons jamais été amazones du roi du Dahomey, ni princes du Ghana avec huit cents chameaux, ni docteurs à Tombouctou, Askia le Grand étant roi, ni architectes de Djenné ni Madhis, ni guerriers. Nous ne nous sentons pas sous l'aisselle la démangeaison de ceux qui tinrent jadis la lance*[4].

L'Afrique, cette Afrique qu'il dit gigantesque et misérable à la fois et dont il chante les hauts faits est donc pour Aimé Césaire le point de départ et le point d'arrivée de son itinéraire spirituel. Elle est appelée à être le point d'impulsion de la grande révolution nègre et le point d'assomption de la réalisation de l'homme noir. Il n'est pas étonnant, de ce point de vue, qu'à l'orée de la grande révolution à laquelle il appelle les Nègres, il se ressource auprès du fleuve Congo et invoque ses ancêtres Bambaras. On l'entend dire : *A force de penser au Congo, je suis devenu un Congo bruissant de forêts et de fleuves*[5].

---

[3] Aimé Césaire, *Cahier d'un retour au pays natal*, Paris, Présence africaine, 1983, p. 24.
[4] *Ibid*., p. 38.
[5] *Ibid*., p. 28.

Autant dire que Césaire a fortement compensé le fait qu'il n'ait pas véritablement vécu en Afrique par une œuvre entièrement centrée sur l'Afrique. Lui-même le dit en des termes clairs : *Je me suis toujours senti essentiellement africain, de tempérament, d'histoire. L'Afrique, je ne la connais pas beaucoup, mais elle est en moi !*[6]

Sur la base de cette profession de foi, on pourrait dire que le colloque de juin 2010 à l'Université de Yaoundé I, sur le thème *Aimé Césaire et le monde noir : regards croisés*, a été pour l'Afrique une occasion de rendre à Césaire ce que Césaire lui a donné : l'affection. L'Afrique a voulu témoigner sa reconnaissance à un homme qui a su défendre sa cause et lutter pour la dignité de ses fils. Elle a tenu à saluer le courage, l'altruisme de l'auteur du *Discours sur le colonialisme* et d'*Une Saison au Congo*.

L'Afrique contemporaine doit beaucoup à Césaire, le père de la négritude. Depuis le *Cahier d'un retour au pays natal* (1939) jusqu'à ses derniers écrits, le poète martiniquais n'a cessé d'éveiller les consciences des masses africaines et de former spirituellement et intellectuellement les jeunes africains. Aussi bien le *Cahier d'un retour au pays natal* que *La Tragédie du roi Christophe*, *Une saison au Congo*, *Une Tempête* ont figuré, pendant près de quarante ans, dans les programmes du secondaire et de l'enseignement supérieur en Afrique. C'est en lisant Césaire que beaucoup de jeunes africains ont appris à faire face devant le monde et à déjouer les pièges de l'impérialisme colonial.

Il n'y a pas qu'au plan des idées que Césaire a influencé l'Afrique et les Africains, car il faut bien reconnaitre qu'en brisant les carcans de l'esthétique littéraire occidentale et en libérant l'écriture, Césaire a ouvert la voie à des expériences scripturales diverses. Aussi bien la poésie africaine écrite des temps modernes que le théâtre lui doivent beaucoup. Raison pour laquelle aux deux premières parties de cet ouvrage, consacrées respectivement au regard césairien sur l'Afrique et au regard de l'Afrique sur la vie et l'œuvre de Césaire, nous avons adjoint une troisième, fondée sur l'esthétique de la négritude. On pourra ainsi y voir la manière particulière dont Césaire a su affirmer sa personnalité littéraire et concilier les exigences de la culture occidentale avec les aspects esthétiques de sa propre culture.

Quant à la grande préoccupation sur l'engagement politique de Césaire, il est apparu que Césaire, à l'épreuve des faits, a dû faire preuve de réalisme pour éviter à la Martinique, *ce petit rien ellipsoïdal qui tremble à quatre doigts au-dessus de la ligne*[7], de s'isoler du monde. La Martinique, à son sens, n'avait pas les moyens de son indépendance et avait intérêt, pour sa survie, à se rattacher à une entité plus grande. Étant donné qu'une

[6] Cité d'après Charly Gabriel Mbock, « Comment peut-on aimer Césaire ? ou l'oxymore négro-africain », in *Aimé Césaire et le monde noir,* Actes du colloque international de Yaoundé, 2010.

[7] *Cahier d'un retour au pays natal*, p. 23.

République française ouverte sur les Territoires et les Départements d'Outre-mer lui offrait cette opportunité, le poète-politicien a estimé qu'il fallait la saisir pour l'intérêt des masses populaires.

Le faisant, Césaire n'entendait pas aliéner la liberté où la dignité de son peuple, il voulait tout simplement garantir sa survie tout en se réservant la possibilité de défendre ses droits dans une République qui promeut la liberté, l'égalité et la fraternité.

On peut donc penser que le choix de Césaire, pour ce qui est du statut de la Martinique, a été hautement stratégique. En revanche, il pense que l'Afrique est dans une situation différente de celle de la Martinique. Elle dispose de ressources naturelles, humaines, économiques, politiques susceptibles de justifier son indépendance. C'est pour cela qu'il fait de l'Afrique, au plan symbolique, l'épicentre de la grande révolution nègre dont son œuvre est le manifeste. Autant dire que les Nègres d'Amérique, des Antilles et du monde entier ne sortiront de la raque de l'histoire que lorsque l'Afrique relèvera le défi de sa liberté, de sa dignité et trouvera une place respectable dans le concert des nations.

Césaire est donc pour l'Afrique, et par-delà, pour les Nègres du monde entier, le poète-mage par excellence, celui dont l'œuvre mérite d'être continuellement revisitée. Son héritage à l'Afrique et au monde noir doit être clairement établi.

De quel héritage s'agit-il, pourrait-on dire ? Indéniablement, de la soif de liberté, de la volonté d'affirmation de soi dans le monde et de l'ambition de contribuer à la construction de la civilisation universelle. Césaire n'a pas voulu uniquement sortir l'Afrique du ghetto de l'histoire, il a œuvré également pour que le monde entier tire partie de l'immense potentiel dont l'Afrique est dépositaire et que l'humanité, réconciliée avec elle-même, puisse donner une chance égale d'épanouissement à tous ses fils ; d'où ces vers très remarquables du *Cahier d'un retour au pays natal* :

> *Ne faites point de moi cet homme de haine pour qui je n'ai que haine, car pour me cantonner en cette unique race vous savez pourtant mon amour tyrannique, vous savez que ce n'est point par haine des autres* races *que je m'exige bêcheur de cette unique race, que ce que je veux, c'est pour la faim universelle, pour la soif universelle*[8].

On en déduit donc que l'œuvre de Césaire n'est pas l'expression d'un *racisme anti-raciste* comme le redoutait Jean-Paul Sartre. Elle est une profession de foi humaniste et une main tendue au monde afin qu'il reconnaisse l'humanité nègre et comprenne que *l'œuvre de l'homme n'est pas finie*, que tout est encore à faire, que *l'œuvre de l'homme vient seulement de commencer*[9].

---

[8] *Ibid.*, p. 50.
[9] *Ibid.*, p. 57.

Éloge de Madame Michaëlle Jean[10] : Secrétaire générale de l'Organisation internationale de la Francophonie

La Faculté des Arts, Lettres et Sciences Humaines, au nom de laquelle je prends la parole en ce jour, est honorée d'accueillir en son sein madame Michaëlle Jean, Secrétaire générale de l'Organisation internationale de la Francophonie, à l'occasion de la présente cérémonie de collation du titre de *Docteur honoris causa*. Notre Faculté est en effet consciente d'écrire en ce moment l'une des pages les plus glorieuses de son histoire, tant la lauréate que nous présentons à l'ensemble de la communauté universitaire nationale est illustre.

Avant que de faire l'éloge de cette lauréate, comme le veut la tradition universitaire, je voudrais qu'il me soit permis de lui transmettre les salutations et les félicitations du corps enseignant, du personnel administratif et des étudiants de la Faculté des Arts, Lettres et Sciences Humaines, qui ont été enthousiasmés à l'idée de lui décerner ce titre.

Ces sentiments déférents ont été exprimés à l'occasion des conseils conjoints des Départements de français et des sciences du langage qui ont proposé qu'il lui soit attribué le titre de *Docteur Honoris causa* en langues et littératures comparées, pour son importante contribution à la défense et à l'illustration de la langue française et des langues partenaires que sont l'anglais, l'italien, l'espagnol et le créole ; langues qu'elle a apprises et enseignées dans les universités de Montréal, Pérouse, Florence et Milan. Ils ont été réitérés par les membres du Conseil de la Faculté qui, à l'unanimité, l'ont jugée digne de ce titre, en se souvenant qu'elle a été non seulement enseignante, mais aussi Chancelière de l'Université d'Ottawa, Docteur « Honoris causa » de dix-huit universités dans le monde, journaliste de talent et Gouverneure générale du Canada.

Par conséquent, je suis fort aise, madame la Secrétaire générale, de m'adresser à vous et de vous dire que, pour l'ensemble de la communauté de notre Faculté, vous êtes une femme d'exception, une tête à la fois bien faite et bien pleine. Vous avez réalisé un parcours remarquable qui fait de vous

[10] Allocution prononcée à l'occasion de l'attribution du titre de « Docteur honoris causa » à madame Michaëlle Jean, Secrétaire générale de l'Organisation internationale de la Francophonie, à l'Amphi 700 de l'Université de Yaoundé I.

non seulement un modèle de référence au plan académique mais aussi une véritable citoyenne du monde.

Vous êtes née à Haïti, pays où, d'après Aimé Césaire, le grand poète martiniquais, *La Négritude se mit debout pour la première fois*[11], mais aussi pays tragiquement bouleversé par des crises politiques, humanitaires et sociales de divers ordres. Cela n'a pas été sans conséquences dans votre parcours et dans la formation de votre personnalité. À onze ans, vous avez été arrachée à ce pays si cher, pour ne pas dire à vos origines, pour vous lancer à la conquête du nouveau monde. Vous êtes ainsi devenue citoyenne canadienne et chef de file de la communauté francophone.

Ainsi, ce qui aurait pu être une tragédie est devenu un catalyseur dans votre existence : *La pierre qu'ont rejetée les bâtisseurs est devenue la pierre angulaire*. L'arrachement douloureux au pays natal vous a fortifiée, pour ne pas dire qu'il vous a marquée au fer rouge et vous a qualifiée à la prise en charge des déshérités, des apatrides et des *damnés de la terre*[12]. Vous êtes de ce fait devenue une dame au grand cœur dont le combat et les valeurs ont ému votre pays d'adoption et l'ensemble de la communauté internationale.

En cela, vos études de lettres vous ont été, je le pense bien, d'un appui déterminant. Les arts et les lettres ne nous convient-ils pas à une meilleure connaissance des hommes et des peuples ? Ils nous apprennent en effet que l'homme est la mesure de toute chose. Ainsi, au-delà de toutes les responsabilités que vous avez assumées, de tous les honneurs qui vous ont été rendus, vous avez été sans cesse à la recherche de l'humanité de l'homme, nous rappelant ces propos de Georges Duhamel : *la civilisation n'est pas dans cette pacotille terrible qu'on nous fait miroiter, si elle n'est pas dans le cœur des hommes, eh bien, elle n'est nulle part*[13].

Vous êtes donc, madame la Secrétaire générale, engagée dans une noble quête, la quête de l'humain, une quête qui est encore loin d'être accomplie, tant notre humanité est en proie à des meurtrissures et à des injustices de toutes sortes. On pourrait ainsi dire, à la suite du grand écrivain français Victor Hugo, que :

> *Tant qu'il existera, par le fait des lois et des mœurs, une damnation sociale, créant artificiellement, en pleine civilisation, des enfers, et compliquant d'une fatalité humaine la destinée qui est divine [...] tant que, dans certaines des régions, l'asphyxie sociale sera possible ; en d'autres termes, et à un point de vue plus étendu encore, tant qu'il y aura sur la terre ignorance et misère,* le combat que vous menez *pourra ne pas être inutile*[14].

---

[11] Aimé Césaire, *Cahier d'un retour au pays natal*, Paris, Présence africaine, 1939.
[12] Frantz Fanon, *Les Damnés de la terre*, Paris, Maspero, 1961.
[13] Georges Duhamel, *Civilisation*, Paris, Mercure de France, 1918.
[14] Victor Hugo, *Les Misérables*, Paris, Éditions Lacroix, 1862.

Madame la Secrétaire générale,

Par votre engagement, votre parcours et votre combat, vous avez anobli les lettres, vous avez montré jusqu'où peuvent conduire des études de lettres bien menées et bien assumées, vous avez donné la preuve de l'utilité sociale des lettres en indiquant comment elles élèvent l'esprit au-dessus du clinquant et de l'artificiel pour nous réconcilier avec l'homme, pour nous rendre plus humains.

En raison de cela, la Faculté des Arts, Lettres et Sciences Humaines, qui est le berceau des humanités et le creuset où s'élabore l'humanisme, se dit heureuse de vous accueillir en son sein et de contribuer à votre consécration.

Toutes nos félicitations et merci de votre bienveillante attention.

Jacques Fame Ndongo : un volcan en éruption[1]

Il peut paraître prématuré de consacrer un ouvrage à l'œuvre intégrale de Jacques Fame Ndongo telle qu'elle se manifeste aujourd'hui dans ses productions théâtrales, poétiques, romanesques, les essais et les discours, tant il nous semble que cette œuvre est encore en pleine germination. En effet, le rythme de production, la qualité des œuvres, la variété des thèmes, l'art oratoire, la vaste culture et la prodigieuse imagination de cet écrivain laissent clairement percevoir qu'il y a encore suffisamment d'encre dans sa plume. Le volcan est encore en éruption ; il crache encore du feu.

Jacques Fame Ndongo n'est pas l'homme d'un roman, d'une pièce de théâtre ou d'un recueil de poèmes, c'est un écrivain prolifique, une source intarissable de savoir dont il faut encore attendre des productions aussi originales les unes que les autres. Bien qu'étant ministre de la République, responsable politique, chef traditionnel, journaliste et critique littéraire, cet homme ne cesse d'écrire et de nous subjuguer de son étonnante créativité. Il n'y a donc pas à penser qu'il y aura un jour où il cessera d'écrire pour que nous ayons à faire le bilan de son œuvre. Ce bilan est à faire progressivement ou alors il faudra attendre la mort de l'écrivain pour le réaliser.

Entre les deux options, Alice Delphine Tang et Marie-Rose Abomo Maurin choisissent la première, qui est de célébrer une œuvre en gestation, de faire un bilan d'étape afin de préparer la réception des œuvres futures. Il s'agit d'une option louable d'autant plus qu'il s'avère de plus en plus difficile de masquer la joie pour ne pas dire la jouissance qu'on éprouve à la lecture des œuvres de Jacques Fame Ndongo. Il y a indéniablement une frénésie à lire aussi bien les poèmes que les récits de cet écrivain parce qu'ils nous plongent dans un univers fantastique où le choc des mots, le poids des rites, des traditions, des cultures, des idées et des personnages vous interpellent à un très haut point. À l'heure où les critiques littéraires camerounais vivent comme une humiliation suprême l'indigence intellectuelle et le manque de créativité de bon nombre de nos écrivains, Jacques Fame Ndongo nous console et nous élève en nous replaçant dans la voie glorieuse qu'avaient déjà tracée les pères fondateurs de notre littérature que sont Mongo Beti, Lépold Ferdinand Oyono, Guillaume Oyono Mbia et Francis Bebey.

---

[1] Préface à l'ouvrage d'Alice Delphine Tang et Marie-Rose Abomo Maurin intitulé : *Jacques Fame Ndongo : Esthétique littéraire*, Yaoundé, L'Harmattan-Cameroun, 2012.

Jacques Fame Ndongo nous séduit si facilement parce qu'il est fondamentalement un poète. Sous l'habit du romancier, du dramaturge, de l'essayiste, se cache le poète ; un poète bucolique qui vit dans la nostalgie d'un monde perdu, le monde de l'enfance ou plus précisément le royaume de l'enfance pour emprunter une expression chère aux psychanalystes. On retrouve le poète même dans les discours politiques où le lyrisme, les jeux de mots et des sonorités, les images et les métaphores fusent de toutes parts. Cette tendance à l'épanchement lyrique et à la célébration de la parole est tellement familière à son public que ses prises de parole sont toujours des moments d'extase très attendus. On le voit ainsi entamer l'un de ses discours par une interpellation d'une très grande beauté poétique qui n'est pas sans rappeler le style épique :

> *Je vous salue, ô vous magnifique communauté universitaire. Je vous magnifie, chatoyants gladiateurs de la plume, vous qui tenez la craie comme le preux chevalier médiéval maniait son épée, Durendal. Et à l'instar de Ronsard, je vous célèbre du temps que vous êtes belle et rebelle. Belle de votre intelligence et de votre science. Rebelle à l'ineptie et à l'impéritie*[2].

Jacques Fame Ndongo est un homme sensible à la magie des mots, il cultive un art de la parole qui l'amène à jouer avec les mots comme qui jouerait avec des notes de piano. Le jeu des assonances, des allitérations, de rimes initiales, internes et finales parvient à embaumer le discours politique d'un parfum exquis. On peut le percevoir dans cet extrait du même discours de présentation des vœux à la communauté universitaire : *Monsieur le Secrétaire général, avec des mots étincelants comme des diamants, vous m'avez statufié.*

Ces discours sont certes révélateurs de l'âme poétique de l'écrivain mais aussi de sa grande culture. Il faut les lire et les relire pour en tirer toute la substance, d'autant plus que l'orateur est conscient de s'adresser à un public avisé. Il n'est que de revisiter cet extrait pour le constater : *Valeureux et dignes membres de la communauté universitaire, n'imitons pas notre frère carthaginois Hannibal, qui ne sut profiter de sa victoire et préféra s'enliser dans les délices de Capoue.*

Éloquence, sensibilité et culture semblent donc structurer l'œuvre de ce poète à la quête d'un monde perdu comme le dit si bien Jean Marcel Essiene. Cet auteur, d'une sensibilité extrême, est à la quête d'une valeur chère, d'un monde régi par le pouvoir de la parole, où l'homme vit en harmonie avec la nature. À *l'ivresse juvénile le poète oppose la troublante réalité d'une Afrique désappareillée*. Son recueil poétique intitulé *Le temps des titans* permet à cet effet de voir à quel point il est interpellé par ce monde marqué par les figures tutélaires de ses grands-parents maternels et paternels, ses

---

[2] Discours prononcé à l'occasion de la cérémonie de présentation des vœux de l'année 2011.

oncles, sa mère et ses frères. C'est un environnement rustique qui lui inspire de beaux tableaux et une poésie pastorale qui sonne comme un hymne à la terre natale.

Du fait de cet attachement à la terre d'Afrique et au monde de l'enfance, Léontine Troh-Gheyes propose de lire l'œuvre de Jacques Fame Ndongo à la lumière de la psychocritique de Charles Mauron. En superposant les œuvres de cet écrivain, l'Ivoirienne dévoile qu'à la base de la production littéraire de Jacques Fame Ndongo se trouve *un attachement obsessionnel à la mère et un renversement de la figure paternelle*, ce qui fait de son œuvre une fiction tragique inconsciente structurée par le complexe d'Œdipe[3].

S'inspirant de la pièce de théâtre intitulée *Ils ont mangé mon fils*, la critique ivoirienne montre que la folie du personnage Jean Akuteyo'o est due à la découverte de la face cachée du père. Cette face est d'autant plus souveraine qu'elle est maléfique. *Le père est une autorité suprême, détentrice d'un pouvoir de nuisance*. En effet, le père de Jean appartient à une confrérie de sorciers et c'est à cette dernière qu'on attribue la folie du jeune homme. Cette figure du père-castrateur est presque toujours la même dans les œuvres de Jacques Fame Ndongo.

En revanche, la figure de la mère, dont la femme de Jean est l'analogon, *est toute rayonnante de grâce et de charme*. La mère, ou la femme, est la protectrice, la complice qui permet au personnage de retrouver l'équilibre perdu. Cette mère-bienfaisante n'est pas toujours la génitrice, c'est aussi la terre-mère, la patrie, le continent. *Au milieu des siens et au service de la patrie, l'écrivain vit une extase indescriptible, indifférent à toutes les querelles assassines* ; d'où tout le plaisir qu'il éprouve lorsqu'il se retrouve dans la forêt dense, en compagnie des arbres millénaires qui semblent défier le ciel.

Le drame de l'écrivain est donc celui d'un homme qui redoute le pouvoir destructeur du père ou de son substitut, le colon, et qui tente désespérément de se réfugier dans le sein de sa fragile mère, l'Afrique. Son œuvre décrit ainsi, selon Marie-Rose Abomo Maurin, *une Afrique en mal des autres et en mal d'elle-même*.

Le drame de cette Afrique semble conduire à la folie, une folie qu'Alice Delphine Tang assimile à la crise identitaire[4]. La folie de Jean Akuteyo'o, de l'avis de Stéphane Amougou Ndi, devient donc la métaphore de celle de l'Afrique *moquée, trompée, suffoquée, baillonée, estomaquée, interloquée, déportée, exécutée, fusillée [...] et débitée* selon les mots de Jacques Fame Ndongo[5].

Face à ce drame et au repli sécuritaire qu'il induit dans le monde de l'enfance, Léontine Troh-Gheyes a tout à fait raison de conclure son étude

---

[3] Tel est également l'avis d'Yvette Abouga quand elle affirme que l'originalité du texte de Jacques Fame Ndongo provient de la complicité du traitement de la figure paternelle.

[4] De l'avis d'Yvette Abouga, *« le prétexte de la folie sert de grille de lecture à la déconstruction des structures anthropologiques de l'Afrique »*.

[5] Jacques Fame Ndongo, *Le temps des titans*, Yaoundé, Puy, 2001, p. 13.

psychocritique par le constat que le mythe personnel qui structure l'œuvre de Jacques Fame Ndongo est le mythe de l'anachorète, en ce que l'écrivain semble se replier sur lui-même, s'arcbouter sur le monde de son enfance, de son terroir, pour mieux résister aux assauts de l'extérieur. Retranché dans son univers et loin des mondanités, l'écrivain se défoule à travers une œuvre dont la générosité dit son désir de vivre et de reconstruire le monde.

Le grand cri nègre*

Le grand cri nègre, c'est par cette expression quasi emblématique que de nombreux critiques ont étiquetée, dans ses origines, la poésie de la Négritude. Du fait qu'elle était née dans la douleur et l'humiliation, ils ont tôt fait de conclure que cette poésie ne pouvait générer que du ressentiment et de la complainte. Elle était ainsi confinée au lyrisme et à l'élégie.

Le lyrisme était inévitable dans un contexte où le poète voulait manifester sa présence au monde, témoigner de son histoire et révéler sa véritable identité. Il était d'autant plus nécessaire que les premiers poètes de la Négritude, Senghor, Césaire, Damas et Rabémananjara, écrivaient depuis l'Europe. Il leur fallait dire leur origine, dévoiler leur histoire; d'où le ton nostalgique qui se dégage de leur poésie. Les poètes donnaient à découvrir l'Afrique des origines, l'Afrique véritable, un monde édénique, pour ne pas dire adamique, complètement opposé aux images d'Épinal que véhiculait la littérature coloniale.

L'élégie était tout autant associée à cette poésie. Les poètes entendaient dire au monde les humiliations subies par la race noire tout au long de l'histoire ; d'où l'évocation des sévices de l'esclavage, des exactions de la traite négrière et des brimades de la colonisation. *Le Cahier d'un retour au pays natal* d'Aimé Césaire fait étalage de toutes ces récriminations.

De façon systématique, la critique littéraire s'est focalisée sur ces deux aspects de la poésie de la Négritude. C'est le constat que fait, pour le regretter, madame Catherine Awoundja Nsata dans le présent ouvrage qu'elle consacre aux pères fondateurs de la Négritude. Elle propose par conséquent une relecture des textes pour nous rendre sensibles à une autre dimension tout aussi importante de cette littérature, la dimension épique.

La poésie de la Négritude est une véritable épopée, l'épopée de la race noire. Celle-ci est chantée d'un poème à l'autre, d'un recueil à l'autre. Les trois poètes, à partir de trois aires géographiques différentes, chantent la même épopée, celle de la sortie du peuple noir des ténèbres de l'esclavage, et de la colonisation, vers la lumière de l'indépendance et de la liberté. Ils chantent l'entrée de la race noire dans la modernité.

Cette épopée, comme toute autre, a ses symboles, ses exploits et ses héros que l'auteure s'emploie à étudier. S'inspirant de Gilbert Durand, elle étudie

---

* Préface à l'ouvrage de Catherine Marie Ida Awoundja Nsata intitulé : *L'Épopée des peuples noirs : une lecture des poèmes de Senghor, Césaire, Rabémananjara*, Yaoundé, Clé, 2016.

méthodiquement les symboles à partir desquels se construisent les textes épiques : symboles ascensionnels, spectaculaires, diacritiques, ténébreux, lumineux, etc. Il s'agit, nous dit-elle, d'une lutte entre les ténèbres et la lumière, le gouffre et le ciel, la déchéance et la gloire. Les trois poètes, malgré l'adversité de l'histoire, sont obsédés par la gloire de leur terroir : d'où le triomphe de la lumière sur les ténèbres.

L'épopée des peuples noirs narre les péripéties de l'histoire de l'Afrique, des Antilles et de Madagascar. On y retrouve les trois grands moments du parcours épique : la descente aux enfers, la mort symbolique et la remontée spectaculaire. Aimé Césaire peut ainsi célébrer la victoire de son peuple qui se tient debout au terme de son parcours :

Et elle est debout la négraille,
la négraille assise,
inattendument debout,
debout dans la cale,
debout dans les cabines,
debout sur le pont,
debout dans le vent,
debout sous le soleil,
debout dans le sang,
debout et libre.
et la voici
plus inattendument debout
debout dans les cordages
debout à la barre
debout à la boussole
debout à la carte
debout sous les étoiles,
debout et libre.

Le héros de cette grande épopée est bien évidemment le peuple d'où d'ailleurs le titre de l'ouvrage : *L'épopée des peuples noirs.* C'est beaucoup moins l'épopée des êtres singuliers que celle d'un peuple en marche. Il est vrai que Senghor célèbre les hauts faits de Koumba N'Dofène Diouf et du grand Chaka, qu'il offre en modèle à l'Afrique, autant que Césaire célèbre Toussaint Louverture qui, le premier, défia le pouvoir colonial, et que Rabémananjara exalte ses compagnons de lutte dont le plus illustre est le député Ravoahangy, mais c'est le peuple tout entier qui est davantage magnifié.

En recourant à l'épopée, les poètes de la Négritude, nous dit Catherine Awoundja Nsata, ont transformé l'histoire en légende; ils ont fait d'un peuple de damnés un peuple de héros. Le héros populaire est donc la grande figure qui se dégage de cette épopée grandiose que seule une lecture des textes au second degré permet de déceler.

Catherine Awoundja Nsata clôture son ouvrage par un dévoilement des différentes idéologies qui structurent les poèmes en filigrane. Elle y décèle à la fois le marxisme, le consciencisme, le panafricanisme et bien évidemment l'humanisme, puisque la poésie de la Négritude se refuse d'être une fermeture sur le monde noir. Si elle est raciale, elle refuse cependant d'être raciste, comme le dit si opportunément le philosophe Marcien Towa. Elle n'est pas non plus un *racisme antiraciste* comme le dit Jean-Paul Sartre. Elle est plutôt ouverture au monde et à l'humain, selon ces propos d'Aimé Césaire :

Mon cœur, préservez-moi de toute haine
Ne faites point de moi cet homme de haine pour
qui je n'ai que haine
car pour me cantonner en cette unique race
vous savez pourtant mon amour tyrannique
vous savez que ce n'est point par haine des autres races
que je m'exige bêcheur de cette unique race
que ce que Je veux
c'est pour la faim universelle
pour la soif universelle

Cette grande profession de foi humaniste permet à madame Catherine Awoundja Nsata de voir en la poésie de la Négritude un manifeste préfigurant la mondialisation; d'où son actualité, même s'il apparait que la mondialisation prônée par les pères de la Négritude et que Senghor appelait la *Civilisation de l'universel* est fort éloignée de ce que le monde occidental nous propose de nos jours.

À propos du manifeste de la nouvelle littérature camerounaise de Pabé Mongo[1]

L'écrivain et critique littéraire camerounais Pabé Mongo vient de publier un ouvrage qu'il a intitulé *Nouvelle littérature camerounaise.* Étant un de ses premiers lecteurs, je puis témoigner que ce livre se lit aisément et qu'il comble, dans une large mesure, les attentes de son lecteur. Il s'agit bien évidemment du bon lecteur, de celui dont parle Marcel Pagnol dans *La Gloire de mon père* quand il dit :

Le lecteur, je veux dire le vrai lecteur, est presque toujours un ami.

Il est allé choisir le livre, il l'a emporté sous son bras, il l'a invité chez lui.

Il va le lire en silence, installé dans le coin qu'il aime, entouré de son décor familier.

Il va le lire seul, et ne supportera pas qu'une autre personne vienne lire par-dessus de son épaule. Il est sans doute en robe de chambre ou en pyjama, sa pipe à la main sa bonne foi est entière.

Cela ne veut pas dire qu'il aimera ce livre, il va peut-être, à la trentième page, hausser les épaules. Il va peut-être dire avec humeur je me demande pourquoi on imprime de pareilles sottises[2], mais, il n'en voudra pas à l'auteur et lui reconnaitra le droit de penser autrement.

Pabé Mongo a eu le courage de présenter publiquement ses vues sur la littérature camerounaise. Cela n'est pas sans mérite. Il procède en effet à une revue critique de notre littérature depuis la frénétique période de la négritude jusqu'à nos jours, afin de poser les jalons de la nouvelle littérature camerounaise, au regard des enjeux des temps modernes.

Son essai part d'un constat : depuis la fin des années quatre-vingt, la littérature camerounaise est en régression, du fait d'une poétique de piètre qualité et du manque de génie des écrivains.

En effet, les écrivains de la fin du siècle dernier se sont enfermés dans ce que l'auteur appelle *la littérature du maquis.* Il s'agit d'une forme d'écriture qui a émergé à la veille des indépendances et dont l'objectif était d'échapper à la censure et aux représailles du pouvoir politique.

---

[1] Texte publié dans la revue *Patrimoine*…

[2] Marcel Pagnol, Avant-propos à *La Gloire de mon père*, Paris Presse Pocket, 1976.

Alors que les lois sur les droits et les libertés de décembre 1990 ont restitué aux Camerounais la liberté d'expression et de mouvement, abolissant en cela l'ordonnance de mars 1960 sur la subversion, alors que la presse écrite savourait déjà la liberté retrouvée par des écrits d'une audace et d'une impertinence remarquables, alors que s'écroulaient de par le monde les barrières de l'hypocrisie et de la suspicion, alors que les nouveaux partis politiques rivalisaient d'adresse dans les joutes oratoires restées mémorables, *la petite littérature de Yaoundé* continuait de vivre dans le maquis, par des techniques aussi éculées que le brouillage référentiel, l'exaltation de la violence, l'hyper-encodage du récit, le maquillage des personnages, le recours à la pseudonymie pour désigner les auteurs.

S'il faut bien avouer que ces techniques avaient constitué, à l'époque de la colonisation et plus tard des dictatures postcoloniales, une belle et intelligente réponse de l'esprit à la répression, force est de connaitre qu'elles ne se justifiaient plus dans un contexte de démocratie et de liberté d'expression.

Cet anachronisme porte l'essayiste Pabé Mongo à conclure, avec le critique Marcelin Vounda Etoa, que la littérature camerounaise de ces derniers temps a révélé très peu d'auteurs de talent. Bien au contraire, elle a porté au-devant de la scène des plumitifs qui, bien souvent, comme Maître Jourdain, faisant de la prose sans le savoir.

Le contexte de pauvreté ambiant ainsi que la misère intellectuelle qui lui a été consécutive ont contribué à produire « une littérature du tout-venant » ou le faux brillant était pris pour de l'or. On aurait dit que, du fait de la misère ambiante, la muse s'était retirée, laissant l'écrivain à la peine. Ainsi, le versificateur laborieux a remplacé le poète, tandis que le troubadour faisait office de dramaturge et que le radoteur jouait au romancier.

C'est ce triste tableau qui porte Pabé Mongo dans cet essai dont nous saluons l'avènement aujourd'hui, à réaliser un sursaut d'orgueil. Son livre a valeur de manifeste. Il est tout aussi révolutionnaire que le manifeste de Joachin du Bellay intitulé : *Défense et illustration de la langue française*. On pourrait le situer dans la logique de *La Préface de Cromwell* de Victor Hugo considérée, à juste titre, comme le manifeste de la poésie romantique ou plus justement dans le sillage du *Manifeste du surréalisme* d'André Breton, pour ne prendre que des exemples tirés de la prodigieuse histoire de la littérature française ; histoire faite de révolutions et de contre-révolutions.

Il n'y a pas de grande littérature sans grande théorie littéraire. Ainsi, durant plus de six décennies, la théorie de la négritude a su innerver la littérature africaine au point de susciter des œuvres admirables comme *Le Cahier d'un retour au pays natal. La tragédie du Roi Christophe*, *Une saison au Congo*, *l'Aventure ambiguë*, *Ville Cruelle*, *Le Pauvre Christ de Bomba*, *Le Vieux nègre et la médaille. Le Monde s'effondre*, etc.

L'absence d'une nouvelle théorie a conduit cette littérature, si prometteuse, à l'errance ; d'où, une fois de plus, l'intérêt de l'ouvrage que nous avons sous la main. Même quand il n'aura pas comblé, au plan théorique, tous les espoirs qu'il suscite, cet ouvrage aura au moins le mérite d'exister et de poser les bonnes questions.

La Nolica (nouvelle littérature camerounaise) de Pabé Mongo propose en effet une nouvelle esthétique, fondée essentiellement sur trois éléments structurants.

I. Le marquage référentiel

À la technique du brouillage référentiel, du brouillage des identités où les auteurs et les personnages évoluent comme dans un bal masqué, elle propose de substituer une technique d'ancrage dans les réalités physiques et culturelles. Ainsi, au lieu que nos récits continuent à se situer dans ces villes et dans ces villages imaginaires que sont Tanga, Ntermelen, Eborzel, Gongola, Bamila, Fort-nègre, ils se dérouleraient dans des lieux aussi familiers que Yaoundé, Mvog-Mbi, Mokolo, Ngoa ékelle, Douala, Dschang, etc. Un tel ancrage favorisait la réappropriation de nos réalités physiques et culturelles. Il ne s'agira certes pas de représenter nos villes à la manière du géographe et du photographe, mais de les peindre au travers de nos imaginations et de nos fantasmes, pour les élever à la dimension du mythe.

Le mythe de Paris existe bel et bien dans la littérature française. Victor Hugo n'a-t-il pas écrit *Notre-Dame de Paris* ? Quel lecteur dira qu'il n'a pas été impressionné par la dimension que prend cette ville dans la grande fresque des *Misérables* du même auteur. Victor Hugo décrit la ville de Paris jusque dans les égouts au sein desquels se vautre le célèbre Jean Valjean.

Paris est également au cœur du *Père Goriot* de Balzac. Le roman s'achève d'ailleurs par un grand défi que le jeune Rastignac lance à la ville de Paris. Regardant cette terrible ville qui lui a fait perdre toutes ses illusions de jeune campagnard ambitieux, Rastignac s'exclama : Paris *à nous deux maintenant.*

Qui écrira donc le roman de nos cités aux multiples mystères ? Qui témoignera des tragédies et des mutations de nos sociétés, si nous nous exilons dans des villes imaginaires ? La Nolica nous propose de témoigner *des splendeurs et des laideurs de nos terroirs* et d'imprimer à nos œuvres la dimension historique qu'elles méritent. Elle nous exhorte à retrouver la fierté d'être camerounais et l'aptitude de pétrir le matériau local, ses beautés et ses laideurs, jusqu'à en faire des joyaux pour l'humanité.

II. L'actualité de la thématique

Pabé Mongo estime qu'on a suffisamment tiré sur la corde du conflit des générations, de la colonisation, de la désillusion, des indépendances, de l'Afrique ancestrale et qu'il faut désormais faire face à des thématiques nouvelles comme la misère, l'explosion sociale, la dévaluation morale, le choc des civilisations, la mondialisation, l'immigration, le terrorisme, les manipulations génétiques, l'errance spirituelle, l'identité culturelle, etc. Le traitement de ces thèmes, reconnait l'essayiste, exigera de l'écrivain une bonne culture scientifique et une imagination prodigieuse pour réussir encore à faire rêver dans une société visiblement dominée par le matérialisme.

L'actualité thématique consacrera, de l'avis de l'essayiste, l'avènement d'un nouveau personnel romanesque. Au héros classique, être exceptionnel de bon sang, modèle de réussite sociale et porteur des aspirations d'une société, au combattant nationaliste, messianique, va peut-être succéder cet actant inattendu qu'est le petit peuple.

Autrefois ignoré, sinon instrumentalisé, le petit peuple devient aujourd'hui le moteur de l'histoire et ne permet plus que l'on pense ou que l'on agisse pour lui. Avec des mains nues et parfois avec des roses à la main il va à l'assaut du pouvoir et assume ses propres révolutions. La Nolica prend acte de la nouvelle donne : *c'est le peuple qui a raison.*

III. Une langue nouvelle

Pabé Mongo estime qu'on ne peut plus aujourd'hui, avec le dynamisme interne qui caractérise la langue française, écrire un roman africain dans un français parisien. Tout académisme, en cette matière, apparait comme une hérésie.

Cependant, l'essayiste recommande d'éviter de tomber dans l'incommunication, par des pratiques d'écritures qui éloigneraient de l'espace francophone. Aussi recommande-t-il au « Nolicien » d'enrichir le français des réalités et de la sensibilité de son terroir au point d'arriver à cette nouvelle langue que l'essayiste appelle *le francophonien.*

Les bases ainsi posées permettent à l'auteur de la Nolica de constater que la théorie qu'il échafaude n'est pas une simple de vue de l'esprit. Les expériences nouvelles d'écriture qu'on note chez les auteurs camerounais de la diaspora que sont Gaston Effa, Calixthe Beyala, Patrice Nganang, sont déjà, à son sens, une amorce de la nouvelle littérature camerounaise. Le franc succès que connaissent ces auteurs, aussi bien à l'intérieur qu'à l'extérieur indique que le projet de la Nolica n'est nullement fantaisiste.

À l'observation, le manifeste de la Nolica apparait comme un détonateur important dans l'optique de la relance de notre littérature. Mais comme tout document de cette envergure, il ne manquera pas de susciter quelques polémiques ; ce qui sera d'ailleurs à son avantage.

Certains esprits ne manqueront certainement pas de s'émouvoir de cette critique acerbe que l'essayiste fait des productions littéraires de notre temps. N'eût-il pas été plus juste de parler de « littéraire de transition » en lieu et place de « littérature du tout-venant », expression péjorative s'il en est ?

L'histoire littéraire a bien connu, dans le passé, ces périodes transitoires dont le rôle n'est que de préparer les révolutions futures.

Une civilisation ne vit pas que de révolutions. On ne passe pas sans transition d'une révolution à une autre. Il y a moments où l'esprit se permet de souffler, de tempérer les ardeurs, afin de recharger des batteries. Tel fut le cas en France au soir du naturalisme où s'ouvrit une longue période de décompression littéraire ; période qui s'étendit jusqu'à l'aube du surréalisme. Cette période produisit pourtant des auteurs comme Pierre Loti, Anatole France, André Gide, Marcel Proust, etc.

Notre période de transition, si décriée, a pourtant produit Séverin Cecile Abega, Charly Gabriel Mbock, Camille Nkoa Atenga, Basseck ba Khobio, Pabé Mongo, autant d'auteurs qui ne manquent pas de talents et dont les œuvres peuvent faire oublier celles des plumitifs désignés plus haut.

Peut-être qu'on s'interrogera aussi sur ce concept linguistique original qu'est *le francophonien* ou qu'on recherchera les raisons du discrédit qui frappe ici le camfranglais, que d'aucuns considèrent à tort ou à raison, comme l'embryon de la langue camerounaise de demain ; langue qui pourrait bien constituer ce que j'appellerais *le camerounien.* Tout cela, et bien d'autres détails, montre qu'il y a à débat dans ce livre. Le débat s'est déclenché dès la publication de l'ouvrage. L'auteur avait à peine exposé les prémisses de sa théorie que les critiques avaient émergé. Le débat qui s'est ouvert à cet effet dans le journal *Patrimoine n*'a pas laissé indifférent la classe intellectuelle camerounaise. Est-il abusif de dire qu'à cette occasion*? l'École de Yaoundé* a eu sa première querelle littéraire du XXe siècle ? De même que la France a eu sa Querelle sur *Le Cid* ou sa Querelle des Anciens et des Modernes et que l'Afrique a connu sa Querelle de la Négritude ; querelle qui a vu naitre des concepts concurrents comme *le Négrisme, la Négrité,* le Cameroun a connu sa querelle de la Nolica. Il ne fait pas de doute que cette querelle, que l'on doit au manifeste de Pabé Mongo, fécondera les esprits au point de tracer les sillons de la littérature camerounaise des temps futurs. Tout le mérite revient à celui qui a su enclencher la dynamique et qui nous a, de ce fait, permis de nous arrimer au train de la modernité.

Le temps des héritiers*

C'est un agréable devoir, pour un fils, de rendre hommage à son père et de chanter ses hauts faits devant la communauté tout entière. Ce devoir est d'autant plus agréable qu'il s'effectue du vivant du père et non pas à titre posthume comme de coutume. Le bénéficiaire peut ainsi apprécier le degré d'amour que lui porte sa progéniture. Pour beaucoup d'entre-nous ici présents, le professeur André-Marie Ntsobé a un statut de père, et même de grand-père, non pas tant au plan biologique mais davantage au plan intellectuel et au plan social.

Comme enseignant, le professeur André-Marie Ntsobé a passé plus de trente-cinq ans à former la jeunesse camerounaise dans les domaines de la littérature française, de la littérature comparée et de la critique littéraire. Il est donc père et grand-père de milliers de jeunes Camerounais. Cela peut-il étonner quand on sait que cet homme a fait de l'enseignement une passion ? Il n'est de secret pour personne qu'il n'a jamais quitté les Amphithéâtres, même lorsqu'il occupait de hautes fonctions au rectorat et au ministère de l'Enseignement supérieur. Bien que retraité, le professeur continue à enseigner et fait partie des enseignants les plus assidus de notre Faculté dans les salles de classe.

Comme administrateur, le professeur André-Marie Ntsobé est resté aux affaires, sans discontinuer, de 1978 en 2013. À ce titre, il fait partie des icônes de notre administration. Personnellement, j'ai beaucoup appris de lui lorsque j'ai été, pendant quatre ans, son Vice-Doyen. Non seulement il m'a appris ce qu'il faut faire et ce qu'il ne faut pas faire, mais surtout il m'a montré comment me tirer d'affaire en cas de coup dur. Nous nous comprenons à demi-mot.

Je ne m'étendrai pas ici sur son activité de chercheur. Elle est immense et se trouve en majeure partie recensée dans les deux ouvrages que nous vous présentons aujourd'hui. Si je pouvais m'appesantir sur celui dont j'ai assuré la coordination, je dirais que son objectif a été de retracer l'itinéraire intellectuel du professeur André-Marie Ntsobé, de ses premières amours pour la littérature française pure à sa passion pour la littérature francophone d'une manière générale, d'où le titre : *Francomanie, francophobie, francophilie, atouts et enjeux de la francophonie littéraire en Afrique*.

---

* Allocution prononcée lors de la dédicace de l'ouvrage consacré au Professeur André-Marie Ntsobé à l'occasion de son départ à la retraite.

La réflexion des auteurs s'est focalisée sur l'enseignement de la littérature francophone en Afrique. Quel est le statut de cette littérature, quels peuvent en être les modes d'analyses et les modèles pédagogiques ? Peut-on, doit-on, l'enseigner en Afrique aujourd'hui comme hier ou tel qu'on l'enseigne ailleurs ? Les réponses sont partagées, elles montrent qu'on est au cœur d'un débat qui ne fait que commencer.

Avec cet ouvrage, nous perpétuons une tradition qui consiste, pour les épigones et les héritiers, à saluer la sortie de scène des grands maîtres par des publications fortes. Cette tradition est appelée à se consolider puisque nous avons à ce jour en chantier deux ouvrages du même type, consacrés l'un au professeur Jean Tabi Manga et l'autre au Professeur Gervais Mendo Zé. Ces ouvrages qui portent respectivement sur les politiques linguistiques en Afrique et l'ethnostylistique seront disponibles à la rentrée universitaire d'octobre 2014.

En tant qu'éditeur scientifique de l'un de ces ouvrages, je tiens à présenter mes félicitations à toute l'équipe des contributeurs. Ces félicitations s'adressent particulièrement à Raymond Mbassi Ateba et à Jean-Claude Abada Medjo, qui m'ont assisté dans la coordination de l'ouvrage et dont l'apport a été déterminant dans sa réalisation. Tous deux, enseignants à l'Université de Maroua, constituent la dernière génération des étudiants du professeur Ntsobé, autant qu'ils sont mes premiers étudiants. C'est ainsi que s'effectue la reproduction intellectuelle que la nation attend de nous.

Voici donc venu le temps des héritiers. Il s'agit d'une phase lourde en symboles et en interpellations. Cette phase appelle un engagement plus grand dans l'entreprise d'éducation de la jeunesse camerounaise. Elle suppose des hommes nouveaux capables à la fois de perpétuer l'héritage des pionniers et d'innover en fonction des défis de l'heure. Sommes-nous à la hauteur de ces attentes ? L'histoire nous le dira.

Crépuscule des temps anciens : hommage au professeur Simplice Ambiana[1]

Il est d'usage, lorsqu'un grand maître quitte la scène pour passer le témoin à ses disciples, que ses pairs et ses compagnons lui rendent hommage et revisitent son parcours. C'est à cet exercice que les enseignants du Département de français de l'Université de Yaoundé I et les collaborateurs de la revue *Écriture* ont voulu se livrer dans ce numéro qu'ils consacrent au professeur Simplice Ambiana, le grand spécialiste de la littérature française médiévale et classique qui prend sa retraite.

Afin de représenter la situation du Département au moment où le grand professeur tire sa révérence et exprimer le sentiment qui m'anime, je me permettrai d'emprunter au Burkinabé Nazi Boni, le titre de son excellent roman intitulé : *Crépuscule des temps anciens*[2]. Cette option pourrait paraître bien pessimiste mais l'on comprendra qu'il n'en est rien lorsque, à la suite du *Dictionnaire Encyclopédique Hachette* (1980), j'aurai défini le crépuscule comme *une lumière diffuse qui précède le lever du soleil ou qui suit son coucher.*

Le départ du professeur Simplice Ambiana à la retraite peut en effet paraître, aux yeux de certains, comme un coucher de soleil du fait que cet enseignant était, jusqu'à ce jour, le seul véritable spécialiste de la littérature médiévale et classique de notre Faculté. On ne peut cacher que l'illustre professeur apparaissait, face à la nuée de modernes, comme le dernier des Mohicans, le dernier gardien d'un cimetière de moins en moins visité. Pendant plus de trois décennies, il a assuré la défense et l'illustration de ces écrivains de plus en plus méconnus de nos jours que sont Chassignet, Jean de Sponde, Villon, Montaigne, Ronsard, Agrippa d'Aubigné, Malleville, Théophile de Viaud et bien d'autres. Sa pratique de ces écrivains auxquels il avait consacré ses deux thèses de doctorat était d'autant plus aisée qu'il avait fait de bonnes humanités et pouvait remonter jusqu'aux classiques grecs et romains pour étayer ses analyses.

Le risque est donc grand, dès ce jour, de voir disparaitre de nos enseignements tout un pan du substrat culturel qui sous-tend la littérature des temps modernes. Les temps anciens sont en péril d'autant plus qu'on trouve

---

[1] Texte publié dans la Revue *Écritures* n° XI : *Littérature et migrations dans l'espace francophone*, Yaoundé, Clé, 2012.

[2] Nazi Boni, *Crépuscule des temps anciens*, Paris, Présence africaine, 1962.

à peine aujourd'hui des étudiants qui acceptent de consacrer leurs travaux à ces écrivains d'un autre âge. Il est vrai que, pendant quelques années encore, on pourra tirer avantage de la présence d'un frère d'armes du professeur Ambiana, en la personne du professeur André-Marie Ntsobé, dont le commerce avec les lettres classiques est fort remarquable, mais il faut bien avouer que les sollicitations auxquelles ce dernier fait face et le vide laissé par son alter ego apparaissent comme une sonnette d'alarme annonçant la tombée de la nuit.

Heureusement que le crépuscule est aussi un prélude au lever du soleil. Dans ce sens, je voudrais percevoir l'instant actuel comme annonciateur d'une aube nouvelle. On peut déjà l'observer dans les derniers travaux du professeur Ambiana qui tranchent résolument avec ceux de la première heure. Autant le professeur avait consacré la première partie de sa carrière à lire et à étudier les poètes médiévaux et classiques comme un digne fils de l'école coloniale, autant il s'est opéré en lui une révolution qui l'a porté à se positionner par rapport à cette littérature, en adoptant une attitude critique. Son article intitulé : *L'espace africain dans la terre australe connue de Gabriel de Foigny : Utopie et ethnotypologie*[3] constitue ainsi le point de départ d'une nouvelle aventure scientifique qui le portera à l'imagologie littéraire, discipline que Guy Michaud définit, dans la préface à l'ouvrage de Léon Fanoudh Siefer intitulé : *Le mythe du Nègre et de l'Afrique noire dans la littérature française de 1800 à la deuxième guerre mondiale,* comme *une branche de la littérature comparée qui étudie à travers les documents écrits la représentation que les peuples se font les uns des autres*[4].

Dès cet instant, le professeur Ambiana a cessé d'étudier les littératures médiévales et classiques par rapport à elles-mêmes, mais pour y percevoir la place que le Noir et l'Afrique y occupent ; d'où des articles comme *un Nègre en Occident* : *Malleville et les aventures de Zagachrist*[5], *Du bois d'ébène au marron : métamorphoses du Négro-africain dans la littérature coloniale française du XVIe siècle*[6] et un ouvrage intitulé : *De l'Afrique noire dans la lyrique française du XVII*e *siècle*[7].

Le moins que l'on puisse dire est que cette nouvelle perspective de recherche a fait de nombreux émules au point où les thèses et les mémoires portant sur l'imagologie africaine se comptent par dizaines dans notre Département. On pourrait dire que si on ose encore lire la littérature médiévale et classique dans notre Faculté et même la littérature française

---

[3] In *Annales de la Faculté des Lettres et Sciences Humaines*, Université de Yaoundé I, Vol VI, n°1 et 2, 1990, pp. 3-21.

[4] Léon Fanoudh Siefer, *Le Mythe du Nègre et de l'Afrique noire dans la littérature française de 1800 à la deuxième guerre mondiale,* Abidjan, Nea, 1980, p. 9.

[5] In *Écritures VIII*, Yaoundé, Clé, 2001, pp. 11-30.

[6] In Omgba Richard Laurent, *l'Image de l'Afrique dans les littératures coloniales et post-coloniales,* Yaoundé, L'Harmattan, 2007, pp. 31-40.

[7] Yaoundé, Presses universitaires d'Afrique, 2004.

dans son ensemble c'est davantage pour voir la place que nous y occupons et l'évolution du regard porté sur nous. D'où l'intérêt que prend aujourd'hui, auprès des étudiants et des collègues, la lecture des récits de voyage, des carnets de route, des journaux intimes et l'engagement de plus en plus visible pour la littérature comparée.

Dans ce contexte, il n'est pas étonnant que l'hommage au professeur Simplice Ambiana se fasse autour du thème de la migration, c'est-à-dire du voyage, du rapport à autrui, tels que ces phénomènes sont saisis par la littérature francophone. Le professeur sera certainement consolé de constater que les problématiques qui lui ont été chères au cours de ces dernières années à savoir : l'altérité, l'immigration, l'errance, le voyage, l'esclavage, la colonisation, la mondialisation, l'humanisme, y occupent une place de choix et qu'on n'hésite pas à remonter à Montaigne et à Montesquieu pour les justifier et les comprendre.

Indéniablement le maître-ouvrage qu'il a publié sur *L'Afrique noire dans la lyrique française du XVIIe siècle* sera abondamment exploité par les différents auteurs des articles de ce numéro, comme ceux de Roger Mercier[8] et de Léon Fanoudh Siefer qui sont devenus des classiques en la matière. Leur consultation permettra de savoir d'où l'on vient et de bien ponctuer les étapes qui ont marqué l'évolution de l'imagologie africaine.

À ces classiques, les auteurs du présent numéro associent une catégorie nouvelle d'écrivains contemporains dont la particularité est d'avoir subi le phénomène de l'immigration. Il s'agit de ceux qu'on désigne, depuis les travaux d'Abdourahman Waberi[9], Odile Cazenave[10], Jean-Marc Moura[11] et surtout Jacques Chevrier[12] comme les écrivains de la migritude.

À l'opposé de la négritude qui se voulait enracinement, réappropriation de soi et retour aux sources, la migritude se conçoit comme ouverture au monde, mouvement vers l'universel, rejet des patries littéraires et des identités ataviques[13]. Elle est le fait d'écrivains nouveaux qui, pour la plupart, vivent hors de leur terre natale et se retrouvent au confluent des cultures. Salman Rushdie les décrit comme ces bâtards internationaux nés dans un endroit et qui décident de vivre dans un autre. Les *migrants writers* de l'espace francophone, d'après Jean-Marc Moura, sont des esprits libres qui *écrivent dans les métropoles du Nord, se réunissent à Strasbourg au*

---

[8] Roger Mercier, *L'Afrique noire dans la littérature française, les premières images, XVII-XVIIIe siècle*, Dakar, Publications de l'Université de Dakar, 1962.

[9] Abdourahman A. Waberi, « *Les enfants de la post-colonie : Esquisse d'une nouvelle génération d'écrivains francophones d'Afrique noire* » in *Notre librairie* n° 135, sept-déc. 1995.

[10] Odile Cazenave, *Afrique sur seine : une nouvelle génération de romanciers africains à Paris.* Paris, L'Harmattan, 2003.

[11] Jean Marc Moura, *Littératures francophones et théorie post-coloniale*, Paris, PUF, 1999, p. 144.

[12] Jacques Chevrier dans le n° 155-156 de *Notre librairie*, juillet-décembre, 2004.

[13] On pourrait lire à cet effet la thèse de Doctorat d'Emmanuel Ottou, *L'imaginaire des romanciers migrants d'Afrique francophone : le roman de 1994-2004,* Yaoundé, 2008.

Parlement international. Ces écrivains se rencontrent dans maints colloques internationaux et enseignent souvent dans les grandes universités occidentales[14]. Leurs œuvres se structurent autour des thèmes du déplacement, du métissage, de l'hybridité et de l'immigration.

De même qu'elle a permis un renouvèlement des pratiques scripturales au sein de l'espace francophone, la littérature de la migritude a eu le mérite de mettre le doigt sur un phénomène qui a marqué la politique internationale de la fin du vingtième siècle, à savoir l'immigration. Cette thématique est inscrite au cœur de son imaginaire du fait que les écrivains migrants sont essentiellement des immigrés ou des exilés. Ils sont des hommes lancés à la conquête du monde et dans le même temps victimes des atavismes du monde ; d'où la particularité de leur écriture qui se veut l'expression des *identités meurtrières* et du *choc des civilisations.*

Compte tenu de l'importance que prend sans cesse cette littérature et des enjeux géopolitiques du phénomène de l'immigration, qui n'est qu'une forme moderne des grands mouvements migratoires que le monde a connus lors des siècles derniers, on pourrait dire que le présent numéro est d'une actualité brulante, puisqu'il fait écho aux soubresauts de l'histoire de notre temps et aux mutations du champ littéraire dans lequel il se positionne.

Le concept de migration est donc ici perçu à la fois comme un déplacement d'une population d'un endroit vers un autre endroit et comme une esthétique qui marque une rupture avec les codes de son milieu de production pour aller à l'aventure. L'aventure de l'écriture migrante est, du fait des auteurs des articles de cette revue, marquée du sceau de la *déterritorialisation.* Plus que jamais, les *frontières littéraires* sont abolies, l'écrivain laisse libre cours à son génie et s'infuse des influences de toutes sortes. C'est ce qui nous semble se dégager du manifeste des 44 qui postule l'existence d'une *littérature-monde*.

La lecture de ce numéro permettra, de ce point de vue, de voir comment les écrivains, surtout ceux qui proviennent de la périphérie africaine, migrent de l'oralité vers l'écriture et subvertissent les codes rhétoriques de la langue française. C'est ainsi qu'on parle d'une rhétorique migratoire (Pierrette Bidjocka), d'allégorie migratoire (Mathilde Zoa), de migration diégétique (Bissa Enama).

À cette littérature migratoire, Marcellin Vounda propose, à la suite des participants au colloque international organisé à l'Université de Laval en 2005, d'appliquer une *critique de la traversée.* Il s'agit d'une approche libérée de la *vraisemblance mimétique* et qui épouse les contours du foisonnement et de l'extrême richesse de cette littérature.

La migration, comme phénomène sociologique mis en perspective par la littérature, fait également l'objet de nombreuses préoccupations. Ainsi, Yvette Abouga montre comment Maryse Condé oppose, dans ses écrits, la

---

[14] Jean-Marc Moura, *op.cit*, p. 114.

problématique de l'enracinement à celle de la décentration pour prôner le nomadisme sous toutes ses formes. Son propos répond ainsi en écho à celui de Marie-Louise Messi qui s'intéresse au phénomène de l'expatriation chez André-Malraux et à celui de Jean Bernard Evoung Fouda, dont l'étude du personnage du *décivilisé* permet d'observer la confrontation culturelle qui s'opère dans les aires culturelles d'Afrique, d'Asie et d'Amérique du Sud et les reconstructions identitaires qui en résultent.

Prenant l'exemple du Cameroun, Paul Zang Zang nous propose de nous appesantir sur une autre forme du phénomène, celle de la migration linguistique qu'a subie ce pays depuis l'époque allemande jusqu'à ce jour. Son article, intitulé *La dégermanisation du Cameroun*, nous promène dans les dédales des politiques linguistiques de notre pays. On peut ainsi revisiter la politique linguistique allemande au Cameroun ainsi que les stratégies mises en place par les Français et les Anglais pour effacer de la mémoire des Camerounais les traces de la langue et de la culture allemandes.

Cependant, l'auteur de l'article montre que la disparition de la langue allemande dans l'univers linguistique camerounais n'est pas principalement le fait des puissances alliées ; elle est plutôt la conséquence d'une politique linguistique sélective et discriminatoire. La langue allemande n'a pas été popularisée au Cameroun, elle a été réservée à une minorité, une élite appelée à collaborer avec le maître. Elle est de ce fait restée un superstrat qui n'a connu aucun mal à disparaitre face à la vulgarisation de la langue française et de la langue anglaise.

De la même façon que cet article de Paul Zang Zang déconstruit la thèse du complot des puissances alliées contre la langue allemande, celui d'Alice Delphine Tang ruine l'idée selon laquelle les migrations sont exclusivement le fait de la gent masculine qui, grâce à sa virilité et à son esprit de conquête, va à l'assaut de nouveaux espaces. L'article montre la place qu'occupe la femme aussi bien dans le projet migratoire que dans l'aventure migratoire elle-même. Quand on n'immigre pas pour aller à la quête d'une dulcinée, encore que la France tellement désirée porte le nom d'une femme, on le fait pour échapper à une femme, qui peut aussi être la mère patrie. Le héros migrant n'est plus seulement un mâle, il est de plus en plus une femme libérée qui décide de s'affranchir du carcan de traditions obsolètes et barbares pour s'émanciper dans un ailleurs projeté comme espace de liberté.

Il y a ainsi à conclure que le présent numéro de la revue *Écriture* est d'une richesse scientifique qui comblera les attentes de ses lecteurs. Dans cette livraison, la revue confirme son ambition de se positionner comme un observatoire des mutations de la littérature francophone dont l'émergence progressive amène à ne plus se confiner uniquement à la littérature française ou à la littérature africaine, mais à se situer dans l'entre-deux.

À qui irions-nous seigneur ? Hommage à Monseigneur Joseph Befe Ateba*

Les amis de Monseigneur Joseph Befe Ateba, de tous les recoins de la République, vous sont infiniment reconnaissants de leur avoir permis d'exprimer leur douleur en cette triste circonstance où nous faisons nos adieux à cet homme illustre. Nous tenions en effet à associer notre voix à l'hommage qui lui est rendu en ce jour parce qu'il a été une lumière sur le chemin de nos vies et un modèle d'engagement chrétien et de don de soi pour la cause de l'Église.

Aussi loin que nous l'avons connu, il nous a semblé que Joseph Befe Ateba savait exactement ce qu'il voulait dans la vie. C'est ainsi qu'il n'a pas tergiversé un seul instant quand il lui a fallu choisir entre le grand Séminaire et l'Université où il aurait certainement fait de brillantes études.

Prêtre, il n'a jamais douté de la justesse de son choix, même quand le sort lui a été défavorable et qu'il a eu à subir de grandes humiliations. Sa foi est restée inébranlable et contagieuse.

Monseigneur était conscient d'avoir beaucoup reçu de Dieu et en retour il voulait offrir à ce Dieu ce qu'il avait de meilleur, son talent et, au-delà, sa vie.

Je me souviens que quand il a été élevé à la dignité d'évêque, il m'a dit : *Cher ami, s'il y a quelqu'un qui mourra de travail, ce sera moi. Le Seigneur m'a tellement honoré que je ne pourrai lui offrir en retour que le sacrifice de ma vie ; moi, fils d'un pauvre paysan, il a fait de moi un prêtre et un évêque.*

C'est ainsi que monseigneur s'est engagé à l'œuvre de construction de son diocèse sans ménager son temps ni son corps.

Son rythme de travail, je dois l'avouer, nous a bien souvent inquiété, mais il était sourd à toutes les interpellations, sûr du fait qu'il était sur le droit chemin.

Il était sur tous les fronts : agriculture, élevage, santé, éducation, infrastructures, pastorale. Sans compter qu'il était aussi écrivain, essayiste, journaliste, président du Conseil national de la communication. Il voulait assumer tout cela à la fois et en parlait avec une égale passion.

---

* Allocution prononcée à la cathédrale de Kribi à l'occasion des obsèques de Monseigneur Befe Ateba.

Au risque d'agacer ses interlocuteurs, il parlait sans cesse de son évêché. On aurait dit qu'il ne vivait que pour cela. Lui donniez-vous un peu d'argent de poche pour ses besoins personnels, il le dépensait aussitôt pour son chantier de l'évêché. Quand vous osiez vous montrer agacé par tant d'aveuglement, il haussait les épaules ou esquissait un petit sourire.

On le comprend peut-être mieux aujourd'hui, monseigneur voulait léguer à son diocèse, à l'heure de son départ, des œuvres majestueuses, capables d'élever et d'affermir la foi des fidèles. Il voulait laisser une trace sur cette carte, une marque personnelle.

Même quand la maladie est survenue, il n'a pas changé d'option. Il a continué à travailler sur le même rythme aussi bien à Kribi comme évêque qu'à Yaoundé comme président du Conseil national de la communication. On aurait dit qu'il se livrait à un véritable chemin de croix.

Et quand la mort s'est annoncée, il l'a abordée avec lucidité. C'est ainsi que, pour ne pas être surpris, il a fait établir, devant notaire, son testament, il y a plus d'un an et a fait la paix avec les siens. Telle est pour nous la preuve que la mort ne surprend pas le sage.

Monseigneur a abordé la mort avec philosophie, prouvant ainsi, à la suite de Michel de Montaigne, *Que philosopher c'est apprendre à mourir*. On n'a vu sur son visage ni tristesse, ni regret. Aucune teinte de découragement ou de désespoir dans ses propos ; mais toujours la même joie de profiter de chaque instant de la vie et de célébrer le Dieu qui fait des merveilles.

Monseigneur, pour qui le connait bien, ne pouvait être surpris. Il ne connaissait certes pas le jour, ni l'heure, mais il a senti venir ce moment et l'a attendu avec lucidité et foi afin que s'accomplisse la devise qu'il avait choisie le jour de son ordination sacerdotale : *À qui irions-nous Seigneur, tu as les paroles de la vie éternelle*.

À l'heure où il doit passer de ce monde à son père, nous lui souhaitons la paix de l'âme et la joie du serviteur bon et fidèle. Qu'il entre dans la joie de son Maître.

Quel avenir pour Bimbia ?*

Faut-il être un devin pour imaginer que, dans les prochaines années, Bimbia constituera le principal pôle d'attraction touristique et culturel du Cameroun et, pourquoi pas, de l'Afrique centrale ? J'estime en effet qu'il n'est pas utopique de penser que notre image et notre destin de Camerounais du XXIe siècle dépendront en majeure partie de la gestion que nous ferons du projet mémoriel de Bimbia.

Bimbia est de ce point de vue à inscrire dans le registre de ce que la littérature politique en cours au Cameroun appelle les projets structurants, dans la mesure où il s'agit d'une entreprise dont les répercussions iront au-delà des seuls aspects touristiques et culturels pour s'étendre aux plans scientifiques, économiques, politiques et diplomatiques. Quelle matière de recherche pour nos scientifiques ! Historiens, géographes, anthropologues, archéologues pourront s'y investir à profusion. Que d'investissements au plan infrastructurel !

Bimbia nous offre en effet une opportunité admirable de projeter le Cameroun dans la scène mondiale, de réconcilier notre continent avec son histoire, de panser les plaies de l'esclavage et de l'errance identitaire et par conséquent de vivre une expérience hautement expressive au plan humain. C'est pour cela que nous ne devons pas concevoir cette opportunité comme un simple projet touristique mais comme la projection d'un nouvel humanisme, le symbole de la fraternité universelle entre les fils d'une famille disloquée durant plus de quatre siècles et qui se retrouvent au terme d'un long et douloureux parcours.

Pour cela, il faudra y insuffler un esprit qui permette de ne pas se limiter au factuel, au matériel, mais de susciter une catharsis nécessaire au dépassement des turpitudes de l'histoire.

* Billet publié dans la revue *Villages d'Afrique* de juin 2015 sous le titre : Bimbia, le chemin de la réconciliation.

Une leçon d'humilité : préface à l'ouvrage du professeur Gervais Mendo Zé*

Comment dire l'embarras qui a été le mien quand le professeur Gervais Mendo Zé m'a demandé, à moi, son ancien étudiant, son jeune collègue, de rédiger la préface au présent ouvrage ? Je dois avouer que j'étais à la fois terrifié et honoré par cette proposition, d'autant plus que je sais que, pour ses précédents ouvrages, le grand professeur a eu pour préfaciers des personnalités aussi illustres que son excellence Abdou Diouf, ancien président du Sénégal et actuel Secrétaire général de la Francophonie, monsieur Hervé Bourges, ancien Président du Conseil supérieur de l'audiovisuel en France, monsieur le professeur Michel Alliot, Recteur honoraire de l'Académie de Versailles et président du laboratoire d'anthropologie juridique et politique de Paris et bien d'autres, tel que le professeur Frédéric Deloffre.

À cet instant, je ne cacherai pas que j'ai pensé à ce que les récits bibliques nous disent du baptême de Jésus. J'ai imaginé l'embarras de Jean-Baptiste quand celui dont il n'était que l'annonciateur, le serviteur, a demandé à se faire baptiser par lui. Jean-Baptiste s'est pourtant soumis au rituel, mais avec humilité et lucidité.

Ainsi vais-je rédiger cette préface en retenant la grande leçon d'humilité que mon professeur me donne : humilité, parce que lui, si grand, si loin, s'abaisse au point de requérir l'avis, pour ne pas dire l'onction d'un de ses fils. Humilité aussi parce qu'une telle distinction ne doit pas être source d'orgueil mais une occasion de se remettre en question.

La seconde leçon que le professeur Gervais Mendo Zé nous donne, à nous ses étudiants d'hier et d'aujourd'hui, c'est celle de la pérennité de la recherche dans la carrière universitaire. Bien qu'ayant pris sa retraite administrative, le professeur continue à faire de la recherche, à se poser des questions sur la meilleure manière d'aborder les problèmes pédagogiques. Il n'aura pourtant plus à passer ses grades universitaires ni à postuler pour une prime de recherche scientifique pour faire preuve d'autant de productivité. Pourtant, la tension scientifique reste la même depuis le célèbre article des *Annales de la Faculté des Lettres et Sciences Humaines* qui nous l'a fait

* Préface à l'ouvrage intitulé : *Du commentaire grammatical au commentaire stylistique*.

découvrir en 1977, comme un stylisticien avisé : *Le je pluriel et la phrase poétique dans le Cahier d'un retour au pays natal d'Aimé Césaire.*

Depuis lors, il a donné des preuves suffisantes de sa maitrise de la linguistique française, d'où des ouvrages comme *La Prose romanesque de Ferdinand Oyono : essai de stylistique textuelle et d'analyse ethno-structurale (1984), S...comme stylistique : propositions pour l'ethnostylistique (2009). Insécurité linguistique et appropriation du français en contexte plurilingue* (2009), *Une Crise dans les crises : le français en Afrique noire francophone, le cas du Cameroun* (1992), *Le Français, langue africaine : atouts et enjeux pour la francophonie* (1999). *Abrégé de stylistique pratique* (2002). *Cahier d'un retour au pays natal : approche ethnostylistique* (2010).

À ces faits d'armes, il faut ajouter les nombreux numéros thématiques de la revue *Langues et communication* qu'il a fait publier durant de longues années avec l'appui d'une équipe de jeunes enseignants-chercheurs de notre Faculté.

Cet ouvrage n'est donc pas le fait d'un néophyte, mais l'œuvre d'un grand maître qui veut léguer à la postérité la quintessence de sa pensée. C'est à ce titre qu'on y trouvera non seulement un exposé magistral sur des questions de rhétorique, de stylistique, de pragmatique et même de grammaire, mais aussi des études de cas pour bien fixer l'attention du lecteur. Pour être le plus utile possible à ses étudiants, le professeur ne s'est pas limité à la théorie, *il est allé au front* pour parler comme les étudiants, en engageant *un corps-à-corps* avec les textes choisis ; d'où les études de cas qu'il nous propose.

La lecture de ces exercices nous montre à quel point l'auteur est à l'aise dans la manipulation des concepts, l'analyse des faits de langue et dans l'interprétation des textes. Une leçon magistrale nous en est donnée dans deux cas précis : le commentaire du célèbre texte de Montesquieu sur *l'esclavage des nègres* et celui de la fable de la Fontaine intitulée *le loup et l'agneau.*

Dans le premier cas, le professeur procède à une déconstruction du texte pour nous en dévoiler l'architecture sous-jacente, puis il analyse les modes de raisonnement et les types d'arguments déployés par l'auteur. Il en ressort que Montesquieu utilise à la fois le raisonnement par l'absurde, par déduction, par analogie, par opposition et qu'il convoque une panoplie d'arguments dont les plus perceptibles sont d'ordre racial, métaphysique, socioculturel, religieux, juridique, diplomatique et économique.

L'étude, qui porte sur 15 pages, s'achève par une éclairante analyse de la figure stylistique centrale du texte qui est l'ironie. Cette analyse met au grand jour le génie de Montesquieu et montre à quel point le texte étudié est un chef-d'œuvre au point de vue argumentatif.

Dans le deuxième cas, il s'appesantit sur la fable de La Fontaine intitulée *Le Loup et l'agneau.* En 42 pages, le professeur déploie toute sa science et procède à une véritable démonstration de poétique pratique. Rien n'est laissé au hasard. Le rythme, la rime, la métrique, le lexique, la syntaxe, le style sont abordés avec une minutie remarquable. À partir de ce matériau, on le voit aboutir à une interprétation tout à fait logique, parce que fondée sur des éléments factuels.

On pourrait, par voie de conséquence, induire que toute la démonstration du professeur tendait à prouver qu'un commentaire grammatical et stylistique, pour ne pas dire un commentaire de texte tout court, n'a de validité que s'il est fondé sur une bonne connaissance de la langue et de son fonctionnement. Dans le cas contraire, il s'apparente à une grande élucubration où l'on prend ses intuitions pour des vérités scientifiques.

On comprend bien qu'il s'agit là d'une exigence qui place le stylisticien au carrefour de plusieurs sciences. Son approche tient à la fois de la linguistique, de la grammaire, de la rhétorique et même de l'histoire des idées, parce que la partie interprétative de son exercice le portera fatalement à situer le texte étudié dans la mouvance littéraire et intellectuelle de son temps.

Le stylisticien est donc, en fin de compte, un homme de goût, un homme de culture mais aussi un homme de science qui sait disséquer un texte, en extraire la substantifique moelle, pour l'offrir en délectation au lecteur.

Scruter le passé pour construire l'avenir : hommage au professeur Maurice Tadadjeu*

Le présent numéro des Annales, que nous consacrons au professeur Maurice Tadajeu, l'éminent linguiste qui a été arraché à notre affection en ce triste jour du 30 décembre 2012, nous donne l'occasion de nous appesantir sur deux questions principales qui ne peuvent manquer d'interpeler les Africains du XXIe siècle que nous sommes : la question linguistique et la question historique.

La question linguistique, à laquelle le professeur Maurice Tadadjeu, de regrettée mémoire, nous a rendu sensible depuis de nombreuses années, se pose en ces termes : Faut-il abandonner nos langues pour nous arrimer aux langues occidentales, en tant que ces dernières nous permettent de nous intégrer facilement dans la mouvance de la mondialisation ?

À cette question, beaucoup répondent par l'affirmative en démontrant que nos langues ne sont pas aptes à exprimer la complexité des problèmes de la modernité et que leur multitude ne permet pas, même dans l'espace restreint de l'Afrique, une intercommunication entre les peuples. En prenant le seul cas du Cameroun, qui compte plus de deux cents langues, ils montrent la difficulté qu'il y aurait à assurer, au plan politique et au plan social, la cohésion nationale sans l'apport du français et de l'anglais.

D'autres, par contre, estiment que la diversité dont il est question au plan linguistique est plutôt une source de richesse et que l'inscription à l'universel n'est pas incompatible avec l'enracinement dans le particulier. Telle a été en effet la thèse défendue, durant toute sa vie, par le professeur Maurice Tadadjeu. Ce dernier estimait que le fondement culturel des Africains s'effritait au jour le jour du fait d'un abandon insensé des langues vernaculaires. Si toute langue est porteuse d'une expérience culturelle particulière, cette culture disparait forcément avec cette langue, parce qu'aucune langue n'est réductible à une autre.

Dans un souci de concilier le particulier et l'universel, le professeur Maurice Tadadjeu a proposé un modèle éducatif fondé sur ce qu'il a appelé le trilinguisme extensif. Il s'agit d'un modèle étagé et complémentaire permettant d'entamer la formation initiale de nos enfants dans les langues

* Préface au volume n°15, nouvelle série, 2013 des *Annales de la Faculté des Arts, Lettres et Sciences Humaines*, consacré au Professeur Maurice Tadadjeu.

maternelles et de passer progressivement aux langues officielles que sont le français et l'anglais. Le célèbre linguiste a de ce point de vue élaboré, avec son équipe du Propelca, des outils didactiques destinés à cette opération.

Nous sommes heureux de ce point de vue de constater que le combat de notre collègue n'aura pas été vain, non seulement parce que depuis bientôt cinq ans nos langues maternelles ont été réintroduites dans notre système d'enseignement, mais aussi parce que l'illustre chercheur a fait des émules.

1.

Décoloniser la pensée : hommage au professeur Jean-Marc Ela*

Il y a plus d'un an que le professeur Jean-Marc Ela nous a quittés ; c'était précisément le 14 décembre 2008. Dès l'annonce de sa mort, la communauté scientifique de l'Université de Yaoundé I a entamé un long travail de deuil qui a culminé avec la cérémonie d'hommages académiques que nous avons organisée à l'Amphithéâtre 700, le 26 janvier 2009, en son honneur et qui se prolonge aujourd'hui par la publication de ce numéro spécial des Annales de notre Faculté.

Nous avons ainsi voulu, d'une manière tout à fait particulière, saluer la sortie de scène de ce grand acteur de notre vie intellectuelle. L'occasion nous semblait en effet idoine d'inviter la communauté universitaire à revisiter et à méditer les écrits de ce grand esprit qui a eu le courage de déconstruire la pensée de ses maîtres et de tenir un discours autonome dans un contexte où l'Afrique avait bien du mal à faire entendre sa voix dans le concert des nations.

Jean-Marc Ela, « le sociologue des pauvres », le sociologue du « monde d'en bas », « le théologien de la libération », a fait honneur à notre Université en acceptant de figurer dans ses tablettes. Il nous est arrivé alors qu'il était déjà auréolé de gloire et que ses écrits faisaient déjà autorité sur la scène internationale. Nous en avons bien profité. Il a fait honneur à son pays et à son continent en défendant leur cause et en les décolonisant scientifiquement. Il leur a ainsi permis de faire bonne figure devant le monde. C'est en raison de tout cela que nous devions lui rendre hommage.

Et maintenant que cet « éveilleur des consciences », ce « veilleur » n'est plus là pour *guetter la nuit et scruter l'aube,* que nous reste-t-il à faire, sinon à continuer son œuvre en combattant les idées reçues, en exprimant plus haut encore *le cri de l'homme africain* afin de donner une chance de salut à ceux que lui, le « rebelle indompté », a refusé de considérer comme « les damnés de la terre ».

* Préface au n°10 volume 1 des *Annales de la Faculté des Arts, Lettres et Sciences Humaines* de l'université de Yaoundé I, consacré au Professeur Jean-Marc Ela, Yaoundé, Lge, 2009.

Hommage à un citoyen du monde[1]

Un heureux hasard a voulu qu'en mai 2004, alors que je venais d'achever ma communication à l'occasion du colloque organisé par la Société internationale d'étude des littératures de l'ère coloniale (Sielec) au château de Castries, à Montpellier, je rencontre le professeur Roger Little. Il est venu à moi pour que nous discutions de certains aspects de ma communication et c'est au détour de notre conversation qu'il m'a parlé d'un manuscrit qu'il détenait depuis plus de trente ans et dont il voulait enfin assurer la publication.

Le manuscrit avait été rédigé par l'un de ses étudiants, Jacques de Baubert, qui était mort juste après le lui avoir confié, pour relecture. Il portait sur un voyage que ce dernier avait effectué au Cameroun et était écrit en anglais, dans un style qui n'était pas sans rappeler celui des mémorables *Canterbury tales*[2]. Jacques de Baubert avait enseigné la langue anglaise au Collège Libermann, à Douala, et avait voulu écrire dans cette langue, bien qu'étant lui-même francophone. C'était pour lui une occasion d'affiner sa connaissance de la langue de Shakespeare. Il avait donc prié Roger Little, son professeur, de relire ce manuscrit afin de le situer sur sa compétence linguistique.

À la mort de Jacques de Baubert, le professeur Little ne sut exactement ce qu'il fallait faire du manuscrit. Il l'avait conservé religieusement jusqu'au jour de notre rencontre où il eut la bonne inspiration de me le confier.

Il avait perçu, à travers mon exposé, mon engouement pour les récits de voyages et particulièrement pour les littératures coloniales[3]. Il se trouvait en plus que j'étais Camerounais et que le récit de Jacques de Baubert portait sur mon pays. Je reçus sa proposition comme une grande marque de confiance et m'engageai à assurer une édition critique de cette œuvre au destin si particulier.

Cependant, je dois avouer que j'ai failli amener le professeur Little à désespérer de moi, tellement j'ai pris du temps à mettre le projet en œuvre.

---

[1] Introduction à l'ouvrage de Jacques de Baubert intitulé *Chroniques de Tokombéré*, Yaoundé, Clé, 2014.

[2] Le titre du récit, à savoir *The Tokombere tales*, est bien évidemment conçu sur le modèle de *Canterbury tales* de Geoffrey Chaucer.

[3] Je venais en effet de soutenir une thèse de Doctorat d'État ès lettres sur le thème : *La littérature anticolonialiste en France de 1914 à 1960 : formes d'expression et fondements théoriques*. Cette thèse a été publiée en 2004 chez L'Harmattan, à Paris.

Je croyais avoir le temps pour moi, jusqu'au moment où une lettre de relance de sa part m'a rappelé que cinq années s'étaient déjà écoulées depuis mon engagement à réaliser l'ouvrage. C'est ainsi que je me suis mis résolument au travail. Il m'a fallu pour cela m'assurer le soutien de quelques-uns de mes étudiants, particulièrement pour ce qui est des traductions. Leur concours m'a été très précieux et m'a permis de constater que la formation que nous leur donnons n'est nullement négligeable. Je dois particulièrement à mes étudiants Cyrille Christal Ondoua Engon, Christophe Désiré Atangana Kouna, Valentine Ubanako, Yvette Abouga et Jean Bernard Evoung Fouda l'essentiel des traductions et du travail de mise en forme du texte définitif. En cela, ils ont rendu ma tâche facile, tellement j'avais maille à partir avec l'anglais si précieux et si archaïque de Jacques de Baubert.

Le fait est que je tenais absolument à offrir une édition bilingue de cette œuvre, afin de permettre à de nombreux lecteurs du Cameroun et d'ailleurs de pouvoir la déguster. Il n'y avait pas, à mon sens, meilleure manière de partager avec le plus grand nombre le plaisir que j'ai éprouvé en parcourant ces pages qui sont indubitablement une attachante preuve d'altruisme et d'humanisme. De ce point de vue, je reste convaincu que Jacques de Baubert ne manquera pas de toucher son lecteur par cette sincérité à la limite de la naïveté qui l'amène à porter sur les hommes et sur les choses un regard si pur et si bienveillant. Le lecteur, je n'en doute point pourrait se demander à certains moments s'il est véritablement en face d'un descendant de colons. Est-ce le fait de la jeunesse ou de cette foi chrétienne qu'il ne cesse de confesser au fil des pages ?

C'est dire que le témoignage de l'écrivain est d'un très grand intérêt, aussi bien pour les Camerounais des deux rives du Moungo, qu'il ne cesse de mettre en comparaison, que pour l'Afrique tout entière et, au-delà, pour tous les citoyens du monde. Baubert leur tient un discours émouvant dont les contours peuvent amener à bâtir ce qu'il appelle *la citoyenneté du monde.* Son œuvre nous interpelle à plusieurs titres. C'est ainsi que j'y trouve un intérêt à la fois littéraire, culturel, politique et philosophique.

I. L'intérêt littéraire

Jacques de Baubert nous donne à savourer un texte qui se situe à cheval entre le récit ethnographique, le récit d'aventures, le journal intime et le carnet de route. Il est vrai que Baubert lui-même parle de son œuvre comme d'un journal de voyage, mais il reste que le texte prend bien souvent les allures d'un récit ethnographique, tant le rédacteur s'attarde non pas sur les péripéties de son voyage mais sur la description des peuples qu'il rencontre, sur leurs us et coutumes et sur des considérations politiques et philosophiques. On n'est pas bien loin ici d'une œuvre comme *L'Afrique fantôme* de Michel Leiris[4], qui a été, comme on le sait, consécutive à la mission ethnographique Dakar-Djibouti initiée en 1931 par le Muséum national d'histoire naturelle de la République française, ou de *Tristes tropiques* de Claude Lévi-Strauss[5], qui est un texte de découverte des peuples dits primitifs, de leur étude en vue du dévoilement au monde des mystères dont ils sont porteurs.

De même, le récit de Baubert laisse penser à un journal intime, tellement l'écrivain s'emploie à parler de lui-même, de ses peurs, de ses rêves, des joies et des peines qu'il éprouve pendant son aventure. Le voyageur semble ainsi n'avoir entrepris l'expédition que pour s'éprouver, apprendre à vivre à la dure et gagner en maturité.

L'observation de soi, au détriment parfois de celle des autres, est si prégnante dans l'œuvre qu'on dénote un certain narcissisme, bien que cette observation débouche très souvent sur le dégout de soi. L'entreprise, vue sous cet angle, a donc les allures d'une œuvre thérapeutique par laquelle le jeune bourgeois, habité par le spleen, veut se guérir de ses peurs et éprouver des sensations fortes dignes des grands héros.

Comme dans tout journal intime, le jeune homme note, au jour le jour, les événements, les observations, les sentiments, les rêves et les idées qui lui viennent à l'esprit, pour que le lecteur perçoive l'évolution de sa psychologie et surtout le processus de maturation qui s'effectue en lui. On pourrait dire qu'au-delà de la découverte de l'autre, c'est davantage de la découverte de soi qu'il s'agit ici. L'altérité permet en effet au jeune homme de se remettre en question, de mieux se découvrir et de s'accomplir. Il est de ce point de vue indubitable que l'homme qui revient à Douala au terme de son voyage, plein d'usage et de raison, est fort éloigné du jeune premier qui partait en aventure quelques semaines plus tôt. Voilà qui explique le sous-titre que Baubert lui-même donne à son récit : *Journal de mes trois années passées au Cameroun*. À partir de là, on peut aussi s'expliquer la discontinuité chronologique que prend le récit, parce que le narrateur privilégie visiblement le temps intérieur, ses états d'âme, ce qui l'amène à disposer les faits d'une manière tout à fait fantaisiste.

Dans cette nomenclature des genres littéraires, il va de soi que le genre dans lequel s'insère le mieux le texte de Baubert est celui du carnet de route. Journal de voyage et carnet de route apparaissent ainsi comme des synonymes ; le projet de l'écrivain étant d'amener son lecteur à cheminer avec lui dans le parcours qu'il fait du territoire camerounais. C'est en raison de cela que son récit est très spatialisé. Il décrit en effet un itinéraire bien repérable sur le territoire camerounais. Le parcours du voyageur est ponctué d'étapes qui correspondent à des lieux précis qu'il s'agit de découvrir et d'explorer. Visiblement, on est en présence du récit d'un explorateur ou plus

---

[4] Michel Leiris, *L'Afrique fantôme*, Paris, Gallimard, 1934.
[5] Claude Lévi-Strauss, *Tristes tropiques*, Paris, Librairie Plon, 1955.

simplement du témoignage d'un voyageur qui veut marquer le terrain sur lequel il évolue. Cette pratique nous situe dans la tradition des récits de voyage sur le modèle de Jules Vernes[6], d'André Gide[7] ou, de manière plus précise, des carnets de route à l'image de ceux d'Ernest Psichari[8].

Le carnet de route se différencie du journal intime par le fait qu'il porte plus sur l'espace extérieur que sur le monde intérieur. Ce n'est pas le moi qu'il s'agit de scruter mais le monde que l'on parcourt et que l'on veut donner à connaitre.

Le carnet de route a un ancrage topologique et chronologique très marqué. Il se distance du récit ethnographique par le fait qu'il n'est pas analytique mais narratif et garde quelques aspects du récit d'aventures. C'est un genre-carrefour situé aux confluents du littéraire, du géographique et de l'ethnologique. Comme nous l'avons dit plus haut, il est celui qui rend le mieux compte de l'entreprise de Baubert.

Cependant, il se trouve que, par fidélité à son modèle qu'est Chaucer, Jacques de Baubert a préféré lui-même situer son récit dans la tradition des contes. Nous aurions par conséquent dû traduire le titre initial de son œuvre, *Tokombéré Tales*, par *Contes de Tokombéré*. Mais personne n'est dupe au point de penser qu'il s'agit de contes comme ceux de Perrault ou ceux des *Mille et une nuits*. Ces contes sont de notre temps et s'apparentent à des chroniques du fait de leur ancrage spatial et temporel ; d'où le choix du titre : *Chroniques de Tokombéré*.

II. L'intérêt culturel

Ce n'est pas sans nostalgie que ceux qui ont vécu à l'époque des faits relatés par Baubert liront son récit, tout comme j'imagine que ce n'est pas sans émerveillement que ceux qui sont nés après les indépendances le découvriront. Le récit de Baubert a l'avantage de témoigner d'une tranche de l'histoire du Cameroun qui est encore mal connue ou alors sur laquelle de nombreux Camerounais n'osent se prononcer : la période de l'indépendance. Jacques de Baubert peut en parler avec d'autant plus d'aisance qu'il n'est ni un Camerounais, ni un Français impliqué dans l'entreprise de colonisation. C'est un esprit libre qui peut porter sur les hommes un regard neutre et peu intéressé. De ce point de vue, sa liberté ne manquera pas de surprendre plus d'une personne.

Il peut en effet paraître utile aux Camerounais de se voir tels qu'ils sont perçus par d'autres et d'apprécier la manière dont d'autres les situent sur l'échiquier politique mondial. Cela, indéniablement, peut amener à réviser

[6] Jules Vernes, *Le Tour du monde* en 80 jours, 1873.

[7] André Gide, *Voyage au Congo* (1927) et *Retour du Tchad*

[8] Dans ce registre, Ernest Psichari a écrit : *Terres de soleil et de sommeil* en 1908, *Le Voyage du centurion* en 1916 et *Carnets de route* (publiés à titre posthume en 1948).

certaines positions et à se remettre en question. Baubert nous donne à nous connaitre et, dans le même temps, il nous ouvre à la connaissance des autres. Son récit constitue une véritable œuvre de décloisonnement culturel de notre pays, qui n'a pas beaucoup connu la faveur des récits de voyages ou des enquêtes ethnographiques.

À travers le parcours du voyageur, c'est le Cameroun tout entier qui est mis à découvert. Sur le plan géographique, le voyageur part de Douala, la capitale économique du Cameroun, pour s'élancer vers l'Extrême-Nord, jusqu'à la limite avec la République du Tchad. Pour y arriver, il emprunte la route de l'Ouest en passant par le Moungo, ce qui lui permet de visiter les villes de Mbanga, Nkongsamba, Melong, Bafang, Bafoussam, Foumbot, Foumban.

Arrivé dans l'Adamoua par Banyo, il atteint le Nord et l'Extrême-Nord en passant par Tibati, Ngaoundéré, Garoua, Maroua, Waza, Mokolo.

Le retour se fait par la route de l'Est, ce qui le conduit à Garoua-Boulaï et à Bertoua. Il rejoint le Centre par Minta, Nanga-Eboko, Batchenga, Yaoundé. De Yaoundé, il atteint à nouveau Douala par Edéa.

Là se situe le parcours principal. Ce dernier est complété par des parcours effectués antérieurement à l'expédition vers le grand Nord. Le narrateur procède à des digressions qui nous portent vers ces lieux que sont le Sud-Ouest (Tiko, Buéa, Bota, Victoria) le Sud (Mbalmayo, Ebolowa, Kribi), le Nord-Ouest, dans lequel il a fait des incursions lors d'un voyage à Dschang.

C'est dire que le titre *Tokombéré tales* est très trompeur. Il laisse a priori croire que l'écrivain se focalise essentiellement sur la ville de Tokombéré, alors qu'en réalité il parcourt l'ensemble du triangle national. Tokombéré n'est donc, de ce point de vue, qu'un symbole, celui d'un pays attachant où la faune, la flore et la qualité des hommes vous donnent envie de vous établir.

Les collines de Tokombéré, de l'avis du voyageur, comptent parmi les sommets les plus élevés de l'Afrique noire. Elles offrent à admirer des hommes insoumis, les Kirdis, qui défient un relief particulièrement hostile et vont à l'assaut du ciel en construisant des *huttes paradisiaques au sommet des collines escarpées*. Ces hommes sont comparés à des aigles qui règnent sur des hauteurs.

Baubert retrouve en ces lieux l'Afrique rêvée, une Afrique adamique et même édénique, éloignée de la corruption de la civilisation et vivant dans un primitivisme qui n'est pas sans rappeler le *mythe du bon sauvage. Les hommes y sont vraiment noirs, dit-il, comme du charbon.* Ils sont en cela différents de ces hommes à la couleur brune qu'il a vus vers le sud. C'est pour cela que, lorsqu'il renoue avec le Sud, il avoue sa déception. Il peut ainsi s'écrier au moment où il longe la Sanaga : *Nous étions revenus au vingtième siècle.*

Le ravissement, devant le spectacle d'une nature inviolée et paisible, est tel que le jeune occidental se prosterne sur la terre de Rumsiki et la bénit. Il dit son admiration pour les hommes misérables mais fiers qui habitent cette terre et qui regardent avec arrogance et détachement les produits de la civilisation.

Tokombéré représente donc le pic vers lequel doit tendre la jeune République du Cameroun, dans sa marche vers l'indépendance et son accomplissement. C'est l'appel à l'élévation, à la fierté, à l'authenticité, à la méfiance vis-à-vis d'une civilisation déshumanisante et aliénante. Baubert veut donner à ses élèves l'exemple d'un monde où les valeurs d'humilité, d'intégrité, d'ascèse, de simplicité grandissent l'homme en lui procurant un bonheur sain et durable.

Cet appel révèle l'amour que Jacques de Baubert porte à la jeune République du Cameroun ; pays riche et promoteur qui semble avoir les moyens de parvenir à un grand destin. Ce pays dispose de grandes réserves forestières, d'un réseau hydraulique étendu, de terres très fertiles, et surtout d'hommes dynamiques. Parmi ces hommes, il cite principalement les Bamilékés, qu'il qualifie *d'Auvergnats du Cameroun*, les Kirdis, dont la fierté l'émeut beaucoup, les Ewondos, dont le sens de la palabre l'a déconcerté, les Bassas réputés irascibles et la communauté anglophone dont le souci d'ordre, de beauté et de rigueur rappelle la colonisation anglaise.

Le voyageur avoue également son admiration pour un certain nombre de personnalités qui, d'après lui, ne manqueront pas de marquer l'histoire du Cameroun. Il s'agit principalement du père Engelbert Mveng, qu'il qualifie de *proéminent historien et artiste*, Monseigneur Albert Dongmo, le *vaillant, viril, vigoureux bamiléké* qu'il compare à un « ouragan », du père Eboussi Boulaga, l'enseignant d'anglais de Libermann qu'il appelle *le Montaigne du Cameroun*, du père jésuite Meinrad Hegba dont il salue l'érudition et la parfaite connaissance de la tradition africaine, du père Simon Mpeke, dit Baba Simon, le père des Kirdis, qu'il présente comme un homme de grande dévotion et de bien d'autres comme Ernest Ouandié, Um Nyobé, Ahmadou Ahidjo.

Le moins que l'on puisse dire est que ces prédictions, faites dans les années soixante, se sont avérées par la suite puisque ces personnalités ont effectivement, chacune à sa manière, marqué l'histoire du Cameroun. Autant dire que Jacques de Baubert avait le jugement juste et qu'il s'est imprégné des réalités du pays qu'il décrivait. Il a appris à le connaitre et il l'aimait au point où il n'a pas manqué de prendre position sur des questions brulantes de son histoire, ce qui fait de ses carnets de route un document politique très précieux.

III. L'intérêt politique et philosophique

La première des questions à laquelle Jacques de Baubert s'attaque sans hésitation est celle de la colonisation. Alors qu'on s'attendait à le voir éviter ce sujet embarrassant pour un citoyen français vivant en Afrique au lendemain des indépendances, il l'attaque de front pour exprimer tout le dégout qu'un tel phénomène lui inspire. On peut ainsi l'entendre dire : *Je déteste le colonialisme, parce que je ne comprends pas comment un homme peut souffrir à cause d'un autre homme.*

La colonisation, continue-t-il, a peut-être été bienfaisante en ce qu'elle a apporté aux Africains une ouverture au monde, mais elle a surtout été source d'aliénation, d'humiliations de toutes sortes et de spoliation des biens des colonisés. Un tel système ne pourrait être défendu, il était appelé à disparaitre. C'est en raison de cela que Baubert s'enthousiasme pour les indépendances africaines et encourage les Africains à conquérir davantage leur liberté.

La deuxième question, qui est d'ailleurs le corolaire de la première, est celle du nationalisme. Bien qu'avouant sa répulsion pour cette philosophie qu'il condamne d'ailleurs chez le général de Gaulle, considéré comme *le grand génie du tribalisme national*, il dit comprendre les Africains qui luttent pour leur liberté et leur dignité. Cependant, il justifie mal leur radicalisme ainsi que leurs méthodes, surtout quand ils s'en prennent à des innocents. Il soupçonne en effet les nationalistes, parfois appelés « terroristes » ou « maquisards », d'être influencés par *un mouvement révolutionnaire international qui, en plus des indépendances, les pousse à une révolution sociale qui devait faire glisser le pays du capitalisme au collectivisme.*

La suspicion que Jacques de Baubert entretient vis-à-vis de ces nationalistes est à l'image de l'aversion qu'il nourrit pour le communisme, qu'il accuse de tous les maux. Le communisme est pour lui source de dictature, d'obscurantisme, d'avilissement de l'homme. À défaut de convaincre et d'attirer à lui, il s'impose par la force. Au lieu de libérer l'homme, il l'embrigade ; d'où ces propos du jeune homme : *Tant que les frontières des pays communistes seront hermétiquement fermées tels les murs d'une prison et que ceux qui essaient d'y échapper sont abattus, je douterai malgré tout de la valeur et de la joie apportées par la révolution marxiste-léniniste.*

L'auteur a d'autant plus d'aversion pour le communisme que cette idéologie est source d'athéisme, ce qui est insupportable pour le chrétien qu'il est. En effet, Baubert a conscience d'œuvrer pour le salut des hommes noirs. Il est, comme Ernest Psichari, le soldat du Christ. Son journal de voyage s'apparente alors au *Voyage du centurion* qu'écrit l'auteur des *Carnets de route*. C'est pour cela que, de manière incessante, il professe sa foi en Jésus-Christ et présente ce dernier comme la source de salut pour une Afrique en détresse. Le prosélytisme de Baubert est tel, qu'à certains moments, il se montre fanatique et intolérant à l'égard d'autres religions à l'instar de l'Islam auquel il est confronté au nord du Cameroun.

Pour lui, c'est l'Islam qui est cause de l'asservissement des Kirdis, tant les musulmans se montrent intolérants à l'endroit des païens. On comprend donc pourquoi, à l'observation de la misère des populations du Nord, il affirme de manière péremptoire : *Je suis sûr qu'il n'y a pas d'espoir possible pour l'humanité, à part des valeurs représentées par Jésus de Nazareth.*

C'est la raison pour laquelle il a tant d'admirations pour le père Simon Mpeke, cet homme qui a abandonné sa province d'origine (le Littoral) pour évangéliser les Kirdis. Il parle de lui comme d'un homme humble, d'une grande dévotion et d'un altruisme déconcertant. L'action de ce missionnaire l'amène à réitérer que *seul le christianisme peut apporter aux Kirdis des deux sexes un espoir.*

Dans un titre formulé ironiquement : « Mes amis musulmans », il rend ouvertement l'Islam coupable de l'esclavage des femmes et de la pratique de l'excision. On peut ainsi l'entendre dire : *De manière générale, l'Islam, et même si ce n'est que théoriquement, a limité le nombre de femmes à quatre mais cela n'a apporté aucun soulagement à la misérable condition du sexe féminin. Bien au contraire, il a même aggravé et donné naissance à l'esclavage des femmes dans la mesure où il existait plus de liberté dans les sociétés païennes.*

Cependant, il reconnait que ce n'est pas uniquement dans les sociétés islamisées que la femme est ainsi humiliée. La preuve en est que sur le chemin de Bafoussam et dans l'ensemble des villes de l'Ouest, il a vu la femme soumise à des conditions de travail inhumaines. Il a vu de longues et interminables *files de femmes bamiléké, avançant tout lentement, portant sur leur tête des charges incroyablement lourdes de bois à brûler ou des piles de longues planches flexibles qui se rabaissaient loin devant et derrière.* Elles portaient, selon lui, des charges que n'aurait pas pu supporter un âne ou une voiture de deux chevaux comme la sienne.

Baubert qualifie cette situation de honteuse, d'autant plus qu'il ne voit aucun homme subissant une telle condition. Il est vrai que certains justifient cette situation par le fait que le *terrorisme* a contraint les hommes à déserter les villages pour se réfugier dans les brousses, laissant aux femmes seules les travaux des champs, mais l'observateur avoue que cette pratique de bestialisation de la femme se retrouve aussi dans des zones pacifiées. Elle semble donc être un des traits de la culture africaine qui est essentiellement centrée sur l'homme[9]. Il s'agit certainement d'une tare que le christianisme sera chargé de corriger.

Autant qu'il est l'apôtre du christianisme, Jacques de Baubert se veut le promoteur de « la citoyenneté du monde ». C'est en raison de cela qu'il condamne ouvertement le tribalisme ainsi qu'un certain nationalisme, qui ne sont que des formes de repli sur soi, alors que l'avenir du monde est dans

[9] Dans un ouvrage intitulé *Non, la femme africaine n'était pas opprimée*, Yaoundé, Société camerounaise de publication, 1974, l'anthropologue camerounais, Henri Ngoa, réfute cette idée en montrant que la servilité de la femme en Afrique n'est qu'apparente et, qu'en réalité, c'est la femme qui était la principale régulatrice de la société africaines. Il soupçonne d'avoir mis au-devant cette idée pour porter les femmes à la révolte contre les hommes et à se rallier à leur culture.

l'ouverture aux autres et dans le partage. Le monde, à son avis, ne connaitra la paix que le jour où il y aura *un gouvernement mondial* capable de planifier le développement à l'échelle de la planète et de corriger les disparités entre les peuples.

Ce gouvernement mondial, s'il veut être durable, devra éviter de fonder son action sur le matérialisme. Il se chargera de construire une civilisation basée sur des valeurs non matérielles telles que la paix et l'amour. Il lui faudra être à l'écoute de chaque peuple pour promouvoir ce qu'il a de meilleur et le proposer comme valeur aux autres. Sa langue de fonction pourrait être l'anglais, compte tenu de l'influence que cette langue exerce dans le monde. C'est en raison de cela que Baubert, qui est Français, s'exerce à la pratique de l'anglais qu'il promeut dans ses enseignements et dans ses écrits. On peut ainsi induire qu'il est capable d'accepter de mourir dans sa culture d'origine pour renaitre dans celle de l'autre ou dans celle que propose le Nouveau en construction. En cela son altruisme et son humanisme se révèlent d'une manière tout à fait éclatante.

Hommage au professeur André Marie Ntsobé*

Heureux qui, comme le professeur André-Marie Ntsobé, a fait une belle carrière et a pu prendre sa retraite, sain de corps et d'esprit, au milieu des acclamations de ses collègues et de ses étudiants. Quand on sait combien les carrières sont sinueuses et cahoteuses dans notre pays, on ne peut manquer de regarder avec admiration celle que vient de mener le Grand-Maître des arts et des lettres qui nous quitte.

La carrière du professeur André-Marie Ntsobé, c'est trente années de présence, d'engagement et de rayonnement au sein du Département de français en particulier, de la Faculté des Arts, Lettres et Sciences Humaines et de l'Université de Yaoundé I en général.

La présence a été constante. En effet, de 1973 jusqu'en 2013, le professeur André-Marie Ntsobé est resté présent dans les Amphithéâtres et les salles de cours. Même quand il a été appelé successivement aux fonctions de Chef du Département de français, Secrétaire général de l'Université de Yaoundé I, inspecteur général au ministère de l'Enseignement supérieur, Doyen de la Faculté des Arts, Lettres et Sciences Humaines et de Vice-Recteur à l'Université de Yaoundé I, le professeur a continué à dispenser ses enseignements et à diriger les travaux de ses étudiants. Il n'a jamais pris prétexte de ces fonctions pour se réfugier dans la bureaucratie comme le font certains.

L'engagement est perceptible dans les combats qu'il a menés pour s'imposer dans l'échiquier universitaire et imposer sa marque. On sait par exemple que, dès 1978, alors qu'il comptait à peine cinq ans de service, il a été amené à prendre la tête du Département de français, à la suite du professeur Pierre Bornec que. Ce ne fut pas une tâche facile pour le jeune homme. Avec méthode et doigté, il a su se faire accepter et s'imposer au point de régner sur ce Département pendant vingt-six ans. Au cours de cette période, il a eu à élaborer des programmes d'enseignement conformes aux besoins de l'époque, à former et à s'entourer de collaborateurs dévoués et efficaces ; ce qui a permis d'assurer une bonne relève. On lui doit aussi la création, en partenariat avec l'Université de Paris X, de la revue *Écritures* qui constitue encore aujourd'hui la vitrine du Département de français.

---

* Préface à l'ouvrage consacré au Professeur André Marie Ntsobé, sous le titre : *Regard sur les littératures d'expression française*, Yaoundé, Clé, 2014.

Le rayonnement a été une conséquence logique de l'engagement au travail. Par un travail constant et soigné, le professeur André-Marie Ntsobé a pu gravir, une à une, toutes les marches de la hiérarchie universitaire : Chargé de cours en 1974, Maître de Conférences en 1986 et professeur titulaire en 1993. C'est donc couvert de lauriers qu'il quitte la scène ; d'où les nombreuses manifestations honorifiques qui accompagnent ce départ à la retraite. Au titre de celles-ci, on peut citer l'ouvrage collectif dont j'ai eu à assurer la coordination et dont le titre est : *Francomanie, francophilie et francophobie : atouts et enjeux de la francophonie littéraire en Afrique*. Il s'agit d'un ouvrage de près de quatre cents pages, regroupant les contributions d'une vingtaine d'universitaires qui entendaient rendre hommage au professeur Ntsobé. On peut également mentionner la cérémonie de dédicace de cet ouvrage qui a été fort courue.

C'est dans ce cadre bien évidemment que se situe le présent ouvrage initié par le professeur Marcellin Vounda Etoa et qui constitue une belle collection des articles et des communications de l'éminent professeur. Visiblement, les deux publications dont je viens de faire part sont complémentaires. Tandis que l'une donne la parole aux collègues et anciens étudiants du professeur et constitue une espèce de témoignage, l'autre restitue ladite parole au professeur lui-même, afin que, par la confrontation de ses travaux, on puisse percevoir son testament scientifique.

On peut en retenir que le professeur André-Marie Ntsobé a tout d'abord été un exégète de la littérature française. Il lui a consacré la plus grande partie de sa carrière, d'où ses enseignements et ses travaux sur Du Bellay, madame de la Fayette, Voltaire, Jules Vallès, Victor Hugo, Verlaine, Montherlant et Aragon. Plus tard, il s'est intéressé à la littérature africaine d'expression française, comme pour apprécier d'une part ce qu'elle doit à la littérature française et d'autre part son degré d'autonomie et d'inventivité.

Le professeur nous laisse donc en héritage cette approche croisée des littératures d'expression française, d'autant plus qu'il a été le pionnier de l'enseignement des littératures belges et canadiennes d'expression française dans notre Faculté. À l'ère où la problématique francophone oppose les francophiles aux francophobes, cette approche croisée est utile en tant qu'elle permet de mesurer le chemin parcouru et de dessiner les voies du futur.

Hommage au professeur Bienvenu Nola*

En ce jour mémorable où la communauté universitaire nationale se réunit pour rendre hommage au sympathique et flamboyant professeur, Bienvenu Nola, pour son importante contribution à l'histoire intellectuelle de notre pays, je voudrais qu'il me soit permis, au nom des enseignants, des étudiants et du personnel de la Faculté des Arts, Lettres et Sciences Humaines et par-delà de l'Université de Yaoundé I, de dire combien nous sommes sensibles au privilège qui nous a été accordé, d'abriter le présent événement.

Le professeur Bienvenu Nola était certes, depuis six mois, le Secrétaire général de l'Université de Douala, mais il n'échappe à personne qu'il a été, pendant vingt-huit ans, enseignant de l'Université de Yaoundé I. Nous voulons de ce fait exprimer notre gratitude au Recteur de l'Université de Douala, qui a permis que la mémoire du Professeur Bienvenu Nola soit célébrée dans ce temple mythique de l'Amphi 700 où l'intéressé a officié pendant de longues années.

Le professeur Bienvenu Nola a en effet été recruté au Département de français de la Faculté des Lettres et Sciences Humaines de l'Université de Yaoundé, le 21 décembre 1985. Il y a fait toute sa carrière universitaire. Il a ainsi accédé au grade de Chargé de cours en 1988 et à celui de Maître de Conférences en 2008.

Au plan administratif, il a occupé à l'Université de Yaoundé I les fonctions de Vice-Doyen de la recherche et de la coopération et de Directeur du Centre des œuvres universitaires.

Comme enseignant, le professeur Bienvenu Nola a fait montre d'un talent remarquable, c'est ainsi qu'il est très rapidement apparu comme un pédagogue compétent et particulièrement apprécié pour ses cours de rhétorique, de stylistique et de grammaire françaises. Il faut dire qu'il était aidé en cela par sa solide formation en lettres classiques et par sa remarquable perspicacité dans l'analyse des textes littéraires. Son cours de commentaire grammatical et stylistique était de ce point de vue un régal pour ses étudiants.

En sa qualité de Vice-Doyen, le professeur Bienvenu Nola a apporté à notre équipe décanale, successivement conduite par le professeur André-Marie Ntsobé et le professeur Daniel Abwa, sa grande expérience

* Allocution présentée à l'Amphi 700 de l'Université de Yaoundé I à l'occasion de la cérémonie d'hommages académiques au Professeur Bienvenu Nola.

administrative et sa parfaite maitrise des textes règlementaires dont certains furent rédigés alors qu'il était Chef du service de la formation et chargé d'études au ministère de l'Enseignement supérieur. Nous n'avons donc pas été surpris de le voir porté plus tard aux postes de Directeur du Centre des œuvres universitaires et de Secrétaire général de l'Université de Douala.

Au plan scientifique, le professeur Bienvenu Nola se sera illustré par une production scientifique respectable. Douze articles scientifiques et un ouvrage sont à son actif, sans oublier l'important travail d'encadrement des équipes scientifiques de notre Faculté qu'il a abattu alors qu'il officiait comme Vice-Doyen chargé de la recherche et de la coopération.

La postérité retiendra qu'il fut, auprès du professeur Gervais Mendo Zé, son collègue et ami, l'un des inspirateurs de l'approche ethnostylitique des textes littéraires africains ; d'où l'ouvrage qu'il a consacré à l'argumentation dans *Le Vieux nègre et la médaille* de Ferdinand Oyono et où il étale toute sa science des textes littéraires. Il ne fait pas de doute que cet ouvrage, publié consécutivement à la soutenance de son Habilitation à diriger les Recherches, constitue sa plus grande contribution à l'évolution de la stylistique africaine.

Vous comprendrez donc, Mesdames, Messieurs, chers parents, pourquoi nous n'avons pas voulu placer la présente cérémonie sous le signe de l'élégie, ce qui nous aurait portés à nous attrister sur cette vie qui s'évanouit, et se dissipe dans le néant. Bien au contraire, nous l'inscrivons dans le registre de l'hommage pour pouvoir célébrer la vie qui continue par-delà la mort, par le miracle de la science.

La route aura beau décimer nos illustres grammairiens comme elle le fit hier de Pierre Ngijol Ngijol, Emmanuel Soundjock Soundjock et comme elle le fait aujourd'hui de Bienvenu Nola, mais, jamais, elle ne décimera les esprits.

Le spectre de la mort aura beau nous épouvanter, en fauchant dans nos rangs et en arrachant à notre affection ceux que nous aimons le plus, comme il l'a fait, il y a fort peu, des professeurs Mathieu-François Minyono Nkodo, Marie Louise Messi Ndogo, Maurice Tadadjeu, mais jamais il n'aura de victoire sur nous.

Ô mort, où est donc ta victoire ?

Certainement pas dans ce temple que nous avons consacré à Prométhée, l'intrépide héros du savoir, qui parvint à voler le feu aux dieux pour le donner aux hommes ;

Certainement pas dans ce cénacle où règne Apollon, le prince des arts et des lettres, le porte-lumière de la vie intellectuelle ;

Certainement pas dans cet antre mythique où Orphée, de sa lyre faite de carapace de tortue et de neuf cordes, symbolisant les muses, apaise les bêtes sauvages, déplace les montagnes, séduit les sirènes, endort les gardiens des enfers pour y pénétrer effrontément et ramener à la vie sa chère Eurydice.

Ô mort, où est donc ta victoire ?

Le Seigneur, Dieu Tout-Puissant, Maître de toutes choses, comme le dit Alfred de Vigny, *peut bien permettre à des eaux insurgées de perdre des vaisseaux, mais non pas des pensées*, parce qu'il est aussi le Dieu des idées. Charles Baudelaire le comprend bien quand il lui adresse cette prière, au nom de ceux qui ont choisi la vie de l'esprit :

Soyez béni, mon Dieu [...]
Je sais que vous gardez une place au Poète
Dans les rangs bienheureux des saintes Légions,
et que vous l'invitez à l'éternelle fête
des Trônes, des vertus, des dominations.

La voie est donc ouverte, Professeur, grand maître de la rhétorique et de la stylistique, pour que tu puisses t'élancer vers l'éternité. Les clameurs de tes étudiants qui t'ont tant chéri t'accompagnent, les ovations de tes collègues te soutiennent, les exhortations de ceux qui t'aiment et t'admirent t'auréolent d'une couronne de gloire.

Vas-y, Bienvenu, mon ami, mon frère ;
Vas-y, grand professeur.
Adieu.

Hommage au professeur Marie-Louise Messi Ndogo*

Le jeudi 7 juin 2012, alors que nous clôturions l'hommage académique au regretté professeur Emmanuel Soundjock Soundock et que je rétrocédais le corps à la famille du défunt devant le mythique amphi 700 de l'université de Yaoundé I, je me suis retrouvé hasardeusement en face de madame le professeur Marie-Louise Messi. Comme à l'accoutumée, je lui ai demandé comment elle se portait. D'un ton calme, elle m'a dit *moi aussi j'attends déjà mon hommage académique.* Interloqué par cette réponse, je lui ai dit que j'en avais assez d'enterrer mes professeurs, qu'il fallait qu'on me laisse souffler et que, de toutes les façons, son état de santé ne me donnait aucune inquiétude. En guise de réponse, madame le professeur Marie-Louise Messi a haussé les épaules et m'a regardé tristement. C'était en présence du professeur Joseph Gabriel Elong, mon Vice-doyen chargé de la recherche et de la coopération.

Tout naturellement, madame Messi a été avec nous le samedi, 9 juin 2012, à Nkenlikok, à l'enterrement du professeur Emmanuel Soundjock Soundjock. Elle était assise sur la même rangée des chaises que moi.

Vous pouvez imaginer, Mesdames et Messieurs, ma stupéfaction quand j'ai appris le lendemain qu'elle s'était éteinte. C'est alors que j'ai compris, qu'a sa manière, c'est-à-dire en toute discrétion, elle avait choisi de me préparer à l'idée de sa mort et de me suggérer de m'occuper de son hommage et de ses obsèques.

C'est la raison pour laquelle j'ai tenu à prendre la parole en ce jour, parce que les raisons de service ne m'ont pas permis de prendre part aux hommages académiques, dont j'ai pourtant assuré la préparation jusqu'à la veille de mon départ en mission. J'ai tenu à revenir aussitôt pour assister à ces obsèques et dire à mon professeur combien j'ai été sensible à toutes les marques d'attention qu'elle m'a manifestées.

Madame Marie-Louise Messi n'a jamais été pour moi une collègue ou une administrée. Elle a toujours été mon enseignante, parce que la considération que j'avais pour elle était grande. Nul n'ignore que madame Marie-Louise Messi était une femme forte, exigeante et peu portée à la

---

* Allocution prononcée aux obsèques du Professeur Marie-Louise Messi Ndogo à Mbalmayo.

flagornerie. Elle avait le jugement sévère et catégorique. Il ne fallait pas l'avoir contre soi. De ce fait, elle inspirait du respect et comptait parmi les piliers de notre Département.

Au fil du temps, j'ai appris à lire dans son regard le reproche ou le consentement et à interpréter ses silences. Son compliment était rare, non parce qu'elle n'appréciait pas ce que je faisais mais parce qu'elle ne voulait pas exciter mon orgueil. Bien que devenu à la fois son Chef de Département et son Doyen, j'attendais ses sentences avec fébrilité et travaillais à la rendre fière de son produit.

Mon Dieu, que les temps sont durs pour le Doyen de la Faculté des Arts, Lettres et Sciences Humaines, que le destin est cruel pour ce fils appelé à enterrer, en quelques mois, pas moins d'une demi-douzaine de ses maîtres. Après les Doyens Pierre Ngijol, Zachary Njeuma, Emmanuel Soundjock Soundjock, ce fut Paul Notué, Mathieu-François Minyono Nkodo, Martin Bot Ba Njock et aujourd'hui, c'est madame le professeur Marie-Louise Messi. Que son départ soit une source d'apaisement pour tous.

Madame le professeur Marie-Louise Messi a embrassé la mort avec sérénité et courage. Elle a fait preuve d'intrépidité devant l'épreuve. C'est une amazone qui nous quitte, sans un cri ni larme, mais avec une belle leçon de stoïcisme et de grandeur.

Que le seigneur qu'elle a tant aimé et servi lui donne la joie de reposer en paix.

Hommage au professeur Marcien Towa[1]

L'histoire nous donne rendez-vous en ce jour pour célébrer la mémoire d'un grand homme et revisiter par le même fait le parcours que nous avons déjà réalisé dans la construction de l'institution universitaire camerounaise. Chaque peuple a ses champions et ses héros, chaque institution a ses icônes et ses symboles qu'elle se plait à exhiber aux yeux du monde pour susciter respect et admiration.

Voici donc notre champion, le porte-étendard de l'intelligentsia camerounaise, étendu devant nous et couvert de tous ses lauriers. Nous sommes ici, non pas pour nous lamenter mais pour chanter la geste de notre champion et nous incliner devant son immense stature. On ne pleure pas les héros, on les célèbre et on les donne en exemple aux descendants.

Nous célébrons en ce jour un homme dont l'immense stature s'est imposée à nous pendant plus de trois décennies. Le professeur Marcien Towa a en effet dominé la scène intellectuelle camerounaise de la tête et des épaules, de 1962, année de son recrutement à l'École normale supérieure comme enseignant de pédagogie et de philosophie, jusqu'à ce jour où de nombreux élèves, étudiants, enseignants et chercheurs continuent à s'abreuver à la source de sa science.

Après un bref passage à l'École normale supérieure, de 1962 à 1968, où il a été Directeur adjoint chargé des études, le Professeur Marcien Towa a été affecté à la Faculté des Lettres et Sciences Humaines où il a fait l'essentiel de sa carrière universitaire ; c'est en cela que son nom est écrit en lettres d'or dans les tablettes de notre Établissement.

Le Professeur Marcien Towa a pris le service dans notre Université en 1962, c'est-à-dire au moment de la naissance de cette Université qui compte aujourd'hui cinquante-deux ans. Il est donc indéniablement l'un des pères fondateurs de cette institution. Il a contribué à la fonder non seulement sur le plan intellectuel mais aussi sur le plan administratif, parce qu'il y a été Directeur des études, Chef de Département et premier Recteur de l'Université de Yaoundé II.

Comme tout pionnier, il n'a guère eu la vie facile. On ne saurait compter les incompréhensions, les perfidies, les résistances, les affronts. Mais c'était un homme de caractère qui a su garder la tête haute et rester au-dessus de la

---

[1] Allocution prononcée à l'occasion de l'hommage académique au Professeur Marcien Towa, le 08 août 2014 à l'Amphi 700.

mêlée. C'était aussi un homme de convictions qui a su défendre ses positions intellectuelles contre des adversaires coriaces. Il en a été ainsi lors de l'épique débat sur l'ethnophilosophie qu'il a su mener des années durant contre des contradicteurs aussi perspicaces que Basile Fouda, Sindjoun Pokam et bien d'autres.

Qui ne se souvient de son brulot intitulé : *Léopold Sédar Senghor : Négritude ou servitude ?* Il aurait fallu plus que de l'audace pour s'opposer de manière aussi effrontée à une institution politique et intellectuelle telle que Senghor. Marcien Towa l'a fait avec flegme et panache.

Ses combats intellectuels, fortement répercutés dans le monde, ont fait de l'Université de Yaoundé et de sa Faculté un pôle de rayonnement scientifique, d'autant plus qu'à ses côtés, scintillaient Thomas Meloné, Ebénézer Njoh-Mouélle, Jean Mfoulou et plus tard Jean-Marc Ela, Fabien Eboussi Boulaga et Meinrad Hebga. C'était l'âge d'or des humanités dans l'institution universitaire camerounaise.

Au cours de ces années flamboyantes qui vont de 1970 à 1990, le Maître a élaboré une pensée qui nourrit encore aujourd'hui de nombreuses générations de Camerounais et Africains. Son souci de sortir l'Afrique de la raque de l'histoire pour la porter à son émergence l'a conduit tour à tour au marxisme et au panafricanisme.

Marcien Towa cherchait en effet le moyen de sortir l'Afrique des serres du capitalisme pour lui donner une identité et une présence dans le monde. Une telle libération ne pouvait résulter à son sens que d'une attitude de solidarité entre les nations africaines dont les identités particulières devaient *s'intégrer dans un tout plus vaste*[2] ; d'où l'appel à la construction d'une *identité négro-africaine vivante et dynamique.* Cette identité nouvelle, *ouverte à la fois sur l'avenir et sur les identités nationales non africaines*, serait le gage de notre revanche sur l'histoire. En dehors de cette solidarité panafricaine, nous continuerons à nous livrer en victimes faibles et résignées aux ogres du capitalisme et de l'occidentalisme.

Belle leçon de philosophie, d'histoire et de géopolitique qui pourrait encore nous servir de viatique de nos jours. Le Maître s'en va mais il ne nous laisse pas sans ressources. Il nous lègue une pensée forte et structurante, capable de nous orienter dans notre quête de liberté et d'épanouissement. Le Maître s'en va en laissant des disciples fiers et engagés, disposés à continuer le combat.

D'autres ont vénéré Platon, Socrate, Aristote, Hegel et Sartre, nous autres vénérons Jean-Marc Ela, Eboussi Boulaga, Meinrad Hebga, Marcien Towa, que nous inscrivons au Panthéon de nos mémoires.

C'est donc avec ferveur que nous confions ce vénérable philosophe à l'histoire, pour que de générations en générations son héritage se perpétue jusqu'à ce qu'on atteigne le but recherché : le développement de l'Afrique.

---

[2] Marcien Towa, *Identité nationale, mythe ou réalité*, Annales de la Flsh, 1976 pp. 43-47, (p. 47).

Merci, professeur, pour cette flamme que vous nous léguez en héritage ;

Merci pour tant de générosité intellectuelle et d'engagement pour la cause de notre pays et de notre continent.

Reposez en paix.

Hommage au professeur Joseph-Marie Essomba*

Après une année de répit et de grâce, le destin a de nouveau frappé la Faculté des Arts, Lettres et Sciences Humaines, en lui arrachant une de ses plus remarquables icônes, le professeur Joseph-Marie Essomba, le grand archéologue, l'illustre professeur d'histoire ancienne, l'ancien Chef des Départements d'histoire, des Arts et archéologie, l'ancien Doyen de notre Faculté.

Nos larmes sont aujourd'hui pour ce grand homme dont l'apport a été déterminant dans l'histoire de notre Faculté et même de notre université.

C'est en 1975, après l'obtention de son Doctorat de IIIe cycle en archéologie et histoire ancienne à l'université de Paris I, Sorbonne, que Joseph-Marie Essomba a intégré la famille de la Faculté des Arts, Lettres et Sciences Humaines, en qualité de Chargé de cours-délégué. Il va y mener, pendant une trentaine d'années, une carrière riche et remarquable, au cours de laquelle il a pu accéder à tous les grades jusqu'au stade terminal de professeur titulaire des universités.

Le professeur Joseph-Marie Essomba fut un pionnier et un grand bâtisseur. Il fut le pionnier de l'enseignement de l'archéologie au Cameroun, discipline qu'il fit plus tard ériger en filière autonome, après la réforme universitaire de 1993. Le professeur Joseph-Marie Essomba a tant aimé l'archéologie qu'il lui a sacrifié toute sa vie. Comment comprendre qu'après une Licence et un Diplôme d'Études Supérieures obtenus à l'Université de Yaoundé, dans la filière Histoire, le jeune Joseph-Marie Essomba ait choisi de recommencer, en première année, à la Sorbonne, des études d'archéologie et d'histoire ancienne ?

C'est donc un archéologue attitré qui s'est mis au service de notre Faculté pour former des milliers et des milliers de Camerounais. La moisson de cette semence est abondante. Joseph-Marie Essomba a fait de nombreux disciples dont certains sont devenus ses collègues et ses héritiers scientifiques. Je ne citerai en exemple que le professeur Martin Elouga, l'actuel Chef du Département des Arts et archéologie, les docteurs Raymond Assombang, Christophe Mbida. Ils sont nombreux dans les universités du Cameroun où ils vulgarisent la science archéologique et s'illustrent par des productions scientifiques de haut vol.

* Allocution prononcée à l'Amphi 700 de l'Université de Yaoundé I à l'occasion de la cérémonie d'hommage académique au Professeur Joseph-Marie Essomba.

C'est donc le fondateur de l'archéologie camerounaise qui tire aujourd'hui sa révérence ; celui qui eut la lumineuse inspiration d'inviter ici au Cameroun le célèbre Cheikh Anta Diop, et qui eut par conséquent le privilège de devenir le dépositaire du testament scientifique de ce grand maître. L'histoire a retenu que ce fut à Yaoundé, sur invitation du professeur Joseph-Marie Essomba, que Cheikh Anta Diop délivra son dernier message à l'Afrique et au monde.

Joseph-Marie Essomba fut aussi un bâtisseur, celui de la Faculté des Arts, Lettres et Sciences Humaines des temps modernes. C'est à lui que revint en effet l'honneur, en qualité de Doyen, d'y mettre en pratique la réforme universitaire de 1993. Nous l'avons vu à l'œuvre dans ce grand chantier qui appelait un changement radical de paradigmes. Avec peu de moyens, il devait refondre les programmes, réformer les pratiques pédagogiques et amener les étudiants à comprendre et à s'adapter à la réforme. Lui qui était de la vieille école, traversait un pont tout en le construisant. Il y parvint, au prix d'énormes sacrifices et aussi de grandes frustrations. Il était un homme d'action, un homme de terrain, un archéologue qui ne reculait pas devant la difficulté, un homme qui affrontait la dureté de la vie avec courage et détermination.

Quand il ne fut plus Doyen, il se replia dans son Département d'archéologie dont il était le fondateur et le premier chef. Ainsi, après avoir été Chef du Département d'histoire, il devint Chef du Département des arts et archéologie. Ce retour à ses amours lui permit de structurer le Département et d'engager des programmes de recherches ambitieux. Ainsi, ce petit Département que certains regardaient avec dédain devint la vitrine de notre Faculté, car, il faut bien l'avouer, si notre Faculté rayonne aujourd'hui où l'on parle de professionnalisation, c'est bien grâce au volet des arts. Notre cinéma, notre théâtre, notre sculpture, notre peinture, notre archéologie font aujourd'hui école. On nous passe commande pour la formation des enseignants et des entrepreneurs culturels, on nous fait la cour pour des partenariats de toutes sortes. Tout cela est l'œuvre du professeur Joseph-Marie Essomba.

Si aujourd'hui nous avons l'ambition d'être le creuset de l'ingénierie culturelle camerounaise, de promouvoir l'entrepreneuriat culturel dans notre pays, c'est bien grâce au professeur Joseph-Marie Essomba, le réformateur de notre Faculté.

Monsieur le Doyen, cher collègue,

Votre Faculté vous dit aujourd'hui combien elle est fière de vous. Vous vous êtes acquitté avec honneur de la tâche qui vous a été confiée. Vous avez inscrit votre nom en lettres d'or dans les tablettes de notre Histoire. Que cette terre que vous avez fouillée et remuée sans cesse à la recherche de la vérité des origines vous accueille et vous garde en paix.

Bon repos, monsieur le Doyen.

Hommage au professeur Mathieu-François Minyono Nkodo*

Mesdames, Messieurs, c'est avec crainte et tremblement que j'ai reçu la proposition qui m'a été faite par le Conseil du Département de littérature et civilisation africaines de prononcer, au nom de notre Faculté, l'hommage académique au professeur Mathieu-François-Xavier Minyono Nkodo, décédé le 15 mars 2012, des suites de maladie. Mon appréhension se justifiait non seulement par le volume de travail qu'une telle entreprise induit mais aussi par la stature de l'homme dont j'ai à peindre le tableau.

L'œuvre du professeur Mathieu-François-Xavier Minyono Nkodo est immense et sa stature est colossale. Fort heureusement, il se trouve que l'intéressé, entrevoyant la difficulté qu'aurait quelqu'enseignant à dresser son portrait, a pris le soin de rédiger lui-même un curriculum vitae fort détaillé de 14 pages dont il a déposé l'original dans notre Faculté le 12 mai 2011. Ce document, signé du professeur lui-même, était sans nul doute destiné à l'usage qui en est fait aujourd'hui.

J'ai également trouvé consolation dans le fait que le professeur Mathieu-François-Xavier Minyono Nkodo m'a, au cours de ces dernières années, adopté comme fils spirituel ; ce qui m'impose, comme un devoir de mémoire et de dévotion filiale, d'avoir à prononcer cet hommage.

I. L'homme : un aristocrate de l'esprit

D'entrée de jeu, je voudrais signaler que je me suis intimement lié au professeur Mathieu-François-Xavier Minyono Nkodo il y a bientôt dix-sept ans. Il venait de quitter ses fonctions de Secrétaire général du ministère de l'Enseignement supérieur, de l'informatique et de la Recherche scientifique et s'était replié dans son Département d'origine, le Département de littérature négro-africaine, pour y reprendre ses enseignements et son travail d'encadrement des étudiants.

Sa réputation de scientifique fécond et exigeant l'avait précédé auprès de moi par les témoignages que m'en donnait mon camarade de classe et ami Auguste Owono Kouma dont il assurait la direction de la thèse de Doctorat

* Allocution prononcée à l'Amphi 700 de l'université de Yaoundé I, à l'occasion de la cérémonie d'hommage académique au Professeur Mathieu-François Minyono Nkodo.

de IIIe cycle. J'avais aussi eu, par le passé, le plaisir de lire l'ouvrage qu'il avait consacré au roman de Ferdinand Oyono et qu'il avait intitulé : *Comprendre le Vieux nègre et la médaille*. J'ai donc tiré avantage du fait que son bureau se trouvait tout à côté du mien pour me rapprocher de lui.

Le professeur avait du temps libre et il pouvait échanger avec moi pendant de longues heures sur des sujets divers. C'est ainsi qu'il s'est intéressé au sujet de ma thèse de Doctorat d'État et qu'il s'est proposé de m'aider bénévolement. Selon ses prescriptions, je devais consacrer au moins un samedi chaque mois pour discuter de ma thèse avec lui dans son domicile. Son souci, devait-il me confier plus tard, était de m'éviter une perception par trop étroite de mon sujet et de m'ouvrir à un champ de recherche plus vaste que la littérature française qui me préoccupait jusque-là. C'est ainsi que j'ai découvert Emmanuel Mounier avec ses amis de la revue *Esprit* dans leurs développements du personnalisme, l'orientalisme d'Edward Saïd, les pamphlets de Hô Chi Minh, la littérature marxiste, les textes de la Conférence afro-asiatique de Bandoung, les tribulations du tiers-mondisme et les essais de Senghor et de Césaire.

Au cours de ces rencontres, qui ont duré plus de deux ans, j'ai découvert un grand homme de culture, un abime de science qui prenait plaisir à vous promener dans sa bibliothèque et à débattre des problèmes scientifiques. Pour la science, il était prêt à vous consacrer une journée entière, à vous faire don de livres et à vous assister autant que vous le souhaitiez. On le disait pourtant difficile, acariâtre, condescendant, distant, colérique et intransigeant, pointilleux, j'ai découvert un homme affable, paternel, jovial, brillant causeur, plein d'humour, qui savait rire aux éclats avec ses amis.

Le professeur m'a tellement couvert de ses prévenances qu'il m'a accompagné intellectuellement jusqu'à ma soutenance de thèse. Il était assis au premier banc, juste devant moi et est resté là jusqu'au verdict final. Il m'a par la suite fait membre de la quasi-totalité des jurys des thèses qu'il a dirigées et a pris part à toutes les manifestations scientifiques que j'ai organisées jusqu'en 2010.

Tout dernièrement encore, en novembre 2009, il a eu le plaisir d'être le Président du jury de la Commission scientifique d'évaluation qui devait me porter au grade de professeur titulaire des universités. La séance, à laquelle participaient les professeurs André-Marie Ntsobé et Simplice Ambiana, s'est transformée en une cérémonie d'adoubement où le Maître remettait les derniers attributs au jeune Chevalier.

La passion du professeur Minyono Nkodo pour la science était indéniable. C'est bien par amour pour la science qu'il a quitté le Grand séminaire d'Otélé et la soutane pour présenter avec succès, en 1966, le concours d'entrée à l'École normale supérieure.

Parallèlement, il s'est inscrit à la Faculté des lettres et sciences humaines de l'Université de Yaoundé où il a obtenu une Licence de lettres modernes en 1969, un Diplôme d'études supérieures en 1971, sous la direction du professeur Thomas Meloné. Son mémoire avait pour titre : « Négritude et narcissisme : essai d'évaluation ».

À sa sortie de l'École normale supérieure, il commence une carrière prometteuse de Professeur des lycées et collèges. Mais sa passion pour la science l'amène à s'inscrire à l'Université Paul-Valéry de Montpellier où il soutient, le 9 février 1974, une thèse de Doctorat de IIIe cycle sur le thème : *Essai sur les structures littéraires des romans de Ferdinand Oyono.* Il soutient, dans la même Université, sa thèse de Doctorat d'État sur le thème: *La création littéraire chez les romanciers camerounais de 1954 à 1986.* À l'issue de la soutenance, le jury, à l'unanimité de ses membres, lui décerne la mention très honorable.

À ce brillant parcours intellectuel correspond une carrière administrative exceptionnelle. Après seulement trois années d'enseignement dans les Lycées de Melong et d'Obala, le jeune professeur est nommé Conseiller pédagogique de lettres (français, latin, grec) pour la province du Centre-Sud.

À trente-deux ans, c'est-à-dire en 1976, il est nommé Inspecteur national de lettres (français, latin, grec) au ministère de l'Éducation nationale.

En 1974, après l'obtention de son Doctorat de IIIe cycle, il est recruté comme Chargé de cours au Département de littérature négro-africaine de l'Université de Yaoundé.

De 1980 à 1982, il occupe les fonctions de Directeur-adjoint de l'enseignement supérieur au ministère de l'Éducation nationale ;

De 1982 à 1984, il est Directeur de l'enseignement supérieur ;

De 1984 à 1988, il est porté aux fonctions de Secrétaire général du nouveau ministère de l'Enseignement supérieur et de la recherche scientifique ;

De 1988 à 1993 il assume les fonctions de Secrétaire général au ministère de l'Enseignement supérieur, de l'informatique et de la recherche scientifique.

Il s'ensuit une période d'hibernation au cours de laquelle il reviendra au département de littérature négro-africaine pour y assurer ses charges d'enseignement et de recherche.

Sa carrière administrative est relancée en mai 1996, lorsqu'il est nommé Chef du département de littérature négro-africaine à la Faculté des Arts, Lettres et Sciences Humaines de l'Université de Yaoundé I, poste qu'il occupera jusqu'en 1998.

Le 28 décembre 1998, il est porté aux fonctions de Directeur de l'École normale supérieure. Il sera par ailleurs chargé, en mai 1999, de diriger le Département de français de cette École.

Le 10 septembre 2005, il est appelé à assumer les fonctions d'Inspecteur général des affaires académiques au Minesup, poste qu'il occupera jusqu'à son départ à la retraite en 2010.

Au plan académique, le professeur Mathieu-François-Xavier Minyono Nkodo a gravi tous les échelons, du grade de Chargé de cours à celui de professeur titulaire. Il a bénéficié de plusieurs distinctions honorifiques.

C'est ainsi qu'en 1987, il a été fait Chevalier des palmes académiques de la République française ; en 2004, Chevalier de l'ordre des palmes académiques de la Cemac ; en 2010, Professeur émérite et Directeur honoraire de l'École normale supérieure.

C'est donc un intellectuel accompli, un homme connu et reconnu qui nous quitte. Cet homme avait une haute idée de lui-même et du magistère qu'il assumait. Je pourrais le décrire comme un aristocrate, un aristocrate de l'esprit. Le professeur Mathieu-François-Xavier Minyono Nkodo n'aimait pas la vulgarité, tout comme il avait du mépris pour la médiocrité. Il n'était pas de ceux qui, pour plaire aux étudiants et aux collaborateurs, se montrent complaisants.

L'enseignement supérieur était pour lui un corps d'élite où on ne devait coopter que les meilleurs. Ceux-ci devaient assumer leur magistère avec dignité. Ils ont reçu de la société la mission sacrée de produire et de diffuser les savoirs, mais aussi et surtout de transformer l'homme en vue de faire des jeunes camerounais des hommes capables de fabriquer leur propre destin et, partant, celui de leur pays.

C'est une mission prométhéenne que le professeur a voulu accomplir avec dévouement, d'où une foi inébranlable en la science et un engagement à créer, en tant que responsable administratif, les conditions d'accomplissement de cette mission. Le bilan en fait un scientifique de haut vol et un manager de grand calibre.

II. Le scientifique : décoloniser les études littéraires africaines

Le recensement de la production scientifique du professeur Mathieu-François-Xavier Minyono Nkodo permet de compter 08 ouvrages et 45 articles et communications dans les colloques nationaux et internationaux. Le dépouillement qu'on peut en faire permet de distinguer trois aspects de sa personnalité : le pédagogue, le critique littéraire et le grand expert des politiques culturelles, éducatives et administratives.

Pédagogue, le professeur l'a été de par sa formation à l'École normale supérieure et de par sa profession. C'est sans complexe qu'il a choisi le métier d'enseignant et qu'il l'a assumé toute sa vie durant. Il avait une telle idée de cette profession qu'il a voulu lui donner lustre et dignité ; d'où l'importante réflexion qu'il a menée sur la didactique des disciplines, les curricula de formation et la déontologie professionnelle.

Alors qu'il occupait les fonctions d'Inspecteur national de lettres au ministère de l'Éducation nationale, le professeur Mathieu François-Xavier Minyono Nkodo a publié, en 1977 précisément, un article dans *les Annales de la Faculté des Lettres et Sciences Humaines* sous le titre : *Pourquoi une réforme de l'enseignement du français à l'école primaire ?*

Dans cet article, il fustige l'attitude de ceux qui veulent enseigner le français à l'école primaire comme cela se fait en France, c'est-à-dire, comme langue maternelle. Les élèves de cette époque peuvent se souvenir qu'il leur était interdit de parler les langues maternelles dans l'enceinte de l'école ou dans les lieux publics. L'Inspecteur national réagit à cette situation en affirmant que : *Pour être des langues officielles ou véhiculaires, le français et l'anglais ne sauraient être considérés comme des langues maternelles [...] le français et l'anglais sont donc, pour nos élèves, des langues étrangères et doivent être enseignés comme telles* (p. 217).

À la suite de ce constat, il prescrira aux enseignants de tenir compte des considérations suivantes :

1- le français n'est pas la langue maternelle des enfants camerounais ;
2- le français est une langue seconde/étrangère pour les enfants camerounais ;
3- avant leur entrée à l'école, la majorité des enfants n'a jamais eu de contact avec cette langue ;
4- le français coexiste avec les langues maternelles que les enfants utilisent quotidiennement comme moyen de communication dans leur vie sociale et familiale ;
5- l'influence inévitable de la langue maternelle sur la langue seconde.

En un mot, *il ne s'agira pas d'apprendre le français pour se laisser totalement assimiler à la culture française dont la langue est le support et le produit ; il s'agira, pour le jeune camerounais, évitant toute attitude assimilationniste rétrograde, d'aller à la conquête et d'entrer en possession d'un instrument à usage quotidien.*

En 1978, l'Inspecteur Minyono Nkodo récidivera avec un article intitulé : *Principes généraux pour une réforme de l'enseignement du français au Cameroun.* Il en profite pour étendre la réflexion sur la didactique du français au secondaire et faire à nouveau des recommandations aux enseignants.

On pourrait dire que le souci de l'inspecteur national de lettres était d'éviter l'acculturation des jeunes Camerounais et d'amener les enseignants à comprendre que la langue française n'est qu'un instrument et non une fin. C'est pour cela que, dans un article publié dans la revue *Langues et communications* en 2003 et dont le titre est *Quel enseignant pour quel français dans l'Afrique francophone ? quelques propositions pour la formation des formateurs à l'École normale supérieure*, il dira : *L'enseignement du français aux jeunes élèves doit contribuer à promouvoir et à développer chez ces derniers une expression non seulement autonome mais aussi autochtone* (p. 43).

Le français, à son avis, doit être enseigné comme langue africaine ; sa didactique doit prendre en compte le fait que *la norme est sociale et non pas ontologique* (p. 45). Une telle langue *transforme le locuteur en sémiurge et le sémiurge en démiurge pour dire, expliquer, décrire, inventer le monde et l'homme dans le monde* (p. 44).

Pour porter les enseignants de français à une telle performance, l'École normale supérieure est invitée par l'auteur à revoir son programme de formation. Il est incompréhensible, soutient-il, qu'elle s'emploie à arrimer la formation des élèves-professeurs aux programmes d'enseignement des Facultés. Il s'agit là d'une aliénation. Du fait d'une telle pratique, *on assiste au triomphe de l'érudition et de l'académisme au détriment d'une qualification professionnalisante* (p. 40).

L'enseignement du français, comme langue africaine, implique aussi pour l'Inspecteur national de lettres, l'étude des textes des Négro-africains qui ont su le mieux apprivoiser la langue française afin d'exprimer le génie de leur culture. C'est pour cela que le professeur Minyono Nkodo, au soir de sa carrière, se félicitait d'être celui qui a fait inscrire dans les programmes du secondaire, *Une Tempête* d'Aimé Césaire, *Ville cruelle* de Mongo Beti, *Le Vieux nègre et la médaille* de Ferdinand Oyono, *Cahier d'un retour au pays natal* et *La Tragédie du roi Christophe* d'Aimé Césaire.

Au compte du pédagogue, on peut également inscrire les ouvrages publiés dans la *Collection comprendre* en vue d'aider les jeunes Camerounais à braver l'épreuve du Probatoire et du Baccalauréat. Il en est de même de la conférence inaugurale du stage international de perfectionnement sur la didactique du français et du texte littéraire en 1994 sur le thème : *Pourquoi enseigner la littérature ?* Cette conférence, organisée par l'Agence de coopération culturelle et technique (Acct) à Yaoundé, a permis au professeur Minyono de montrer le rôle proéminent des littératures dans l'invention d'un destin nouveau pour nos pays.

Le critique littéraire, quant à lui, a produit une œuvre prodigieuse qui sert de modèle de référence à de nombreux chercheurs. Qui ne se souvient de l'imposante thèse de Doctorat d'État du professeur Minyono Nkodo dont le titre est : *La création littéraire chez les romanciers camerounais de 1954 à 1986.* Il s'agit d'un document de 722 pages dans lequel le doctorant parcourt trente-deux ans de production littéraire camerounaise. Son étude porte sur 80 œuvres appartenant à une cinquantaine d'auteurs.

En toute objectivité, je puis dire que ce document constitue la plus grande somme scientifique jusque-là produite sur le roman camerounais, non seulement parce qu'il inventorie toutes les productions romanesques connues en 1986, mais aussi parce qu'il plante les jalons de l'étude esthétique du roman camerounais dans son ensemble,

Mathieu-François-Xavier Minyono Nkodo y définit le romancier camerounais comme un héraut culturel dont la mission est d'être à l'écoute de la nation et du peuple dont il traduit les souffrances, les échecs, les succès, les espoirs et les aspirations. Tel un *rhapsode, un griot de l'arrière-pays, il est un maître de la parole et le roman camerounais une somme verbale.*

Ce qui distingue, à son avis, le romancier camerounais de son homologue africain, c'est son intrépide indépendance d'esprit. Cette indépendance tient au fait qu'il est issu d'un pays qui n'a véritablement pas été une colonie et qui a toujours refusé cette situation. Il manifeste son indépendance vis-à-vis des régimes, des leaders politiques, des forces religieuses, des puissances tutrices et des intérêts matériels. Il est l'intellectuel par excellence.

Au plan esthétique, il cultive un art essentiellement pluraliste ; d'où :

1. une pluralité des thèmes et des motifs ;
2. une pluralité des sensibilités ;
3. une pluralité des formes et modèles ;
4. une pluralité des visions du monde ;
5. une pluralité des talents et des performances.

Le critique complètera cette étude par d'autres publications comme celle qu'il intitule: *Du comique au tragique: où va le roman camerounais ?* Dans cette étude, il décrit l'évolution idéologique du roman camerounais qui, à son sens, va du statut de manifeste pour la défense et l'illustration de la cause de l'Afrique et des Africains à celui de littérature existentielle. Au plan structurel, cette évolution s'effectue du comique vers le tragique, du fait que la situation politique et économique de nos pays devient de plus en plus désespérante.

Portant la réflexion sur le plan purement linguistique, le professeur publie, en 1999, un article intitulé : *Itinéraire linguistique des écrivains camerounais de langue française : à la recherche d'une parole autochtone*. Il s'y interroge sur les rapports que les écrivains africains entretiennent avec les langues européennes : *rapports d'allégeance, d'imitation servile des modèles du passé, d'assimilation colonialiste et donc d'aliénation culturelle ? Ou bien au contraire rapports d'instrumentalisation responsable et libre de la langue, d'autonomie expressive, de libre créativité verbale et donc de décolonisation culturelle ?* (p. 267).

Le critique répond à cette interrogation en montrant comment le romancier camerounais résout l'équation du dualisme culturel entre les langues européennes imposées par la colonisation et les langues maternelles. L'écrivain camerounais, dit-il, a le mérite de *revendiquer et de conquérir, dans le discours littéraire, une parole-autre, c'est-à-dire une parole sans l'autre, un discours autrement* (p. 269), c'est-à-dire un discours autochtone.

Tout en saluant cette mouvance, le critique déplore la pratique mimétique de la littérature encore perceptible chez quelques écrivains qui veulent reproduire les modèles occidentaux. Il célèbre la nouvelle conception de la parole négro-africaine où la parole est *signe, geste, mouvement, silence, présence, absence, rythme [...]. C'est le langage rituel, le langage-espace-scénique, le langage-espace-d'énergie ou de puissance* (p. 279).

En conclusion de cette étude sur l'itinéraire linguistique des écrivains camerounais de langue française, le critique aboutit à une typologie basée sur la poétique linguistique. Cette typologie fait ressortir six categories :

1. le modèle mimétique ;
2. le modèle bilingue ou plurilingue ou encore dualiste ;
3. le modèle savant d'expression moderne ;
4. le modèle populaire ;
5. le modèle d'écriture innovatrice ;
6. le modèle d'écriture ludique.

Dans l'ensemble, il ressort de son investigation qu'en dehors de quelques tendances au mimétisme et à la préciosité, *le roman camerounais s'est voulu, depuis ses origines jusqu'à nos jours, une parole cosmogonique*, c'est-à-dire un *lieu imaginaire et prospectif de la parturition, de la gestation, de l'invention d'une Afrique nouvelle.*

Cette littérature a reçu, depuis ses origines, une réception critique enthousiasmante même si l'on peut déplorer le fait que les appareils critiques utilisés n'étaient pas tout à fait adaptés à son objet. Le professeur réagira à cette incongruité en s'investissant dans une réflexion sur la critique africaine, d'où son article intitulé : *La littérature africaine à l'épreuve de la critique, hier et aujourd'hui : prolégomènes à un changement de paradigme*.

Après avoir constaté que la littérature orale africaine a très peu souffert du manque d'appareil critique approprié, contrairement à la littérature écrite, parce qu'elle était elle-même critique et qu'elle induisait, dans son interaction avec le public, une critique instantanée, le professeur se propose de *jeter un regard neuf sur l'acte critique africain pour bâtir de nouveaux fondements épistémologiques [...] dans une exigence de changement de paradigme* (p. 15). Il s'agit, d'après lui, d'une exigence essentielle qui fera de la critique et des études littéraires africaines, un *haut lieu de créativité et d'aristocratie de l'esprit* (*Idem*).

De façon pratique, la tâche urgente à laquelle doit s'atteler la critique africaine, si elle veut se montrer crédible est de deux ordres :

1) redéfinir l'objet de son étude: littérature africaine, littérature négro-africaine, littératures africaines ou littérature du monde noir ?

2) concevoir un discours sur la méthode en termes d'appareil conceptuel, rhétorique, méthodologique dans la mesure où cette littérature doit être abordée comme *un texte écrit dans un contexte et lu dans un contexte* (p. 20).

Par rapport au premier aspect, le professeur recommande de parler de texte littéraire africain au lieu de littérature africaine. Ce texte lui semble avoir une identité propre qui se trouve *dans le pouvoir de la parole africaine qui est, tour à tour, puissance de dire et de maudire, de cacher et de révéler, de condamner et de sauver, de libérer mais en exorcisant pour percer et pour révéler tout le mystère de la bêtise humaine* (p. 26).

Quant au second aspect, il requiert d'élaborer une approche totalisante qui intègre à la fois la biographie, la sémiologie, l'anthropologie et la mythologie, parce que le texte littéraire africain est un objet culturel qui, depuis la littérature orale, joue un rôle fondamental comme régulateur des attitudes, des comportements et de la sensibilité du groupe. Ce texte assume cinq fonctions cardinales :

1. une fonction politique, par laquelle il assume l'intégration sociale des individus au sein de la société ;
2. une fonction morale, par laquelle sont inculquées les valeurs du beau, du bien, du bon et du vrai ;
3. une fonction spirituelle, et religieuse par laquelle sont conférées des connaissances dans le domaine du sacré, du surnaturel, des cosmogonies, des mythes, des serments et des rites ;
4. une fonction sociale, relativement aux coutumes, aux divertissements, aux jeux et habitudes, aux comportements, à la logique et à l'éloquence ;
5. une fonction didactique, à travers laquelle le ludisme servait de stratégie d'enseignement-apprentissage de la langue, des proverbes, du lexique d'usage, des méthodes de connaissance et d'interprétation des signes, des genres sapientiaux.

Le rôle du critique est donc essentiel dans ce travail de dévoilement du sens, de la quintessence de l'œuvre. C'est à lui qu'il revient de donner de la visibilité à la littérature africaine en illustrant sa pertinence et son apport à la littérature mondiale.

Comme on peut le constater, le souci du professeur Minyono Nkodo a été de décoloniser les études littéraires africaines pour aider les Africains à tenir un discours autonome. C'est pour cela qu'il a voulu les doter d'un appareil critique fonctionnel, adapté à leur contexte de production et de réception. On retrouve le même souci dans la réflexion qu'il a menée sur les politiques culturelles camerounaises et sur les modèles d'éducation en construction dans notre pays, ce qui a fait de lui un grand expert dans le domaine de l'ingénierie culturelle, éducative et administrative.

La longue carrière administrative du professeur Minyono Nkodo, depuis la réforme de l'enseignement secondaire jusqu'à la réforme Lmd en passant par la réforme universitaire de 1993, lui a donné l'opportunité de s'affirmer comme un expert incontournable dans l'élaboration des politiques éducatives nationales. À ce titre, il a été :

Du 20 au 22 octobre 1982, Rapporteur général du Conseil de l'enseignement supérieur et de la recherche scientifique et technique, instance présidée par le Président de la République ;

De 1984 à 1986, membre du Comité présidentiel de réforme du Gce;

De 1991 à 1992, Président du Comité technique d'experts chargés de l'élaboration et de la rédaction des textes de la réforme universitaire de 1993 ;

De 2006 à 2010, Coordonnateur du Comité de pilotage interministériel du Lmd au sein du Minesup et membre de la Cellule technique de mise en place du Lmd dans la Cemac.

En juillet 2008, il a été le Coordonnateur de l'Atelier sous-régional sur les programmes de formation dans la composante technologique et professionnelle de la Cemac ;

En 2010, il a été :

1. Président du Comité technique d'élaboration et de rédaction du projet de loi d'orientation de la culture camerounaise (ministère de la Culture) ;
2. Président du Comité technique d'élaboration et de rédaction de la Charte culturelle du Cameroun ;
3. Expert consultant pour l'élaboration de la stratégie régionale de renforcement de la formation technologique et professionnelle dans l'enseignement supérieur dans la zone Cemac.

Au sein du ministère de l'Enseignement supérieur, nous savons combien son expertise a été déterminante pour la conduite de la réforme Lmd. En dehors des séminaires et des réunions qu'il a animés, le professeur Minyono Nkodo a élaboré des plaquettes et des fascicules, afin de faciliter la compréhension de la pertinence de la réforme et de permettre sa réalisation. Il nous laisse de ce point de vue une abondante documentation qu'il faudra exploiter à bon escient.

Le lecteur y retrouvera son souci constant d'élaborer un modèle éducatif qui permette au jeune Camerounais de s'assumer pleinement et d'aller à la conquête du monde. Le professeur pensait en effet, avec Jean Starobinski, que *le propre d'une éducation réussie est de provoquer l'affranchissement de l'homme*. C'est ainsi qu'il assignait à la réforme universitaire, dont il était le maître d'œuvre, la mission d'assurer *la promotion d'un savoir authentique, celui qui a transformé la connaissance en culture et la culture en pouvoir de création de l'historicité nationale*.

L'expertise du professeur Minyono Nkodo n'était pas seulement sollicitée au ministère de l'Enseignement supérieur. Nous avons évoqué tantôt ses prestations au ministère de la Culture. Il serait également intéressant de mentionner qu'il a été :

De 1986 à 1988, membre du Comité directeur de l'Office de télévision nationale Ctv ;

De 1982 à 1985, correspondant national de la Conférence des Ministres de l'éducation nationale des pays d'expression française (Confemen) ;

De 1980 à 2010 Membre des Conseils d'administration de la Socadra, du Ceper, du Chu, de l'Enam, du Cenam, de l'École des postes et télécommunications, de l'École des travaux publics, de l'Ira, de l'Impm, de l'Irgm, de l'Ish, de l'Irz, etc.

Autant dire que le professeur Mathieu-François-Xavier Minyono Nkodo était devenu l'une des références les plus sûres de notre administration. Il avait une telle connaissance des textes règlementaires et des procédures qu'il était difficile de le prendre en défaut. Il était de ceux dont l'avis compte et détermine la décision finale lors des débats.

Quel héritage peut-on donc tirer de ce parcours admirable où l'éclat de la science le dispute à la puissance administrative ? Certainement celui de l'amour du travail et de la noblesse d'esprit.

Indubitablement, le professeur Minyono Nkodo était un bourreau de travail. Ceux qui l'ont vu à l'œuvre peuvent attester que malgré les coups du destin et les problèmes de santé qui l'ont quelque peu diminué physiquement, le professeur est resté sans cesse à l'œuvre. Ni les responsabilités administratives, ni la maladie, ni la retraite ne l'ont amené à se croiser les bras. La réussite n'est pas venue toute seule, elle a été la résultante d'un travail acharné et rigoureux. La preuve en est que le professeur n'a jamais autant publié que pendant qu'on le disait malade et vieux, comme s'il voulait conjurer, par le travail, la fatalité du destin.

Le professeur Mathieu-François-Xavier Minyono Nkodo était un intellectuel, au sens où André Malraux définit ce dernier comme *un homme qui a une grande idée et qui organise sa vie selon cette idée.*

L'idée qui a gouverné sa vie est celle de la prééminence de la science, du savoir, sur toutes choses, parce qu'il croyait au pouvoir du savoir. Il soutenait en effet dans un de ses articles que, dans l'Afrique post-coloniale, le savoir a un triple pouvoir :

- pouvoir de compréhension ou de symbolisation du réel ;
- pouvoir de subversion du réel ;
- pouvoir de prospection et de transformation du réel.

Ce n'est que par le miracle de la science et donc du savoir que l'Afrique pouvait, d'après lui, prendre sa revanche sur l'histoire et reconquérir sa dignité perdue. Tout le reste n'était que vaine gesticulation et diversion des esprits.

Un regard rétrospectif sur sa vie peut nous amener à dire qu'il a tant aimé la science qu'il lui a tout sacrifiée. Il a embrassé l'enseignement comme un sacerdoce et la recherche comme un ministère ; le ministère intellectuel qu'il a assumé avec dignité et noblesse. Son legs est donc celui de la fierté d'appartenir à un grand corps, un corps d'élite dont la mission sacrée est de porter la nation vers les cimes du savoir.

Le professeur aurait pu accumuler des biens de par les prestigieuses fonctions qu'il a assumées, mais il a trouvé que cela n'était que vanité. Sa famille attendait peut-être de lui qu'il construise des châteaux mais il a choisi de bâtir des esprits et de célébrer le savoir. Quand viendra le jugement de l'histoire, nous verrons peut-être qu'il a pris la meilleure part.

À sa famille éplorée, à ses amis, à ses collègues, le Maître qui s'en va dit en vérité ces paroles que le poète Alfred de Vigny dédia jadis à sa compagne Eva, dans un poème sublime des *Destinées* intitulé : « L'esprit pur » :

> *Si l'orgueil prend ton cœur quand le peuple me nomme que de mes livres seuls te vienne ta fierté. J'ai mis sur le cimier doré du gentilhomme une plume de fer qui n'est pas sans beauté, J'ai fait*

illustre un nom qu'on m'a transmis sans gloire. Qu'il soit ancien, qu'importe ? Il n'aura de mémoire que du jour seulement où mon front l'a porté.
Dans le caveau des miens plongeant mes pas nocturnes. J'ai compté mes aïeux, suivant leur vieille loi. J'ouvris leurs parchemins, je fouillai dans leurs urnes empreintes sur le flanc des sceaux de chaque roi :
À peine une étincelle a relui de leur cendre.
C'est en vain que d'eux tous le sang m'a fait descendre :
Si j'écris leur histoire, ils descendront de moi (pp. 147-149).

Professeur, grand maître, repose en paix.

Hommage au professeur Zachary Njeuma*

La communauté scientifique de l'Université de Yaoundé I et plus particulièrement de la Faculté des Arts, Lettres et Sciences Humaines voudrait vous dire combien elle est sensible et consolée par votre présence en ces lieux où elle entend rendre un hommage académique à l'un de ses dignes membres, le regretté Professeur Martin Zachary Njeuma. Nous recevons votre présence ici comme un témoignage de considération, d'estime et pourquoi pas d'admiration pour l'illustre disparu.

Monsieur le Professeur Martin Zachary Njeuma a intégré notre communauté universitaire le 1er octobre 1970, soit un an après son obtention, à l'Université de Londres, d'un Ph/D en histoire africaine. L'Arrêté ministériel sanctionnant son recrutement le déléguait aux fonctions de Professeur-adjoint.

C'est ainsi que de 1970 à 1993, année de son départ pour l'Université de Buea, il a servi avec dévouement dans notre établissement à la fois comme enseignant d'histoire, Chef du Département d'histoire de 1974 à 1979 et Doyen de 1979 à 1981.

Comme enseignant, le Professeur Martin Zachary Njeuma a principalement enseigné l'histoire africaine et l'histoire des religions. Il s'est montré d'une telle fécondité scientifique qu'il a publié de nombreux ouvrages et articles et formé les principaux ténors de ces deux spécialités au Cameroun. Ce vaste déploiement scientifique lui a valu d'accéder, en 1981, au grade de Professeur titulaire et d'être admis dans plusieurs sociétés savantes.

Le rayonnement scientifique du professeur Martin Zachary Njeuma, dans le domaine de la science historique au cours des années 1970, a été tel qu'il a été nommé, le 10 octobre 1974, Chef du Département d'histoire. Il assumera cette responsabilité de 1974 à 1979. Grâce à son expertise, le Département d'histoire a acquis une notoriété telle qu'il se présente aujourd'hui comme le plus grand Département de notre Faculté en termes d'effectifs d'étudiants et d'enseignants.

Le couronnement de la carrière du professeur Martin Zachary Njeuma a été sa nomination, en 1979, aux fonctions de Doyen de la Faculté des Lettres et Sciences Humaines de l'Université de Yaoundé. Le Doyen que je suis

* Allocution prononcée à l'amphi 700 de l'Université de Yaoundé I, le 28 mai 2010, à l'occasion de la cérémonie d'hommage académique au Professeur Martin Zachary Njeuma.

aujourd'hui ne peut de ce point de vue manquer de se souvenir que c'est à la rentrée de septembre 1980 que lui et ses jeunes camarades, sortant fraichement du secondaire, ont été accueillis dans ce même Amphithéâtre 700 par le Doyen Martin Zachary Njeuma. Ce dernier avait alors eu l'heureuse initiative d'organiser une cérémonie d'accueil des nouveaux étudiants pour leur présenter sa Faculté, ses enseignants et les programmes d'enseignement. C'est en ce jour-là, je dois l'avouer, que j'ai pu savoir ce que c'est qu'un Doyen.

Voici donc que, mesdames et messieurs, chers parents éplorés, les aléas de l'histoire veulent que ce soit celui à qui le Professeur Martin Zachary Njeuma a ouvert la porte d'entrée de l'Université qu'il revient aujourd'hui de lui ouvrir la porte de sortie.

Monsieur le Doyen, je le fais avec d'autant plus de déférence que je sais que vous partez pour mieux perpétuer votre présence parmi nous et nous inspirer au quotidien dans nos actions et dans nos cogitations, comme hier nous le disions au Professeur Mfoulou et au Doyen Pierre Ngijol Ngijol qui vous ont précédé dans l'éternité. Nous vous assurons que nous vous sommes éternellement reconnaissants du travail de pionnier que vous avez abattu dans notre Faculté et des bonnes pratiques que vous nous avez enseignées.

Ce n'est d'ailleurs pas par hasard que le Doyen que je suis depuis bientôt trois ans se fait un sacré devoir d'organiser en chaque début d'année universitaire une cérémonie d'accueil des nouveaux étudiants. Il le fait en mémoire de vous.

À l'heure où il vous arrive de passer de ce monde à votre père, je voudrais vous dire que l'édifice que vous avez contribué à bâtir reste fièrement debout et que la moisson tiendra la promesse des fleurs.

Merci pour tout Professeur.

Hommage au professeur Pierre Ngijol Ngijol*

Mesdames et Messieurs, la Faculté des Arts, Lettres et Sciences Humaines de l'Université de Yaoundé I a rendez-vous, en ce triste jour du 6 août 2009, avec son histoire ; rendez-vous tant redouté mais pourtant inéluctable. Voici en effet venu le jour où elle doit se séparer de l'un de ses éminents pères fondateurs, d'un homme qui se situe au cœur de son histoire.

Le Professeur Pierre Ngijol Ngijol n'est plus, il emporte avec lui une partie importante de notre histoire, parce que cette histoire est en partie liée à sa personnalité. Le professeur Ngijol Ngijol a commencé à officier dans notre Faculté alors que celle-ci n'avait qu'une année d'existence. C'était précisément le 1er octobre 1963. Il la quitte aujourd'hui après quarante-six années d'une présence imposante et fortement remarquable.

Le dossier administratif de ce grand commis de l'État nous indique qu'il est né le 8 août 1935 et qu'il a effectué ses études primaires de 1942 à 1949, à la Mission catholique d'Édéa. Après l'obtention de son Certificat d'Études Primaires Élémentaires, le 29 juin 1949, il a poursuivi ses études aux petits Séminaires d'Edéa, d'Akono et de Mva'a. Celles-ci furent sanctionnées par l'obtention de la Première partie du Baccalauréat en juin 1956 et de la deuxième partie en juin 1957. Au cours de ces deux sessions, il fut major de sa spécialité.

Ses études supérieures se sont essentiellement déroulées en France, plus précisément à l'Université de Montpellier où il a obtenu la Licence en Lettres classiques, en 1960, et à l'Université de Paris Sorbonne où il a obtenu, tour à tour, le Diplôme d'Études Supérieures, en 1961, le CAPES de Lettres classiques, en juin 1962, l'Agrégation de grammaire, en juillet 1963, et le Doctorat d'État ès Lettres en 1977.

Recruté à l'Université Fédérale du Cameroun comme Chargé d'enseignement le 1er octobre 1963, il a mené au sein de notre Faculté une carrière à la fois riche, tumultueuse et impressionnante. On pourrait résumer cette carrière en disant qu'elle a oscillé entre l'exil et le royaume.

L'exil, c'est quand il dut répartir en France pour occuper, à la Sorbonne, d'octobre 1967 à juillet 1971, un poste de Maitre-assistant en grammaire française. Cette période fut en effet marquée par de nombreuses incompréhensions entre les autorités académiques de l'Université Fédérale

* Allocution prononcée à l'Amphi 700 de l'Université de Yaoundé I, le 06 août 2009, à l'occasion de la cérémonie d'hommage académique au Professeur Pierre Ngijol Ngijol.

du Cameroun et lui, comme en témoigne l'abondante littérature épistolaire qu'ils se sont imposée. On y retrouve sommations, menaces de sanctions, ripostes musclées, mises au point et défis. Le jeune enseignant n'y allait pas de main morte et répondait coups pour coups au Vice-Chancelier d'alors qu'il accusait de procéder à une interprétation erronée des textes, dans le but de le mettre en difficulté sur le plan administratif. Il lui promettait, dans l'une de ses lettres datée du 15 février 1968, le jugement de l'avenir.

L'exil, c'est aussi quand, le 28 février 1974, il se résolut à écrire au Doyen pour lui annoncer sa décision d'abandonner ses fonctions au Département de français ; ou lorsque, par Décision n° 05/UY/CH du 10 octobre 1974, le Chancelier de l'Université du Cameroun le suspendait, lui et ses autres collègues qu'étaient Bot Ba Njock Marcel, Onambelé Raphaël, Meloné Thomas, de leurs fonctions pendant une période de 05 mois ; quand il dut quitter l'Université pour un petit bureau au ministère de l'Éducation nationale ; enfin, quand il se décida de prendre sa retraite anticipée en 1995.

Le Royaume, c'est lorsque, le 2 décembre 1966, alors qu'il n'avait que trente et un ans, il fut élu au poste de Doyen de la Faculté des Lettres et Sciences Humaines, quand deux fois par la suite, en 1981 et en 1990, il fut nommé par Décret présidentiel, Doyen de la même Faculté. Trois fois Doyen, le Professeur Pierre Ngijol Ngijol le fut dans notre Faculté. Record inégalé, record difficilement égalable qui nous vaut aujourd'hui de célébrer cette icône de notre faculté.

Cette icône-là fut aussi un grand académicien, réputé et reconnu par ses pairs pour la qualité de ses travaux. Je n'en veux pour preuve que la lettre que le très célèbre professeur Pierre Brunel, titulaire de la chaire de littérature comparée à l'Université de Paris Sorbonne, lui écrivit le 1er février 1982, pour le supplier de faire partie de son équipe de recherche. On peut y lire :

Monsieur le Doyen

> *Connaissant de longue date vos travaux éminents sur l'épopée africaine et en particulier votre thèse magistrale sur les Fils de Hi-Tong, je voudrais vous proposer de bien vouloir collaborer avec l'équipe de recherche sur les mythes littéraires et au Dictionnaire des mythes littéraires qu'elle va élaborer [...]. Il me semble, monsieur le Doyen, que vous pouvez jouer un rôle considérable et véritablement centraliser l'information concernant les mythologies africaines.*

Au sein de notre Faculté, le Professeur Pierre Ngijol Ngijol a gravi tous les échelons de la hiérarchie académique : Chargé d'enseignement, Professeur adjoint, Professeur titulaire, Chef de Département, Doyen. On pourrait dire qu'il a tant aimé notre Faculté qu'il en a fait son affaire. C'était sa Faculté et c'est pour cela qu'il se faisait un devoir de prodiguer des conseils à tous les Doyens qui lui ont succédé. Il tenait à venir les voir dans leur Bureau comme pour leur donner son onction. Comme il a exigé, au cours de la dernière visite qu'il m'a rendue dans mon Bureau, deux semaines avant sa mort, que tous ces doyens soient présents à ses obsèques. C'est à peine s'il n'a pas distribué les rôles de la présente cérémonie. Il savait qu'on la lui devait.

Le professeur Ngijol aimait tant l'institution universitaire qu'il ne supportait pas de la voir vaciller ou transiger sur ses principes. C'est ainsi qu'après la grave crise qui avait secoué l'Université de Yaoundé en 1992, il avait fait afficher dans tous les Départements ces paroles de Platon :

> *Lorsque les pères s'habituent à laisser faire les enfants,*
> *Lorsque les fils ne tiennent plus compte de leurs paroles,*
> *Lorsque finalement les jeunes méprisent les lois parce qu'ils ne voient plus au-dessus d'eux L'autorité de rien ni de personne, alors, en toute jeunesse et en toute beauté, c'est le début de la tyrannie.*

Le professeur était un humaniste et en tant que tel, il a appris à apprivoiser la mort. Comme le poète français François Villon écrivant son testament à la veille de sa pendaison et réglant les détails de cet événement, comme Montaigne dans ses *Essais*, le Professeur Ngijol Ngijol envisageait la mort avec sérénité, avec philosophie. Il avait compris que *philosopher, c'est apprendre à mourir.*

Professeur

À l'heure ultime où vous devez prendre congé de nous, la Faculté des Arts, Lettres et Sciences Humaines que vous avez servi avec tant de dévouement et d'engagement vous dit, par ma voix, Merci. Elle vous dit que, de même qu'il y a des Doyens titulaires, des Doyens émérites, des Doyens honoraires : vous êtes le Doyen. Éternel de notre Faculté. Elle vous dit que vous êtes le professeur éternel dont l'ombre tutélaire planera sans cesse sur nos têtes.

Engelbert Mveng : le legs du dernier pharaon noir à l'institution universitaire camerounaise

Dans la triste nuit du 23 avril 1995, le Professeur Engelbert Mveng a été arraché à notre affection, au terme d'une vie pleine et éclatante au cours de laquelle il nous a éblouis de son savoir, de son savoir être et de son savoir être.

Comme nous le savons tous, l'illustre disparu était à la fois un religieux inspiré, un homme de culture consacré et un universitaire adulé. En tant qu'universitaire, le professeur Engelbert Mveng nous a légué un héritage précieux. Cet héritage nous fait dire que ce grand fils de notre pays a été pour l'institution universitaire camerounaise à la fois, un fondateur, un maître à penser et un guide éclairé.

Le fondateur

Le révérend père Engelbert Mveng fait partie des fondateurs de l'université camerounaise. Bien que n'ayant pas été de la cuvée des premiers enseignants de cette institution, il compte parmi les grands esprits qui l'on structurée et portée vers la modernité.

Il arrive dans cette institution alors qu'elle a à peine dix ans d'âge et qu'elle cherche encore ses repères. Il lui fera ainsi profiter de sa large culture philosophique, anthropologique et historique pour lui donner une âme. C'est ainsi qu'il fut le concepteur du logo et de la devise de l'Université de Yaoundé ; insignes qu'arbore encore fièrement aujourd'hui l'Université de Yaoundé I. Il s'agit du célèbre jeu Abbia en deçà duquel se trouve la devise *Sapientia collativa cognitio.*

Engelbert Mveng est aussi l'un des fondateurs de l'historiographie africaine. À ce titre, il a mis au point une nouvelle méthodologie de rédaction de l'histoire de notre continent. Cette orientation, qui consiste à penser qu'on ne peut comprendre l'Africain d'aujourd'hui qu'en se référant à l'économie, à l'organisation sociale et religieuse du monde ancestral, a été reprise et validée par de grands historiens. C'est en reconnaissance de cet apport que le père Engelbert Mveng fut porté aux fonctions de Secrétaire général de la Société africaine de culture, présidée par Alioune Diop et dont le rôle était de préparer le premier festival mondial des arts nègres, à l'initiative du Président Senghor.

Sa thèse de doctorat d'État, intitulée *Les Sources grecques de l'histoire négro-africaine depuis Homère jusqu'à Strabon*[1], illustre de façon magistrale cette orientation. Dans cette œuvre, le savant donnait à découvrir l'Afrique des origines, celle de l'Égypte ancienne, telle qu'elle était connue et imaginée des historiens grecs que sont Hérodote, Diodore de Sicile, Strabon, sans oublier le poète Homère.

Sa thèse couvre toute l'Afrique, sur plus de huit siècles d'histoire. Elle a permis de faire le point sur la diplomatie africaine dans l'antiquité et surtout sur la place de l'Afrique noire dans la conception de la civilisation égyptienne. Indubitablement, c'était un travail d'érudition pour lequel il avait mis à contribution sa grande culture classique. C'était aussi une thèse révolutionnaire qui venait confirmer, par des arguments massifs, celle soutenue depuis 1954 par Cheikh Anta Diop dans *Nations nègres et cultures.*

Cette thèse, fondatrice dans l'étude de la civilisation égyptienne, fera la notoriété de père Engelbert Mveng. Bien que combattue par les tenants de l'européocentrisme, elle s'imposera dans les études en égyptologie, au point d'émerveiller de grands esprits tel que le poète-président Léopold Sédar Senghor, qui la commentera abondamment dans de nombreux articles. Nous pouvons en donner quelques extraits.

> *Portentosa, faiseuse de prodiges, c'est ainsi que les Latins qualifiaient l'Afrique. Mais pas les Grecs, pour qui l'Afrique était le continent aimé des dieux, où les hommes, les Ethiopiens, c'est –à-dire les Nègres, étaient les plus anciens, les plus beaux, les plus religieux et les plus sages, qui avaient inventé la religion et la loi, l'écriture et l'art. Je vous renvoie à la thèse de doctorat qu'un Jésuite camerounais, le père Engelbert MVENG, vient d'écrire et qui s'intitule, Les Sources grecques de l'histoire négro-africaine*[2].

> *De nouveau, je vous renvoie à l'ouvrage d'Alain Bourgeois et à la thèse du père Mveng. Pour les Grecs donc, pour ce peuple exemplaire, précurseur du rationalisme moderne, les Ethiopiens, c'est-à-dire les Nègres, étaient, de tous les hommes, les plus anciens et les plus beaux. Ce sont eux qui avaient inventé la religion et la loi, l'art et l'écriture. Et les écrivains grecs de souligner que les Egyptiens, chez qui Solon, le législateur et Platon le philosophe, avaient été initiés, instruits, avaient reçu des Ethiopiens, les éléments majeurs de leur civilisation*[3].

---

[1] Engelbert Mveng, *Les Sources grecques de l'histoire négro-africaine depuis Homère jusqu'à Strabon*, 1970.

[2] Léopold Sédar Senghor, « Négritude et modernité ou la Négritude est un humanisme du XXe siècle », in *Liberté III : Négritude et civilisation de l'universel*, Paris, Éditions du Seuil, 1977, p. 223.

[3] Léopold Sédar Senghor, « Défense des lettres classiques », in *Liberté III*, op.cit., p. 250.

Ces deux références indiquent l'ampleur de l'écho de la thèse du révérend père. L'Université de Yaoundé, son université d'origine, celle qui abritait en même temps, le professeur Marcien Towa, le contradicteur de Senghor sur ses positions sur l'âme nègre, le professeur Thomas Melone, le grand critique littéraire adulé par le même Senghor, ne pouvait manquer de bénéficier de ce rayonnement.

On pourrait dire que si l'Université de Yaoundé est devenue, au cours de la décennie soixante-dix à quatre-vingts, une référence dans les études historiques, philosophiques et littéraires en Afrique et dans le monde, c'est bien grâce à ces éminents intellectuels que je viens de citer.

Je me permets de rappeler à cet effet que le Président Léopold Sédar Senghor y a prononcé une allocution en avril 1973, à l'ouverture du colloque organisé dans cette prestigieuse institution sur le thème, *Le critique africain et son peuple comme producteur de civilisation.*

Le père Engelbert Mveng a aussi été un fondateur dans les domaines de l'archéologie, de l'art plastique et l'histoire de l'art. À ce titre, le Département des arts et archéologie, qui sera plus tard fondé à l'Université de Yaoundé I par un de ses disciples, le Professeur Joseph-Marie Essomba, lui doit beaucoup. Il suffit de revisiter les tableaux et les fresques qu'il a légués à l'université et à son pays pour réaliser l'ampleur de son talent et sa connaissance de l'anthropologie de l'art. Personne n'oubliera qu'il est le concepteur des tableaux qui pavoisent la galerie du monument de la réunification à Yaoundé.

Ses recherches archéologiques, sur les sites de Ngoro, Mimetala, Mvolyé, sont bien connues et ont donné lieu à des publications de grande envergure. En prolongement à ces recherches, il créa un Musée où l'on peut apprécier l'étendue de son talent et de sa connaissance de l'histoire de notre continent.

Engelbert Mveng ne s'est pas limité à la connaissance de la Grèce et de la Rome antiques. Il s'est consacré à l'histoire de son pays. Il est donc aussi le pionnier de la recherche historique sur son pays et c'est à ce titre que son livre d'histoire du Cameroun a été inscrit dans les programmes scolaires.

Engelbert Mveng fut également connu comme poète, c'est l'auteur de *Balafons*, recueil de poèmes dans lequel il chante les merveilles de son continent, l'Afrique, de son pays, le Cameroun et promeut des valeurs d'humanité qu'il veut léguer à la jeunesse. On peut donc parler de lui comme d'un maître à penser et un guide éclairé.

Le Maître à penser

Bien qu'étant déjà un ecclésiastique au sein de la communauté des Jésuites, Engelbert Mveng a choisi de faire carrière dans l'enseignement. Ce choix judicieux lui a ouvert une large audience auprès de la jeunesse camerounaise et de l'intelligentsia de son pays qui le considèrent comme un véritable maître à penser.

Comme Maître, il a eu beaucoup de disciples qui, aujourd'hui, font autorité sur la scène intellectuelle camerounaise. Je pourrais citer, dans cet ordre, le Professeur Joseph-Marie Essomba, ancien Doyen de la Faculté des Arts, Lettres et Sciences Humaines de l'Université de Yaoundé I, le professeur Daniel Abwa, ancien Doyen de la même Faculté, le professeur Jean-Paul Messina, enseignant à l'Université catholique d'Afrique centrale.

À tous ces disciples, il a légué le défi de la réappropriation de l'histoire de notre continent, afin qu'elle ne soit plus écrite par d'autres qui nous imposent leurs clichés et leur vision du monde. L'histoire africaine, telle qu'écrite par Engelbert Mveng, est une subversion des lieux communs et des idées reçues, elle est une plongée dans l'antiquité en vue d'un éclairage du présent. C'est à ce titre qu'on a classé cet historien dans la catégorie des penseurs de la renaissance africaine.

En homme de conviction, le professeur Mveng a inscrit l'égyptologie au cœur des programmes de formation du Département d'histoire dont il a été le chef de 1983 à 1987. Il entendait ainsi maintenir le lien historique entre l'Égypte et l'Afrique subsaharienne afin que ses compatriotes comprennent d'où ils viennent. Cette tradition sera perpétuée par ses disciples et particulièrement par le professeur Joseph-Marie Essomba qui invitera le professeur Cheikh Anta Diop à venir délivrer à cet effet une série de conférences au Cameroun.

L'histoire retiendra que c'est en terre camerounaise que l'éminent professeur Cheikh Anta Diop a fait sa toute dernière conférence publique, comme pour rendre hommage à ce pays qui a tant valorisé ses recherches.

L'histoire retiendra également que la dernière manifestation intellectuelle organisée par le révérend père Engelbert Mveng fut à l'occasion d'un colloque aux échos retentissants et dont le thème était *Moïse, l'Africain.* En démontrant que Moïse, le libérateur des Israélites, est né, a grandi et a été moulé dans la culture africaine et que, par conséquent, la culture dont il était le défenseur est d'inspiration africaine, le père Engelbert Mveng concluait magistralement ses recherches et prouvait, une fois de plus, que même le christianisme est d'inspiration africaine.

Le guide éclairé

En procédant, de manière éclatante, à la défense et à l'illustration de la civilisation égyptienne, le professeur Engelbert Mveng s'élevait à la dignité des pharaons. Religieux, prêtre et intellectuel de haut vol, il s'est élevé à un point où, aujourd'hui, il nous est aussi majestueux que ces êtres exceptionnels. Pharaon, Engelbert Mveng l'a été, parce qu'il s'est positionné en leader et en bâtisseur de pyramides intellectuelles qui, aujourd'hui, font la fierté de notre continent.

En immortalisant les pharaons, il s'est immortalisé autant qu'eux et c'est pour cela que vingt années après sa mort, nous continuons à vénérer sa mémoire et à nous abreuver à la source de sa pensée dont le but était de libérer l'Afrique et les Africains des préjugés et des atavismes de l'histoire pour les rendre fiers de leur passé et conquérants de leur avenir.

Engelbert Mveng a invité les Africains à aimer leur continent et les jeunes camerounais à aimer leur pays, c'est pour cela qu'au-delà de l'histoire, il s'est fait le poète de la renaissance de son pays et de la réunification. Il a voulu proposer des modèles à ses compatriotes : modèle de fierté, d'amour, de patriotisme. On peut le percevoir dans l'un de ses poèmes daté de 1959 dans lequel il présente le plateau de l'Adamaoua comme le symbole et le lieu d'assomption de la marche unitaire de notre pays. De par sa situation géographique, l'Adamaoua a, d'après le poète, vocation à fédérer les éléments épars venus de toutes les régions du Cameroun. Il écrit à cet effet :

J'appelle seulement le réveil des pasteurs
J'appelle le réveil, à l'aube, des troupeaux
Fondamentale, cette heure qui commence
Cette heure qui monte avec le prélude des tam-tams
Le bégayement des xylophones et le frisson des flancs, Adamaoua !
Je t'ai rêvé, vierge Bantou sur l'océan du Sud
L'océan des forêts vierges et de Bambous.
Je t'ai rêvé, vierge du Soudan à la pirogue de lotus
Tendant les rais de l'aube et domptant les torrents,
et marquant la fureur matutinale des cataractes.
Mais tu es fondement de l'horizon
Et tout devant toi est recul[4].

Et plus loin

J'ai compté l'horizon sur mes doigts qui s'égrène.
Mais qu'est-ce tout cela. O ma table solaire !
Qu'est-ce pour former autour de toi lapalissade de mes peuples,
Pour nouer le pagne, autour de tes reins, de mes fils rassemblés,
Ceux-ci m'ont dit : va-t'en ! Ceux-là m'ont dit reviens[5].

Bien d'autres poèmes ont été écrits par cet intellectuel pour édifier la jeunesse de son pays. Autant il l'a invitée à un retour aux sources ancestrales, autant il lui a donné orgueil, fierté et audace. Il n'est donc pas surprenant que cette jeunesse d'hier, qui est arrivée à maturité aujourd'hui, lui rende hommage.

[4] Engelbert Mveng, *Balafon*, Yaoundé, Clé, 2010, pp. 49-50.
[5] *Ibid.*, p. 50.

Conclusion générale : le piège de l'immersion

L'objectif de cet ensemble de réflexions, que j'ai soumis à l'appréciation du lecteur, était de montrer comment le secteur culturel peut structurer notre projet d'émergence. Je voulais en effet attirer l'attention des décideurs et des leaders d'opinion sur la marginalisation dont le secteur culturel est victime et appeler à des arbitrages judicieux. Dès le départ, je savais combien il est difficile de convaincre les financiers et les politiques sur cette question, parce que, justement, le gain de l'activité culturelle n'est pas toujours palpable ou comptable à courte durée. Or, ce que les uns et les autres semblent rechercher, en ce moment, c'est un retour d'investissement à brève ou moyenne échéance.

Je sais que le temps presse et qu'il nous faut trouver le moyen de rattraper le retard que nous accusons déjà par rapport à des pays comme l'Afrique du Sud, le Nigeria ou le Ghana. C'est donc dans l'urgence que se prennent les décisions et non plus dans le confort des projections idéalistes. Le plus facile, dans cette optique, c'est d'investir dans le palpable, le rentable, le concret.

De ce point de vue, on pourrait me poser la question de savoir dans combien d'années on tirera bénéfice d'un enfant qu'on forme à l'école maternelle aujourd'hui ? Ce sera peut-être dans vingt ou trente ans, c'est-à-dire au-delà de 2035, année projetée pour l'atteinte de l'émergence. Pouvons-nous avoir la patience d'attendre jusque-là ? N'est-ce pas plus efficace d'investir prioritairement dans la production énergétique, les infrastructures et dans l'agriculture, étant donné qu'on est sûr et certain que les dividendes seront rapidement récoltés dans les domaines connexes que sont l'industrie, le commerce, l'alimentation ou l'emploi ?

Peut-on reprocher à un pays qui veut émerger de construire des barrages, des centrales électriques, des routes, des hôpitaux, des ports et des aéroports ? Que non ! Ce serait faire preuve de myopie, parce que l'esprit a besoin d'un certain confort matériel pour se libérer et s'élever. Il nous faut bien des écoles, des hôpitaux, des routes, de l'énergie électrique et une grande sécurité alimentaire pour éduquer convenablement nos enfants et leur transmettre les valeurs vers lesquelles nous voulons les porter.

Par conséquent, mon plaidoyer en faveur de la culture peut paraître excessif et irréaliste. On pourrait bien me taxer d'idéaliste, parce que je semble occulter la dimension matérielle de l'émergence pour me réfugier dans les sphères trompeuses de l'idéal, pourquoi ne pas dire du rêve ? Ma passion pour la culture m'aveugle peut-être et me rend injuste à l'endroit de ceux qui sont dans le feu de l'action.

Je le comprends, mais je voudrais en revanche qu'on me concède qu'aucun pays n'est réductible à un autre, aucune civilisation n'est réductible à une autre, ils sont chacun, le reflet du génie particulier de chaque peuple, de sa réponse aux problèmes de son environnement et de son époque. Par conséquent, notre pays doit inventer un modèle d'émergence qui corresponde à son génie et à sa culture. Est-ce vraiment impossible ?

Ma conviction, au terme de ce parcours, est que si nous continuons à faire preuve de mimétisme, d'aliénation, nous aurons peut-être équilibré notre balance économique, facilité l'accès aux soins, assuré l'autosuffisance alimentaire, garanti le confort matériel à nos citoyens, mais nous serons certainement moins Camerounais. Quand, dans nos villes et nos villages, nous aurons construit des gratte-ciels, à l'image des villes américaines, aménagé des autoroutes, comme à Londres et à Berlin, aurons-nous le sentiment d'avoir réalisé quelque chose de particulier ?

Le Cameroun n'est-il pas le Cameroun ? Qu'est-ce que cela veut dire aujourd'hui pour nous ? Qu'est-ce que nous bâtissons aujourd'hui de spécifique, de telle manière que, quand nous circulons dans nos villes, on puisse réaliser que nous sommes au Cameroun et pas à Paris. À quoi ressemblent nos immeubles, nos routes, nos hôpitaux, nos écoles ? Qu'y a-t-il de camerounais dans l'architecture, dans l'esprit, dans la philosophie de ces infrastructures ?

Qu'on aille au Japon, en Chine ou plus près de nous en Égypte ou au Sénégal pour voir comment une culture inspire le développement et le structure. Est-ce faire preuve d'aveuglement que d'attirer l'attention sur cette nouvelle forme d'aliénation que nous subissons sous les auspices de l'émergence ? Émergence veut-il dire dégénérescence, désappropriation, imitation servile ? Il est indubitable, de mon point de vue, que tel que nous sommes partis, nous courons tout droit non pas vers l'émergence, mais vers l'immersion. Le danger est en effet grand de nous voir non pas émerger de l'eau, mais nous immerger dans l'océan de la mondialisation, parce que nous ne percevons pas tous les pièges de cette dynamique. Si nous ne nous dotons pas d'un viatique culturel, si nous ne nous réapproprions pas au moment d'aller au contact des autres, nous allons bien évidemment nous fondre dans la mondialisation et disparaitre comme entité culturelle.

Dans l'histoire, beaucoup de civilisations sont mortes du fait des invasions étrangères, d'autres se sont complètement métamorphosées en s'enrichissant des apports multiples. De quel côté nous situons-nous ? Comment nous armons-nous pour faire face à la bourrasque qui s'abat sur nous ? Est-ce si débile de penser que nous devons substantiellement investir dans ce qui nous permet d'être nous-mêmes avant de nous projeter à l'extérieur ?

De la même façon que l'enfant qui sort d'une famille doit intégrer les valeurs de celle-ci avant d'aller à l'école et dans la rue, le citoyen doit s'imprégner des valeurs de son terroir avant de s'ouvrir à celles qui viennent d'ailleurs. Il s'agit là d'un impératif de survie qu'on ne perçoit pas toujours quand on est sous la pression de l'action et qu'on doit faire face aux revendications du peuple et aux injonctions de la communauté internationale.

Ce n'est pas la communauté internationale, ce n'est pas le Fmi ou la Banque mondiale qui viendront nous recommander de valoriser nos cultures ou d'en faire l'élément structurateur de notre émergence. C'est à nous de le comprendre et de le traduire dans nos choix politiques et économiques.

Maintenant que nous avons vu ce que le cinéma a apporté en quelques années au Nigeria, nous pouvons commencer à nous convaincre de l'impact d'un discours comme celui-ci. Nous avons tous découvert avec étonnement et même avec ahurissement que grâce au cinéma, notamment, que le Nigeria est devenu, en 2015, la première puissance économique d'Afrique, devant le mastodonte sud-africain. Ce n'était pas grâce au pétrole ou à toutes ces énergies fossiles dans lesquelles nous engloutissons tous nos budgets.

Au-delà des apports financiers, peut-on mesurer ce que cet art a apporté au Nigeria en termes de promotion de l'image du pays ? Beaucoup de jeunes gens de ma génération n'ont connu les Amériques qu'à travers les films western. Il en est encore ainsi aujourd'hui. Évaluons ce que le tourisme apporte à la France, à l'Égypte ou à la Tunisie, ce que la musique rapporte aux Américains, ce que la recherche scientifique et l'innovation rapportent à l'Allemagne pour nous rendre compte que le gain de la culture, prise dans son sens le plus large, n'est pas qu'immatériel et que, de nos jours, l'intelligence est devenue le principal capital des nations.

Par conséquent, je propose modestement que, dans nos choix stratégiques, nous puissions réévaluer la place que nous accordons au secteur culturel. Il ne s'agit pas d'orienter toutes les ressources dans ce domaine au point d'oublier d'améliorer quotidiennement les conditions de vie des citoyens, mais de repositionner la culture au cœur de notre projet.

Étant donné que cette culture-là a partie liée avec l'éducation, la santé, l'économie, le commerce, la recherche, le tourisme, le sport, la technologie, il nous sera loisible de nous reconnaître dans nos avancées, dans nos infrastructures, dans nos innovations technologiques et par conséquent de survivre dans ce nouveau monde en construction dont les enjeux sont à la fois locaux et globaux.

Table des matières

Introduction générale : émerger autrement 9

Première partie
Réflexions sur la politique culturelle camerounaise...................... 15

Les nouveaux défis de la culture camerounais...17
Introduction..17
I. Qu'est-ce que la culture ?...17
II. Typologie des expressions culturelles 18
III. Éléments pour une refondation de la culture camerounaise 20
Conclusion 25
Les aspects littéraires et artistiques de la dynamique intégrative au Cameroun.27
Introduction..27
I. L'expression de la complainte et du désenchantement........................27
II. L'exaltation de la dynamique unitaire 30
III. L'impact des arts et des lettres dans la dynamique unitaire.............31
Conclusion 39
Regard sur le système éducatif camerounais 41
Nouveaux propos sur la culture..49
Les promesses du secteur touristique...55
Parier sur la recherche scientifique et technique..59
Capitaliser la passion pour le sport...63
Du camfranglais au « camerounien » : réflexion sur une langue en émergence.67
I. À propos de l'acte de naissance du camfranglais 67
II. Statut et fonctionnement du camfranglais 69
III. Le destin du camfranglais...72
Le livre, instrument d'intégration et de développement....................................75

Deuxième partie

Le Cameroun, l'Afrique et le monde 83

Identités culturelles et mondialisation : quelles chances pour l'Afrique ?..........85
I. Questions sur l'identité..........85
II. Questions sur la culture..........88
III. Questions sur la mondialisation..........92
Le Cameroun dans l'espace francophone : partir ou rester ?..........97
I. De l'espace francophone et de ses acquis..........98
II. L'adhésion du Cameroun à la Francophonie..........99
III. L'adhésion du Cameroun au Commonwealth of nations..........100
IV. Les mutations de l'espace francophone..........101
V. Les acquis du Cameroun depuis son adhésion à la Francophonie...104
VI. Le destin du Cameroun dans l'espace francophone..........107
Le temps de l'Afrique : approche littéraire d'une utopie..........119
Introduction..........119
I. Aux origines : une image dysphorique de l'Afrique..........119
II. Le rêve africain : une contre-littérature en émergence..........123
III. Au-delà du rêve : les leçons de l'histoire..........130
Conclusion..........131
La revanche de Caliban : une lecture contemporaine du théâtre d'Aimé Césaire..........135
Introduction..........135
I. À propos du « complexe de Caliban »..........136
II. À propos de la victoire de Caliban..........138
III. À propos de la revanche de Caliban..........141
Conclusion..........143
Pour une critique oragraphique..........145
Introduction..........145
I. Existe-il une littérature africaine ?..........145
II. À propos de la critique littéraire africaine..........148
III. De la critique oragraphique..........149
Conclusion..........154
L'enseignement du français en Afrique et ses nouveaux défis à l'ère de la mondialisation..........155
Introduction..........155

I. À propos de l'âge d'or de l'enseignement du français 156
II. La dégradation de la qualité de la langue française 158
III. Les nouveaux défis de l'enseignement du français 162
Conclusion 167
Identité culturelle, civilisation de l'universel et mondialisation 169
I- La quête identitaire chez Senghor 169
II. La civilisation de l'universel 172
III. Civilisation de l'universel et mondialisation 174
Existe-t-il une littérature francophone ? Statut et ambigüités de l'écriture en francophonie 177
I. Du champ littéraire francophone 177
II. Conditions d'émergence d'une littérature francophone 181
III. Propositions pour une ethnocritique 182

Troisième partie

Témoignages et hommages aux hommes de culture 187

Le legs d'Aimé Césaire à l'Afrique 189
Éloge de Madame Michaëlle Jean : Secrétaire générale de l'Organisation internationale de la Francophonie 193
Jacques Fame Ndongo : un volcan en éruption 197
Le grand cri nègre 201
À propos du manifeste de la nouvelle littérature camerounaise de Pabé Mongo205
I. Le marquage référentiel 207
II. L'actualité de la thématique 207
III. Une langue nouvelle 208
Le temps des héritiers 211
Crépuscule des temps anciens : hommage au professeur Simplice Ambiana ..213
À qui irions-nous seigneur ? Hommage à Monseigneur Joseph Befe Ateba....219
Quel avenir pour Bimbia ?........................ 221
Une leçon d'humilité : préface à l'ouvrage du professeur Gervais Mendo Zé .223
Scruter le passé pour construire l'avenir : hommage au professeur Maurice Tadadjeu 227
Décoloniser la pensée : hommage au professeur Jean-Marc Ela 229
Hommage à un citoyen du monde 231
I. L'intérêt littéraire 232

II. L'intérêt culturel 234
III. L'intérêt politique et philosophique 236
Hommage au professeur André Marie Ntsobé 241
Hommage au professeur Bienvenu Nola 243
Hommage au professeur Marie-Louise Messi Ndogo 247
Hommage au professeur Marcien Towa 249
Hommage au professeur Joseph-Marie Essomba 253
Hommage au professeur Mathieu-François Minyono Nkodo 255
I. L'homme : un aristocrate de l'esprit 255
II. Le scientifique : décoloniser les études littéraires africaines 258
Hommage au professeur Zachary Njeuma 267
Hommage au professeur Pierre Ngijol Ngijol 269
Engelbert Mveng : le legs du dernier pharaon noir à l'institution universitaire camerounaise 273

Conclusion générale : le piège de l'immersion 279

Le Cameroun aux éditions L'Harmattan

Dernières parutions

PROFILS ET PRATIQUES D'ENTREPRENEURS CAMEROUNAIS
Expériences et témoignages
Kamdem Emmanuel - Avec la collaboration de Raphaël Nkakleu
Cet ouvrage présente des monographies d'entreprises effectuées au Cameroun, dans le but de mieux connaître l'organisation et le fonctionnement des PME. Il est le résultat d'une étude de terrain menée auprès des différents acteurs impliqués dans la création et la gestion des entreprises. Les différentes expériences entrepreneuriales camerounaises présentées dans cet ouvrage invitent à relativiser ces images et à penser qu'un tel diagnostic peut et doit être revisité. L'ouvrage propose également un cadre de modélisation de l'évolution de la PME camerounaise.
(Coll. Diversité culturelle et dynamique des organisations, 25.50 euros, 246 p.)
ISBN : 978-2-343-03731-8, ISBN EBOOK : 978-2-336-37950-0

L'AUTONOMIE FINANCIÈRE DANS LA MISSION D'ÉVANGÉLISATION DE L'ÉGLISE EN AFRIQUE
Le cas du Cameroun
Ngono Honorine - Préface de Mgr Joseph Atanga
Les Églises d'Afrique connaissent des difficultés dans la réalisation de la mission d'évangélisation, dont la principale est la prise en charge financière des besoins pastoraux. Face à cette situation, l'auteur propose ici quelques orientations pastorales telles que penser et construire l'autonomie financière de l'Église, revitaliser les structures de gestion des diocèses, renforcer la communion des fidèles et planifier la gestion des ressources.
(Coll. Églises d'Afrique, 39.00 euros, 408 p.)
ISBN : 978-2-343-06180-1, ISBN EBOOK : 978-2-336-37687-5

LA PRATIQUE DU CONTRÔLE FISCAL DES PRIX DE TRANSFERT DANS L'ESPACE CEMAC
Le cas du Cameroun
Ayangma Ayangma Joseph - Préface de Pierre Alaka Alaka
L'appartenance à un groupe de sociétés confère des privilèges dont les prix de transfert sont l'illustration majeure. L'administration fiscale camerounaise doit donc être précautionneuse face aux flux intergroupes car il y a souvent manipulation frauduleuse des prix de transfert. Le Cameroun a initié, à l'instar des autres États de la CEMAC, des dispositifs juridiques de contrôle. Ce dispositif en chantier et inabouti est de nature ambivalente au regard de son caractère national et transnational.
(Harmattan Cameroun, 37.00 euros, 364 p.,)
ISBN : 978-2-343-04069-1, ISBN EBOOK : 978-2-336-37410-9

LE NATIONALISME CAMEROUNAIS DANS LES PROGRAMMES ET MANUELS D'HISTOIRE
Segnou Etienne
Préface d'Albert Mandjack - Postface de Ferdinand Chindji-Kouleu
Plus de 50 ans après les faits, un ouvrage tente d'étudier scientifiquement ce qu'on enseigne aux élèves et étudiants camerounais sur l'histoire de la lutte indépendantiste, au Cameroun, ainsi que sur celle de toutes les luttes anticolonialistes dans ce pays. Dans les programmes et manuels

d'histoire, le nationalisme camerounais est occulté, présenté de façon vague. L'histoire du nationalisme camerounais renferme des faits qui, s'ils étaient connus de la jeunesse camerounaise, pourraient ébranler les fondements de l'État camerounais.
(Harmattan Cameroun, 38.50 euros, 392 p.,)
ISBN : 978-2-343-04706-5, ISBN EBOOK : 978-2-336-37361-4

DOUALA ET LA RÉPARTITION SPATIALE DES ENTREPRISES
Polarisation et fragmentation
Essombe Edimo Nya Bonabebe Jean-Roger - Préface de Bernard Pecqueur
Cet ouvrage se veut une introduction à la compréhension de l'économie de la ville de Douala, à travers les mutations spatiales à l'œuvre sur ce territoire et sous l'effet des dynamiques de localisation des entreprises en son sein. L'analyse est proposée en intégrant les questions vives de l'économie territoriale (attractivité territoriale, mondialisation, compétitivité...) et en interrogeant le rôle des acteurs situés (privés et publics) pour le développement futur de la ville.
(Harmattan Cameroun, 29.00 euros, 280 p.)
ISBN : 978-2-343-05701-9, ISBN EBOOK : 978-2-336-37402-4

JOSEPH CUNIBERT NKONDONGO OBAMA
Héraut de l'éducation (1913-1980)
Yumbi Protais – Préface de Jean Paul Messina – Postface de Bienvenu Obama
Cette biographie retrace le parcours atypique d'un homme, héraut de l'éducation et du christianisme social au Cameroun, dont l'existence et l'œuvre sont reléguées aux oubliettes. Pourtant, il a marqué de son empreinte indélébile la vie de plusieurs générations et l'activité socioéducative au Cameroun, dépendant et indépendant. Cet ouvrage constitue un devoir de mémoire et un hommage mérité, car un proverbe dit que «celui qui a planté un arbre avant de mourir, n'a pas vécu inutilement».
(Harmattan Cameroun, 16.50 euros, 160 p., , Illustré en noir et blanc)
ISBN : 978-2-343-05885-6, ISBN EBOOK : 978-2-336-37421-5

MIGRATION CHINOISE ET DÉVELOPPEMENT AU CAMEROUN
De Prince Pokam Hilaire
Cette étude vise à explorer le rôle de la migration chinoise dans le processus de développement depuis l'établissement des relations diplomatiques entre le Cameroun et la République populaire de Chine. Les migrants chinois au Cameroun créent avec le pays d'origine et le pays d'accueil une structure sociale triangulaire dynamisée par leurs multiples activités et contribuent à la réussite de la stratégie «gagnant-gagnant-gagnant». Ils sont à la fois acteurs, effets et enjeux de la mondialisation.
(Coll. Études africaines, série Économie, 12.50 euros, 106 p.)
ISBN : 978-2-343-05606-7, ISBN EBOOK : 978-2-336-37206-8

COMMUNICATION ET ENTRAIDE ENTRE MORTS ET VIVANTS EN AFRIQUE
L'exemple des Maka du Cameroun
Tchouand Mpa John Tomy - Préface d'Eugène Booh Bateng
Cet ouvrage essaie de montrer en quoi la communication cachée, «crypto-communication», peut constituer un vecteur d'entraide entre morts et vivants chez les Maka du Cameroun. À cet effet, une analyse, fondée sur le structuro-fonctionnalisme, l'ethnométhodologie et l'approche dynamiste, a permis de mettre en relief la philosophie existentielle, l'économie communicative et l'entraide entre les morts et les vivants au sein de l'ethnie Maka.
(Coll. Harmattan Cameroun, 15.50 euros, 152 p.)
ISBN : 978-2-343-05500-8, ISBN EBOOK : 978-2-336-37139-9

LE VAMPIRISME DES ENTREPRISES CAMEROUNAISES
Un frein à l'émergence
Verla Fonkika Dinven
Le vampirisme des entreprises camerounaises ne se limite pas aux seules activités économiques ou à leur rapport avec l'État. En réalité, elles vont jusqu'à aspirer la richesse des populations qui

sont expropriées de leurs terres et de leurs ressources. Quand bien même ces populations sont embauchées dans les entreprises, elles perçoivent des salaires dérisoires. Ce livre décrit tout en la décriant la situation dans laquelle des entreprises sans scrupules mettent en péril le projet d'émergence du Cameroun.
(Coll. Harmattan Cameroun, 13.00 euros, 112 p.)
ISBN : 978-2-343-05496-4, ISBN EBOOK : 978-2-336-37189-4

UN BÂTISSEUR DE RÊVES
Récit de vie
Walch-Virgili Dominique
C'est au cours d'une mission au Cameroun que Dominique Walch-Virgili a rencontré Pierre-Blaise Ango. Cet homme hors du commun est un *leader* inédit du développement agricole africain. Destiné par son grand-père à devenir chef de village traditionnel du centre-est du Cameroun, son parcours atypique l'a conduit à occuper des postes à responsabilité. Sa force : n'avoir jamais renié ses origines et ses valeurs. Cet ouvrage retrace son parcours et sa philosophie.
(22.00 euros, 224 p., Broché, Illustré en noir et blanc)
ISBN : 978-2-343-05713-2, ISBN EBOOK : 978-2-336-37283-9

L'ÉDUCATION AU CAMEROUN, ENTRE CRISES ET AJUSTEMENTS ÉCONOMIQUES
Fozing Innocent
Cet ouvrage procède à la mesure des paramètres du développement éducatif, de rendement scolaire et des possibilités d'insertion des jeunes issus du système éducatif dans les secteurs productifs de l'économie nationale en période d'ajustement économique. Puis il en tire des enseignements de politique éducative dans une perspective d'engagement du système éducatif dans une dynamique de contribution réelle au processus de développement économique et social du Cameroun.
(Coll. Éducations et sociétés, 23.00 euros, 220 p.)
ISBN : 978-2-343-05076-8, ISBN EBOOK : 978-2-336-37183-2

SPECTACLES VIVANTS AU CAMEROUN
De la production à l'organisation d'une tournée
Bizo Aimey, Clerget Marie-Anne
Ce guide richement illustré met à disposition des conseils, des techniques et des méthodes utiles à la production et à l'organisation d'un spectacle au Cameroun et à l'entrepreneuriat de sa tournée sur un plan local et international : démarches administratives pour l'obtention des autorisations et des visas, méthodes techniques et de financement de la production, de la diffusion et de l'administration d'un spectacle ou d'une tournée, exemples de fiches, de contrats et de budgets...
(35.00 euros, 376 p.)
ISBN : 978-2-343-04443-9, ISBN EBOOK : 978-2-336-37223-5

DIDATTICA DELL'ITALIANO
Livello 1
Bikitik Mathias Hyppolite
Questo libro è destinato agli alunni di classe di 4ème. È il primo di una serie di cinque, per ogni classe della 4ème alla Terminale. (Ouvrage entièrement en Italien.)
(Coll. Harmattan Cameroun, 20.00 euros, 116 p.)
ISBN : 978-2-343-05366-0, ISBN EBOOK : 978-2-336-37123-8

THÉORIE ET PRATIQUE DU COURS ENTRE PÉDAGOGIE ET DIDACTIQUE
Traité de didactique générale à l'usage du normalien
Mbia Claude Marie
La volonté politique d'amélioration du taux d'alphabétisation au Cameroun a entraîné une véritable inflation de la diffusion pédagogique des savoirs, au point que beaucoup perçoivent et conçoivent la fonction pédagogique non pas comme un métier qui s'apprend mais davantage comme une activité relevant du bricolage ou de l'improvisation. Ce traité voudrait contribuer à faire des

amateurs de l'enseignement d'aujourd'hui de véritables professionnels de la communication des savoirs de demain.
(Coll. Enseignement et éducation en Afrique, 15.50 euros, 152 p.)
ISBN : 978-2-343-05813-9, ISBN EBOOK : 978-2-336-37204-4

L'ADAMAOUA TRÉSORS CULTURELS ET PATRIMONIAUX (Tome 1)
Peuples, traditions et identités culturelles
Hermenegildo Adala - Préface d'El Hadj Hamoa Hamatoukour
Arabes Choa, Dii, Gbaya, Kaka, Kwanja, Mboum, Foulbé, Mbororo, Nyem-Nyem, Pérè, Tikar, Vouté, Wawa, etc., chacun de ces peuples est mis ici en valeur à travers ses originalités et spécificités propres. Aujourd'hui, dans un contexte d'institutionnalisation de la diversité culturelle et de la culture de la tolérance, chaque groupe s'implique dans la valorisation de sa culture. Une vériable dynamique culturelle habite les peuples de l'Adamaoua.
(Coll. Harmattan Cameroun, 23.00 euros, 220 p.)
ISBN : 978-2-343-04701-0, ISBN EBOOK : 978-2-336-36873-3

L'ADAMAOUA TRÉSORS CULTURELS ET PATRIMONIAUX (Tome 2)
Sites naturels et culturels, personnages de légendes
Hermenegildo Adala
Détaillé et documenté, cet ouvrage constitue une invite à un voyage à travers cette partie du Cameroun, pour découvrir le mystérieux lac Tison, dans les environs de Ngaoundéré, le lac sacré Sem-Sem des rois tikar à Bankim, les gigantesques et tumultueuses chutes de Lancrenon, la source thermale de Wouldé, les sources de la Sanaga près de Meiganga, le «fauteuil des singes» à Tignère, etc, une «malle au trésors» naturels et culturels avec ses personnages de légende.
(Coll. Harmattan Cameroun, 25.00 euros, 240 p.)
ISBN : 978-2-336-30974-3, ISBN EBOOK : 978-2-336-36874-0

ÉCOLES RURALES ÉLECTRONIQUES EN LANGUES AFRICAINES
Expérimentation au Cameroun et orientation politique panafricaine
Sous la direction de Maurice Tadadjeu
Voici un point sur l'expérimentation singulière, mais ambitieuse, de l'informatisation de l'enseignement des/en langues locales dans les écoles rurales africaines. La première partie décrit l'expérimentation de la phase pilote d'écoles rurales électroniques (ERELA) dans quelques langues camerounaises, puis en dégage les leçons et les perspectives, tandis que la deuxième partie présente l'orientation politique panafricaine d'ERELA.
(Coll. Harmattan Cameroun, 28.00 euros, 268 p.)
ISBN : 978-2-343-05029-4, ISBN EBOOK : 978-2-336-36967-9

L'APPROCHE PAR COMPÉTENCES
L'enseignement de l'histoire au Cameroun
Nkoumou Melingui Christian Georges
Aujourd'hui, l'enseignement et l'apprentissage de l'histoire au secondaire sont l'objet de profondes transformations. La révision des programmes d'études maintenant axés sur le développement des compétences oblige à concevoir l'apprentissage différemment et impose de nouvelles exigences. Ce livre témoigne de ces transformations, tout en permettant de faire le point sur le débat qui traverse l'introduction de l'approche par compétences dans le secondaire.
(Coll. Enseignement et éducation en Afrique, 24.00 euros, 240 p.)
ISBN : 978-2-343-05368-4, ISBN EBOOK : 978-2-336-36905-1

L'HARMATTAN ITALIA
Via Degli Artisti 15; 10124 Torino
harmattan.italia@gmail.com

L'HARMATTAN HONGRIE
Könyvesbolt ; Kossuth L. u. 14-16
1053 Budapest

L'HARMATTAN KINSHASA
185, avenue Nyangwe
Commune de Lingwala
Kinshasa, R.D. Congo
(00243) 998697603 ou (00243) 999229662

L'HARMATTAN CONGO
67, av. E. P. Lumumba
Bât. – Congo Pharmacie (Bib. Nat.)
BP2874 Brazzaville
harmattan.congo@yahoo.fr

L'HARMATTAN GUINÉE
Almamya Rue KA 028, en face
du restaurant Le Cèdre
OKB agency BP 3470 Conakry
(00224) 657 20 85 08 / 664 28 91 96
harmattanguinee@yahoo.fr

L'HARMATTAN MALI
Rue 73, Porte 536, Niamakoro,
Cité Unicef, Bamako
Tél. 00 (223) 20205724 / +(223) 76378082
poudiougopaul@yahoo.fr
pp.harmattan@gmail.com

L'HARMATTAN CAMEROUN
BP 11486
Face à la SNI, immeuble Don Bosco
Yaoundé
(00237) 99 76 61 66
harmattancam@yahoo.fr

L'HARMATTAN CÔTE D'IVOIRE
Résidence Karl / cité des arts
Abidjan-Cocody 03 BP 1588 Abidjan 03
(00225) 05 77 87 31
etien_nda@yahoo.fr

L'HARMATTAN BURKINA
Penou Achille Some
Ouagadougou
(+226) 70 26 88 27

L'HARMATTAN SÉNÉGAL
10 VDN en face Mermoz, après le pont de Fann
BP 45034 Dakar Fann
33 825 98 58 / 33 860 9858
senharmattan@gmail.com / senlibraire@gmail.com
www.harmattansenegal.com

L'HARMATTAN BÉNIN
ISOR-BENIN
01 BP 359 COTONOU-RP
Quartier Gbèdjromèdé,
Rue Agbélenco, Lot 1247 I
Tél : 00 229 21 32 53 79
christian_dablaka123@yahoo.fr

Achevé d'imprimer par Corlet Numérique - 14110 Condé-sur-Noireau
N° d'Imprimeur : 133127 - Dépôt légal : octobre 2016 - *Imprimé en France*

www.ingramcontent.com/pod-product-compliance
Lightning Source LLC
LaVergne TN
LVHW011253061026
849535LV00005B/1251
* 9 7 8 2 3 4 3 1 0 5 3 8 3 *